数字经济
对创新要素配置的作用机制研究
基于研发要素视角

陶长琪 丁 煜 著

企业管理出版社
ENTERPRISE MANAGEMENT PUBLISHING HOUSE

图书在版编目（CIP）数据

数字经济对创新要素配置的作用机制研究：基于研发要素视角 / 陶长琪，丁煜著. —北京：企业管理出版社，2024.2
ISBN 978-7-5164-2634-0

Ⅰ. ①数… Ⅱ. ①陶… ②丁… Ⅲ. ①信息经济—研究 Ⅳ. ① F49

中国国家版本馆 CIP 数据核字（2024）第 051466 号

书　　名：	数字经济对创新要素配置的作用机制研究——基于研发要素视角
书　　号：	ISBN 978-7-5164-2634-0
作　　者：	陶长琪　丁　煜
责任编辑：	解智龙　宋可力
出版发行：	企业管理出版社
经　　销：	新华书店
地　　址：	北京市海淀区紫竹院南路 17 号　　邮　编：100048
网　　址：	http://www.emph.cn　　电子信箱：emph001@163.com
电　　话：	编辑部（010）68701638　　发行部（010）68414644
印　　刷：	北京虎彩文化传播有限公司
版　　次：	2024 年 2 月第 1 版
印　　次：	2024 年 2 月第 1 次印刷
开　　本：	710mm×1000mm　1/16
印　　张：	18.5
字　　数：	266 千字
定　　价：	88.00 元

版权所有　翻印必究　·　印装有误　负责调换

PREFACE 前　言

近年来，我国大力推进创新驱动以实现经济的高质量发展，但在转型过程中依然面临诸多桎梏。其中，创新要素配置存量不足、质量不高及效率不高等问题凸显。但随着各类数字技术的骈兴错出，我国国民经济运行及人民生活的方方面面都受到了数字经济的冲击。数字经济的迅猛发展给创新要素的高效合理配置提供了契机与思路。数字经济不仅依靠其强大的数字化网络，缩减了创新要素的培育周期，而且大幅拓宽了创新要素流动的空间，降低了创新要素在各个产业、部门及企业之间的错配，提升了市场中创新要素的供需匹配效率。此外，数字经济还依靠数据这一关键生产要素，以数据流带动人才流、资金流及技术流的方式有效解决了创新要素配置过程中联动性不强的问题。依托数字经济的蓬勃发展，创新要素的配置水平和配置效率均得到了大幅提升。因此，明确数字经济与创新要素配置的内在作用机制是当今时代背景下优化创新要素配置的关键。本书不仅对数字经济与创新要素配置的相关研究做出了有益补充与拓展，而且所得研究结论能够为地方政府因地制宜和因时制宜地运用数字经济优化创新要素配置提供参考，同时也能够为企业依据自身特点，在数字经济发展浪潮中合理地选择创新要素配置的优化路径提供借鉴。

考虑到数字经济发展与创新要素配置之间的相互关联及影响，本书首先从统计学和系统论角度出发，对二者之间耦合协调发展的情况进行测度。在明晰二者之间的基本关系后，聚焦数字经济对创新要素配置的因果作用机制。考虑到研发创新是实现创新驱动发展的核心，因此，本书基于研发要素的视角，从研发投入水平提升、研发产出质量提升及研发效率改善三个维度综合评价创新要素配置的优化。在信息经济学、创新理论及要素配置理论的基础上，运用数理经济学模型探究了数字经济对研发投入水平提升、研发产出质量提升及研发效率改善的作用机理，同时，运用固定效应模型、无条件分位数回归模型、中介效应模型、面板门槛模型及空间杜宾模型等计量经济学模型对以上三条研究主线的作用机制进行了实证检验。

具体而言，本书主要做了以下研究工作。

（1）在构建数字经济发展指标体系时，不仅从数字产业化和产业数字化的角度对其进行评价，而且收集了与数字经济发展相关的法规文本，用其存量衡量地区的数字经济发展环境，这可以在一定程度上表征数字化治理这一数字经济内涵。此外，从人力创新要素、资本创新要素和技术创新要素三个方面构建了创新要素配置指标体系。在此基础上，运用熵权—灰色关联—Topsis方法和耦合协调度模型测度数字经济与创新要素配置的耦合协调发展情况。从静态和动态双重维度，运用标准差椭圆、Dagum基尼系数、联合核密度估计及空间Markov链等方法揭示了数字经济与创新要素配置耦合协调发展的时空特征及动态演进规律。

（2）基于研发要素的视角，从研发投入水平提升的角度刻画创新要素配置的优化，探究数字经济发展对研发投入水平提升的作用机制。在理论分析中，系统分析了数字经济发展影响企业研发投入水平的作用路径；将数字化转型纳入异质性企业技术选择模型，刻画数字化转型通过降低企业成本从而提升企业研发投入水平的作用机理；从企业所有权性质、政府补助及知识产权保护三个方面对数字经济发展促进研发投入水平提升的异质性影响效应展开理论分析。在实证分析中，运用固定效应模型实证检验了数字经济发展对研发投入水平提升的促进效应及其异质性影响。在进一步分析中，运用面板数据无条件分位数回归模型，探究二者之间的促进效应在不同研发投入水平分位点的异质性；运用固定效应模型，探究数字经济发展对研发投入费用化与研发投入资本化的异质性影响。

（3）基于研发要素的视角，从研发产出质量增强的角度刻画创新要素配置的优化。聚焦数据价值化这一数字经济内涵，从数据要素与人力创新要素匹配的角度来刻画数据要素的价值实现过程。在理论分析中，首先强调数据要素与人力创新要素匹配的必要性，在此基础上，深入分析数据要素与人力创新要素匹配对研发产出质量提升的直接作用路径，构建了四部门一般均衡模型，探析二者匹配提升研发产出质量的作用机理，并详细分析了二者之间的间接作用路径。在实证分析中，运用固定效应模型和中介效应模型实证检验了二者匹配对研发产出质量提升的影响效应并进行中介渠道检验。在进一步分析中，探究二者匹配提升研发产出质量的非线性影响，并尝试解释其非线性影响效应产生的原因。

（4）基于研发要素的视角，从研发效率改善的角度刻画创新要素配置的优化。在理论分析中，系统分析了数字经济发展对研发效率改善的作用路径，将数字经济发展纳入包含研发要素市场扭曲的竞争均衡模型，探析数字经济发展对研发效率改善的作用机理，并详细分析了二者之间的门槛效应和空间溢出效应。在实证分析中，运用随机前沿分析方法（SFA）对研发效率进行测算，并比较了各省份研发效率的时空特征与演进规律，运用固定效应模型验证了数字经济发展对研发效率改善的促进效应；在门槛效应分析中，将产业结构高级化和经济发展水平分别作为门槛变量，运用面板门槛模型检验了数字经济发展改善研发效率的门槛效应；在空间溢出效应分析中，构建了空间杜宾模型检验数字经济发展对研发效率改善的空间溢出影响。

基于上述研究，本书得到以下主要结论。

（1）从时序特征来看，全国数字经济与创新要素配置耦合协调发展的水平较低，但具有逐年改善趋势。从空间分布格局来看，数字经济与创新要素配置耦合协调发展的空间区位分布较为稳定，整体呈偏东北—偏西南的走势。从区域差异来源来看，各地区之间耦合协调发展的差异性是造成整体差异的重要原因，但这种差异呈逐年递减趋势，而三大地区内部的差距则呈逐年递增趋势。传统核密度估计显示，全国整体和西部地区存在极化现象。联合核密度估计表明，在全国范围内，耦合协调度在短期内呈"强者愈强"的发展趋势。传统 Markov 链分析表明，在长期发展过程中，部分地区的耦合协调发展类型可能实现跨越式增长。空间 Markov 链的分析结果显示，邻地与本地的"低—低"和"低—中低"集聚模式容易使地区陷入"低质量发展陷阱"，"高—中低"和"高—高"集聚模式可能产生虹吸效应和拥挤效应，拉低本地的耦合协调发展度，使本地的耦合协调发展类型向下转移。

（2）数字经济发展显著地提升了制造业企业研发投入水平，在经过一系列的稳健性检验和内生性探讨后，该研究结论仍然成立。利用异质性分析发现，二者之间的提升作用在非国有企业、政府补助较高的企业及知识产权保护度较高的企业中更显著。无条件分位数回归的研究结果显示，在研发投入水平偏低和偏高的分位点，数字经济发展对研发投入水平的促进作用并不显著；在其他研发投入水平的分位点，提升效果随着分位点的提高而增强。相较于研发投入费用化，数字经济发展对研发投入资本化的促进效应更显著。这种促进效应在非国有企业、政府补助较高的企业及知识产权保护度较高的企业中更显著。

（3）数据要素与人力创新要素的匹配度逐年提升，并且人力创新要素的积累逐渐呈现落后于数据要素积累水平的趋势。数据要素与人力创新要素匹配显著提升制造业企业研发产出质量，单独的数据要素或人力创新要素对制造业企业研发产出质量的影响不显著。异质性分析表明，二者匹配对研发产出质量提升的促进效应在中部地区企业、劳动密集型企业及金融约束程度较低的企业中更显著。中介效应检验表明，二者匹配通过形成资金蓄水池效应、市场需求挖掘效应及供应链柔性响应效应提升制造业企业研发产出质量。进一步分析表明，二者匹配对制造业企业研发产出质量具有倒"U"形的非线性影响，但处于倒"U"形曲线下降区间的样本仅占总样本的 2.4% 左右，与基准回归中线性模型反映的平均效应并不矛盾。

经过检验发现，生活成本的创新挤出效应可能是二者匹配抑制研发产出质量增强的重要原因。

（4）数字经济发展显著地改善了地区规模以上工业企业的研发效率。随着产业结构高级化与经济发展水平的变化，地区数字经济发展对研发效率的影响具有门槛效应。当产业结构高级化程度小于门槛值时，数字经济发展对研发效率的改善作用较显著；当产业结构高级化程度跨越门槛值后，数字经济发展对研发效率的改善作用减弱。当经济发展水平低于门槛值时，数字经济发展对研发效率改善表现出抑制作用，但不显著；当经济发展水平高于门槛值时，数字经济发展对研发效率改善具有显著的促进作用。此外，数字经济发展对研发效率改善具有显著的负向空间溢出效应。这表明，数字经济发展显著地抑制了邻域的研发效率改善。

本书遵循的逻辑主线为：从外在的动态关联关系分析聚焦至内在的因果作用机制分析。一是从系统论和统计学的角度出发，明晰数字经济与创新要素配置之间基本的相关关系。二是运用数理建模与计量经济学模型，聚焦数字经济对创新要素配置的因果作用机制。

本书可能的创新之处在于：①依据数字经济与创新要素配置的内涵，构建了较为全面、系统和科学的数字经济发展与创新要素配置的评价指标体系。其中，通过手工收集各地区的数字经济政策法规文本，以其存量衡量地区数字经济发展环境，尝试反映数字化治理这一数字经济内涵。在此基础上，首次聚焦数字经济发展与创新要素配置之间的动态关联关系，从静态和动态双重视角出发，揭示了数字经济与创新要素配置耦合协调发展的时空特征与动态演进规律。②以研发投入水平提升刻画创新要素配置的优化，依据数字经济降低企业成本从而提升研发投入水平这一作用路径，构建企业异质性技术选择模型，解析数字经济发展提升研发投入水平的作用机理。运用分组回归与无条件分位数回归方法深入剖析二者之间的促进效应在多个维度的异质性。③以研发产出质量增强刻画创新要素配置的优化，聚焦数据价值化这一数字经济内涵，以数据要素与人力创新要素匹配体现数据要素的价值化过程，依据数据要素与人力创新要素匹配提升新知识发现概率从而增强研发产出质量这一作用路径，构建四部门一般均衡模型，解析二者匹配提升研发产出质量的作用机理。在构建数据要素评价指标体系的基础上，运用中介效应模型深入分析二者匹配提升研发产出质量的作用渠道。此外，对二者匹配与研发产出质量之间可能存在的非线性关系展开进一步分析。④以研发效率改善刻画创新要素配置的优化，依据数字经济缓解研发要素市场扭曲从而改善研发效率这一作用路径，构建包含研发要素市场扭曲的竞争均衡模型解析数字经济改善研发效率的作用机理。在实证检验中，将产业结构高级化和经济发展水平分别作为门槛变量，运用面板门槛模型分析数字经济发展对研发效率改善的门槛效应；运用空间杜宾模型检验二者之间的空间溢出效应。

  本书是在第二作者博士论文的基础上修改完成的，也是第一作者主持完成的国家自然科学基金面上项目"基于知识溢出的区域技术创新驱动与产业结构优化升级耦联机制研究"（71473109），主持的国家社会科学基金重大招标项目"高质量发展视阈下创新要素配置的统计测度与评价研究"（19ZDA121）、国家自然科学基金项目"制造业高质量发展视阈下创新要素的再配置机理及优化策略研究"（71973005）的阶段性成果。本书出版得到了企业管理出版社的大力支持，在此表示感谢！

目 录

第一章　绪　　论 ……………………………………………………… 001
　　第一节　背景及意义 …………………………………………………… 003
　　第二节　研究的主要框架 ……………………………………………… 007

第二章　文献综述与理论基础 …………………………………………… 019
　　第一节　文献综述 ……………………………………………………… 021
　　第二节　理论基础 ……………………………………………………… 034

第三章　数字经济与创新要素配置耦合协调发展的测度 ……………… 053
　　第一节　耦合协调发展的内涵及必要性 ……………………………… 055
　　第二节　耦合协调评价模型的构建 …………………………………… 057
　　第三节　耦合协调发展的时空特征 …………………………………… 067
　　第四节　耦合协调发展的动态演进 …………………………………… 078
　　第五节　本章小结 ……………………………………………………… 093

第四章　数字经济发展提升研发投入水平的作用机制 ………………… 097
　　第一节　理论分析 ……………………………………………………… 099
　　第二节　实证分析 ……………………………………………………… 111
　　第三节　异质性分析 …………………………………………………… 130
　　第四节　进一步分析 …………………………………………………… 135
　　第五节　本章小结 ……………………………………………………… 144

第五章　数据要素增强研发产出质量的作用机制 …… **147**

第一节　理论分析 …… 149
第二节　实证分析 …… 162
第三节　中介效应分析 …… 184
第四节　进一步分析 …… 190
第五节　本章小结 …… 195

第六章　数字经济发展提升研发效率的作用机制 …… **197**

第一节　理论分析 …… 200
第二节　实证分析 …… 212
第三节　门槛效应分析 …… 230
第四节　空间溢出效应分析 …… 235
第五节　本章小结 …… 243

第七章　数字经济优化创新要素配置的政策机制设计 …… **247**

第一节　推动数字经济与创新要素配置耦合协调发展的
　　　　政策机制设计 …… 249
第二节　数字经济提升研发投入水平的政策机制设计 …… 253
第三节　数字经济提升研发产出质量的政策机制设计 …… 257
第四节　数字经济提升研发效率的政策机制设计 …… 260
第五节　本章小结 …… 263

第八章　研究的不足之处与展望 …… **265**

第一节　研究的不足之处 …… 267
第二节　研究展望 …… 267

参考文献 …… **270**

第一章

绪 论

第一节　背景及意义

一、研究背景

在互联网经济时代，数据是新的生产要素，是基础性资源和战略性资源，也是重要生产力。随着数字技术的骈兴错出，数据的地位节节攀升，一个大规模使用人工智能、云计算、物联网及区块链等数字技术的时代已来临。2019 年，党的十九届四中全会首次以中央文件形式确定数据作为生产要素参与分配的地位，标志着数据作为新型生产要素，已经从投入阶段发展到产出和分配阶段。《中国数字经济发展白皮书》中的数据显示，2015—2020 年，中国数字经济规模从 18.6 万亿元增长至 39.2 万亿元，占国内生产总值的比重从 27.5% 提高到了 38.6%。

随着要素质量不断提高，经济增长将更多依靠人力资本质量和技术进步，必须让创新成为驱动发展新引擎。2020 年，中央经济工作会议着重强调"强化科技战略支撑"这一重点任务。这说明在新的环境下，中国要抓住新的技术革命和产业转型机会，在新的环境下培养新的竞争优势，必须增强中国的科技创新能力。虽然我国目前已步入新的经济发展时期，但经济发展方式的转型仍需一定的时间，以要素投入和扩大规模为主导的现象在经济生产中依然存在，自主创新能力依然较弱，全要素生产率尚未成为效率来源，部分关键技术仍然受到制约，部分采用关键技术生产和制造的产品仍然依赖进口。通过数字经济培育创新动能是解决此矛盾的关键，而创新动能的培育与创新要素的合理高效配置休戚相关。

值得注意的是，中国现阶段创新要素配置依然存在诸多问题，如创新能力薄弱、竞争同质化及流通受阻等（朱婕等，2021）。数字经济恰恰能够解决或缓和我国创新要素配置的现有问题。数字经济不仅有利于驱动创新要素升级，增强创新要素合理配置的内生力，而且极大地拓展了创新要素流动的空间，加速了创新要素的时空交换。此外，数字经济能够改善创新要素配置模式。随着各类数字化平台的搭建和完善，创新要素之间能够形成更为紧密的连接，依靠数据流带动人才流、资金流等方式有效解决在创新要素配置过程中联动性不强的问题。考虑到研发创新对实现创新驱动的核心作用，因此，本书基于研发要素的视角，分别从研发投入水平提升、研发产出质量提升及研发效率改善三个维度刻画创新要素配置的优化。与以往研究仅从存量或效率的某一方面单一评价创新要素配置优化不同，本书从研发要素视角出发，旨在更全面和深入地探究数字经济如何作用于各个维度的创新要素配置。

此外，由于数字经济发展迅猛，诸多研究对数字经济内涵的理解仍停留在数字产业化与产业数字化两个层面，尚未关注到经济社会中数字化生态系统的悄然建立与数据要素的巨大潜能，即数字化治理与数据价值化两大内涵尚未在学术研究中得到充分讨论。本书认为数字经济要持续和健康发展，不仅有赖于数字产业化和产业数字化这传统的"二化"协同发展，而且强调数字化治理及数据价值化能够与之协调发展。基于此，亟待解决的问题是，数字经济是否有利于研发投入水平提升、研发产出质量提升及研发效率改善？如果答案是肯定的，这种促进作用又存在何种异质性、影响机制及空间关联？本书的研究不仅弥补了现有研究的空白，丰富了数字经济与创新要素配置的内涵，而且立足于优化创新要素配置、培育新动能的现实要求，为数字经济优化创新要素配置提供了理论依据与建议。

二、研究意义

我国经济长期以来依赖基础生产要素的投入，重视生产规模而忽视增长质量，资源转换效率较低，创新驱动力明显不足。面对复杂的国内外环境，关键是要优化创新要素配置，推动技术创新以培育经济增长新动能。数字经济是解决这一问题的关键。但是与此同时，当前学术界对创新要素、创新要素配置的内涵和创新要素配置的测度与评价等方面还没有达成共识，对数字经济内涵的理解还停留在数字产业化和产业数字化两个方面。目前研究中仅有少数关注到"四化"（数字产业化、产业数字化、数字化治理、数据价值化）协同发展这一数字经济内涵，但仍停留在理论层面，从实证分析的角度对数字化治理和数据价值化进行刻画的研究付之阙如；同时，未有研究从研发投入水平、研发产出质量及研发效率三个维度综合评价创新要素配置，并就数字经济优化创新要素配置的作用机制展开深入分析。因此，本书的研究具有重要的理论意义和现实意义。

（一）理论意义

第一，本书对数字经济与创新要素配置的概念进行界定，并对二者的发展特征与所面临的问题进行总结。立足于二者的内涵，本书据此提出二者耦合协调发展的必要性，分析数字经济发展与创新要素配置两个系统之间的动态关联关系，有利于深化数字经济与创新要素配置耦合协调发展的相关理论研究。

第二，基于研发要素的视角，本书从研发投入水平提升的角度刻画创新要素配置优化，深入剖析数字经济发展对研发投入水平提升的影响路径，通过构建异质性企业技术选择模型，解析数字经济发展对研发投入水平提升的具体作用机理，有利于丰富研发投资理论。

第三，运用数据要素与人力创新要素匹配作为数据价值化这一数字经济内涵的一方面表现，基于研发要素的视角，本书从研发产出质量提升的角度刻画创新要素配置优化，通过构建四部门一般均衡模型，解析数据要素与人力创新要素匹配对研发产出质量提升的具体作用机理，有利于丰富数字经济倍增效应的理论研究。

第四，基于研发要素的视角，本书从研发效率改善的角度刻画创新要素配置优化，深入剖析数字经济发展对研发效率改善的影响路径；构建包含数字经济发展与研发要素价格扭曲的竞争均衡模型，解析数字经济发展通过缓解研发要素市场扭曲从而改善研发效率的作用机理，有利于丰富区域创新和要素市场扭曲理论。

（二）现实意义

第一，本书构建了数字经济发展与创新要素配置的评价指标体系，基于耦合协调度模型，测算我国各省份数字经济发展与创新要素配置的耦合协调度，并运用联合核密度和空间 Markov 链等方法深入分析其动态演进规律。这为地方政府因时制宜和因地制宜地促进数字经济与创新要素配置耦合协调发展提供了参考。

第二，在实证检验数字经济发展提升研发投入水平的基础上，本书分析了企业所有权性质、政府补助及知识产权保护对二者之间提升效应的异质性影响，发现在非国有企业、政府补助较高及知识产权保护度较高的企业样本中，其促进效应更为显著。这为政府和企业强化数字经济的研发投入水平提升效应提供了借鉴。

第三，本书测度数据要素与人力创新要素的匹配度，在此基础上，验证二者匹配提升研发产出质量的影响效应，并运用中介效应模型，检验了二者之间的中介作用渠道，分别为资金蓄水池效应、市场需求挖掘效应及供应链柔性响应效应。这为企业依据自身发展情况，依靠数字经济增强研发产出质量提供路径选择。

第四，本书测度地区规模以上工业企业的研发效率，在此基础上，验证数字经济发展对研发效率的改善作用。运用面板门槛模型，发现随着产业结构高级化与经济发展水平的变化，数字经济发展对研发效率具有显著的门槛效应。运用空间杜宾模型，检验数字经济发展对研发效率的负向空间溢出效应。这为促进区域研发效率的协同改善提供了指导。

第二节 研究的主要框架

一、研究内容

本书旨在探究数字经济对创新要素配置的作用机制，研究的逻辑主线遵循由外在的动态关联分析聚焦至内在的因果作用机制分析。考虑到数字经济的发展目标之一是优化创新要素配置，而创新要素配置的优化是推动数字经济快速发展的支撑与保障。因此，有必要明晰我国数字经济与创新要素配置之间的耦合协调发展情况，在一定程度上为本书后续的因果作用机制研究奠定了理论基础。首先，依据数字经济与创新要素配置的内涵，在第三章中通过构建数字经济发展系统与创新要素配置综合系统，运用统计学测度方法对二者之间相互依赖和协调的动态关联关系进行分析。其次，在第四章至第六章中，基于研发要素的视角，围绕数字经济研发投入水平提升、研发产出质量提升及研发效率改善三条主线，运用数理建模和计量经济学方法从作用机理及实证检验两个方面对以上三条研究主线的因果作用机制展开分析。之所以从以上三个维度评价创新要素配置优化，其原因在于传统要素升级、新型创新要素培育及创新效率改善是优化创新要素配置的核心途径。基于研发要素的视角，研发投入水平的提升意味着传统生产要素向研发要素转化，属于传统生产要素升级；研发产出质量提升意味着技术创新要素的存量提升，属于新型创新要素的培育；研发效率改善反映创新要素配置效益的提升,属于创新效率改善。最后,根据以上研究得出的结论,提出了有针对性的政策建议。研究的总体思路如图 1-1 所示。

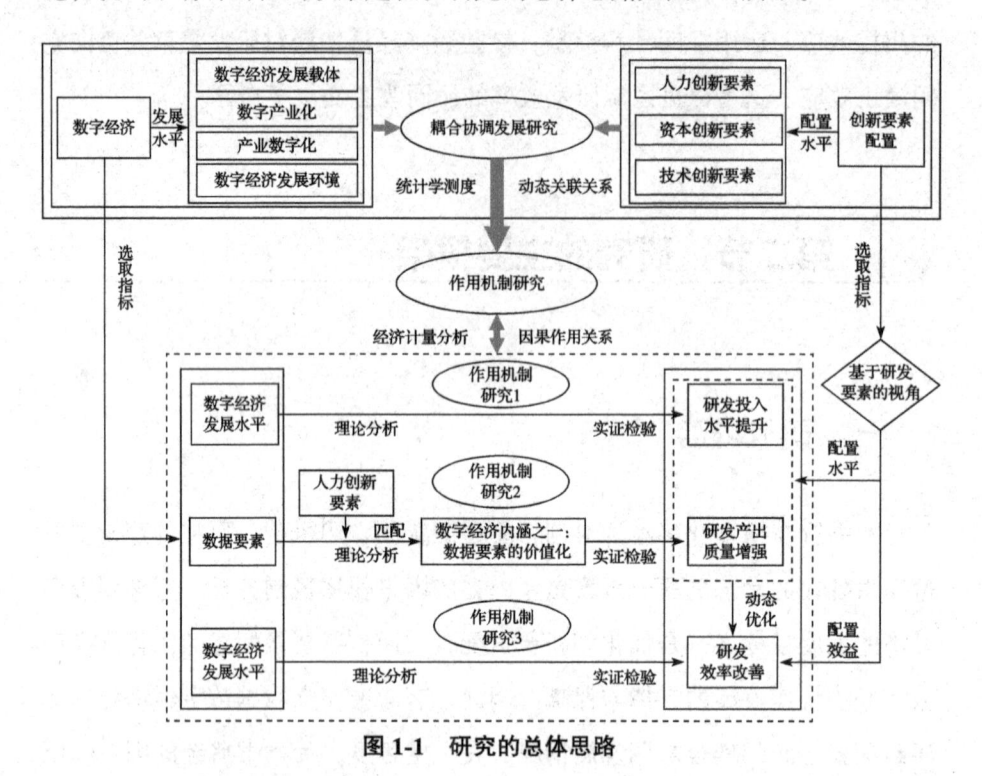

图 1-1 研究的总体思路

此外,值得说明的有以下三点。

第一,在基于研发要素视角,探究数字经济对创新要素配置的内在作用机制时,数字经济发展与数据要素的指标体系均从第三章的数字经济发展系统中选取,为消除或缓解内生性问题对基准问题分析的干扰,剔除第三章所构建的数字经济发展系统中部分可能引起模型内生性的指标及农业方面的产业数字化指标。由于研发要素属于创新要素的范畴,因此,研发投入水平、研发产出质量及研发效率的衡量和测算的原始指标也均从第三章所构建的创新要素配置综合系统中选取。此外,在第四章至第六章的实证分析中,运用多种形式检验内生性问题的方法,缓解可能存在的内生性问题带来的干扰。

第二,作用机制研究 2 以数据要素与人力创新要素匹配来刻画数据要素的价值化，并探究其对研发产出质量提升的作用机制。这是出于以下考虑：本书界定的数字经济内涵为"四化"协同发展。本书认为，数据要素对人力创新要素赋能，二者形成新的要素组合，是数据价值化的具体体现形式之一（刘启雷等，2022；王建冬等，2022）。因此，有必要深入分析二者匹配对研发产出质量的促进效应。数据要素与人力创新要素匹配，能够提升洞察能力和发现新知识的概率。而研发产出作为重要的无形资产，其承载的知识密度及知识宽度往往超出一般产出，高质量的研发产出更是如此，其既需要数据要素蕴含的数字化信息，也需要人力创新要素对数据要素理解和洞察生成的隐性知识。因此，在以增强研发产出为目标时，数据要素与人力创新要素匹配具有其必要性。

第三，作用机制研究 3 中的研发效率改善与作用机制研究 1 中的研发投入水平提升、作用机制研究 2 中的研发产出质量提升是动态优化的关系，这是因为本书的研发效率是由研发投入及研发产出测算得到的。研发效率的改善意味着在研发投入确定时，研发产出增加，或者在研发产出已确定时，研发投入的浪费减少。因此，通过研发投入及研发产出的动态优化，二者不断相互调整，研发效率方能得到改善。

本书包括 6 个部分，内容框架如图 1-2 所示。

本书分七章对图 1-2 中的 6 个研究内容展开深入分析。简单概括来说，依据数字经济与创新要素配置的内涵，构建数字经济发展系统与创新要素配置系统的评价指标体系，并对两个系统之间的外在动态关联关系进行耦合协调分析；在此基础上，基于研发要素视角，对数字经济促进创新要素配置的内在作用机制进行因果关系分析。最后，提出相应的对策建议。

具体章节内容安排如下。

（1）第一章主要阐述了本书的研究背景和意义、研究内容、研究方法、技术路线和主要创新点。

（2）第二章在梳理数字经济、创新要素配置及二者互动关系相关研究的基础上，明确提出了本书中数字经济与创新要素配置的内涵，即对数字经济与创新要素配置的概念进行清晰界定，对数字经济的基本特征及我国创新要素配置过程中遇到的问题进行梳理与归纳，并对数字经济与创新要素配置的有关理论进行简要的说明和总结，将其作为后续研究的理论基础。

```
┌─────────────────────────────────────────────────────────┐
│ 研究1：数字经济与创新要素配置的理论基础                  │
│ ①数字经济与创新要素配置的概念界定                        │
│ ②数字经济的发展特征与创新要素配置的现有问题              │
│ ③数字经济与创新要素配置的相关理论                        │
└─────────────────────────────────────────────────────────┘
                    ↓ 外在的动态关联关系
┌─────────────────────────────────────────────────────────┐
│ 研究2：数字经济与创新要素配置耦合协调发展的测度          │
│ ①数字经济发展与创新要素配置的指标体系构建                │
│ ②数字经济发展与创新要素配置的耦合协调度测度              │
│ ③数字经济与创新要素配置耦合协调发展的时空特征            │
│ ④数字经济与创新要素配置耦合协调发展的动态演进            │
└─────────────────────────────────────────────────────────┘
      基于研发要素视角 ↓ 内在的因果作用机制
┌──────────────────────────┬──────────────────────────────┐
│ 研究3：数字经济发展提升研发投入 │ 研究4：数据要素增强研发产出质量 │
│ 水平的作用机制              │ 的作用机制                    │
│ ①数字经济发展提升研发投入水平的 │ ①数据要素增强研发产出质量的   │
│ 作用路径                   │ 作用路径                     │
│ ②数字经济发展提升研发投入水平的 │ ②数据要素增强研发产出质量的   │
│ 机理解析                   │ 机理解析                     │
│ ③数字经济发展提升研发投入水平的 │ ③数据要素增强研发产出质量的   │
│ 实证分析                   │ 实证分析                     │
└──────────────────────────┴──────────────────────────────┘
                         ↓ 动态优化
┌─────────────────────────────────────────────────────────┐
│ 研究5：数字经济发展改善研发效率的作用机制                │
│ ①数字经济发展改善研发效率的作用路径                      │
│ ②数字经济发展改善研发效率的机理解析                      │
│ ③数字经济发展改善研发效率的实证分析                      │
└─────────────────────────────────────────────────────────┘
                           ↓
┌─────────────────────────────────────────────────────────┐
│ 研究6：数字经济优化创新要素配置的政策机制设计            │
│ ①推动数字经济与创新要素配置耦合协调发展的政策机制设计    │
│ ②数字经济提升研发投入水平的政策机制设计                  │
│ ③数字经济提升研发产出质量的政策机制设计                  │
│ ④数字经济改善研发效率的政策机制设计                      │
└─────────────────────────────────────────────────────────┘
```

图 1-2　内容框架

（3）第三章依据数字经济与创新要素配置的内涵，在构建数字经济发展综合系统与创新要素配置综合系统的基础上，从数字经济与创新要素配置相互依赖、相互促进及相互协调的动态关联关系出发，对二者的耦合协调发展水平进行测度，并对其时空特征进行详细探讨，以明晰现阶段我国各省市数字经济与创新要素配置的耦合协调发展程度。此外，分析了二者耦合协调发展的动态演进规律。研究发现，虽然二者耦合协调发展程度逐年提升，但创新要素配置系统显现出落后于数字经济发展系统的态势，为后文的数字经济优化创新要素配置的因果作用机制分析提供一定的理论基础。

（4）第四章基于研发要素视角，从研发投入水平提升的角度衡量了创新要素配置的优化，探究了数字经济发展对研发投入水平提升的作用机制。在理论分析中，首先分析了数字经济提升研发投入水平的作用路径；其次构建了异质性企业技术选择模型，解析二者之间的作用机理；最后，详细分析了二者之间促进效应的异质性影响。在实证分析中，建立了基准回归模型检验二者之间的促进作用，并分别从企业所有权性质、政府补助及知识产权保护三个方面，检验二者促进效应的异质性影响。在进一步分析中，关注企业研发投入水平分位点的异质性，将研发投入划分为研发投入费用化与研发投入资本化两类，分析数字经济发展对不同研发投入方式的异质性。

（5）第五章基于研发要素视角，从研发产出质量提升的角度衡量了创新要素配置的优化，尝试从数据要素与人力创新要素匹配的角度刻画数据价值化这一数字经济内涵。探究数据要素与人力创新要素匹配对研发产出质量提升的作用机制。在理论分析中，一是分析了二者匹配对研发产出质量提升的作用路径，并构建了四部门一般均衡模型解析其作用机理；二是对二者匹配提升研发产出质量的中介渠道展开了详细分析。在实证分析中，测度数据要素与人力创新要素的匹配度。在基准回归分析中，检验了二者匹配对制造业研发产出质量提升的促进作用。在中介效应分析中，检验了二者之间的作用渠道。在进一步分析中，关注二者匹配对研发产出质量提升的非线性影响。

（6）第六章基于研发要素视角，从研发效率改善的角度衡量了创新要素配置的优化，探究了数字经济发展对研发效率改善的作用机制。在理论分析中，首先分析了二者之间的作用路径；其次将数字经济发展纳入包含要素市场扭曲的竞争均衡模型中，解析二者之间的作用机理；最后详细分析了数字经济发展对研发效率改善的门槛效应和空间溢出影响。在实证分析中，采用随机前沿分析方法（SFA）测度我国各省份规模以上工业企业的研发效率，并对其时空特征和动态演进进行简要分析。在基准回归分析中，检验了二者之间的促进效应。在门槛效应分析中，以产业结构高级化与经济发展水平为门槛变量，检验数字经济发展对研发效率的门槛效应。在空间溢出效应分析中，检验了数字经济发展改善研发效率的空间溢出效应。

（7）第七章基于上述章节理论与实证得出的结论，提出了促进数字经济与创新要素配置耦合协调发展、运用数字经济提升研发投入水平、提升研发产出质量及改善研发效率的政策建议。

二、研究方法

本书研究主要采用以下三种方法。

（1）统计分析。运用指数合成法和耦合协调度模型等对数字经济发展综合指数、创新要素配置综合指数及二者的耦合协调度进行测度；运用Dagum基尼系数、标准差椭圆对数字经济与创新要素配置耦合协调发展的时空特征进行分析；运用联合核密度及空间Markov链等对数字经济与创新要素配置耦合协调发展的动态演进规律进行深入研究；采用随机前沿分析方法对研发效率进行测度。

（2）数理建模。将数字化转型纳入异质性企业技术选择模型，对数字化转型通过降低企业边际研发成本从而提升企业研发投入水平的作用机理进行刻画；构建四部门一般均衡模型，将数据要素纳入研发生产部门，探究数据要素与人力创新要素的合力对研发产出质量的增强效应；建立包含数字经济发展与研发要素市场扭曲的竞争均衡模型，刻画数字经济通过缓解研发要素市场扭曲从而改善研发效率的作用机理。

（3）规范分析与实证研究。上述的数理建模只能从理论的角度解析数字经济对创新要素配置优化的作用机理，还缺乏对二者之间的影响效应进行深入的规范与实证分析。因此，本书综合规范分析和实证研究的方法进一步探讨三大机制的现实情况，采用分组回归及无条件分位数回归方法聚焦于探究数字经济发展对研发投入水平的异质性影响效应，采用中介效应模型检验数据要素与人力创新要素匹配对研发产出质量提升的中介作用渠道，采用面板门槛模型和空间杜宾模型检验数字经济发展对研发效率的门槛效应和空间溢出效应。

三、技术路线

在运用数字经济优化创新要素配置这一研究目标的引导下，本书对数字经济与创新要素配置进行了概念界定，对数字经济的发展特征及我国创新要素配置存在的问题进行了梳理与总结。在此基础上，首先从系统论角度出发，基于两个系统动态关联的视角，测度了数字经济发展系统与创新要素配置系统之间的耦合协调关系，为本书的核心研究主线即数字经济优化创新要素配置提供理论与现实依据；其次基于研发要素视角，从研发投入水平提升和研发产出质量提升的角度刻画创新要素配置优化，由于研发投入与研发产出的动态优化能够实现研发效率改善，因此，进一步从研发效率改善的角度衡量创新要素配置优化，以数字经济提升研发投入水平、提升研发产出质量及改善研发效率三个机制为本书的核心研究主线，依次对其展开研究；最后基于上述理论与实证分析结果，提出了推动数字经济与创新要素配置耦合协调发展及推动上述三个机制的政策建议。本书的技术路线如图1-3所示。

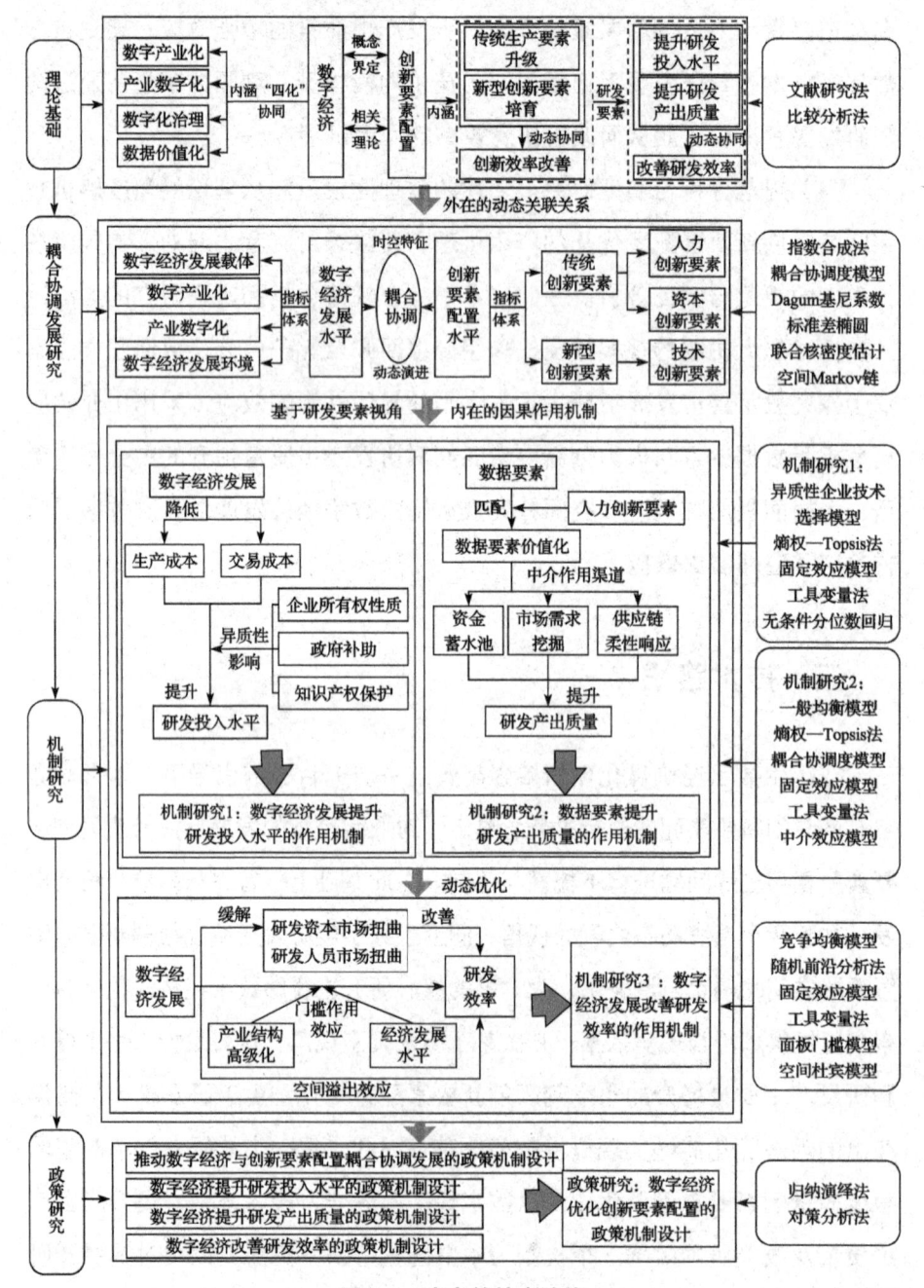

图 1-3 本书的技术路线

四、主要创新之处

（1）与已有研究不同，本书不仅从数字产业化和产业数字化两个方面评价了数字经济发展水平，而且还尝试补充和刻画了数字化治理与数据价值化两个方面的数字经济内涵。本书首先查阅了样本期间的《政府工作报告》，提取并构建了数字经济的关键词典；其次在北大法宝数据库以关键词搜索各省份数字经济政策的法规文本；最后将得到的全文进行下载并通过人工去重处理，以文本存量衡量数字经济政策供给强度，从数字经济发展环境的角度对数字化治理进行衡量。本书第三章围绕数字产业化、产业数字化及数字化治理三个方面的内涵，构建了数字经济发展指标体系。由于数据要素对其他生产要素赋能是数据价值化的重要体现，这难以通过构建指标体系的方式呈现，因此，本书在第五章对其展开了深入分析。在第三章的分析中，本书还从人力、资本和技术创新要素三个维度构建了创新要素配置指标体系。在此基础上，从系统论角度入手，不同于因果分析，采用耦合协调度模型、标准差椭圆、Dugam 基尼系数、联合核密度估计及空间 Markov 链等统计学测度方法，对数字经济发展与创新要素配置之间的动态关联关系及动态演进规律进行了分析。与传统分布动态模型不同，联合核密度能够反映地区的初始耦合协调度对未来时期耦合协调度的影响，空间 Markov 链考虑了地区间的内生互动机制。本书发现，邻地与本地的"低—低""低—中低"集聚模式容易使地区陷入"低质量发展陷阱"，"高—中低"集聚模式可能产生虹吸效应，损害本地的耦合协调发展，"高—高"集聚模式容易产生拥挤效应，拉低本地的耦合协调发展度。

（2）基于研发要素视角，从研发投入水平提升的角度刻画创新要素配置优化，将数字化转型纳入企业异质性技术选择模型，解析数字经济发展对制造业企业研发投入水平提升的影响机理。从企业所有权性质、政府补助及知识产权保护三个方面出发，就数字经济对企业研发投入水平提升的异质性影响作用进行详细分析。结果显示，数字经济发展显著促进了研发投入水平的提升，并且这种提升作用在非国有企业、政府补助高及知识产权保护度高的企业样本中更显著，以此反映数字经济发展提升研发投入水平具有选择效应。运用分位数回归模型就数字经济发展对不同研发投入水平分位点的影响效应展开分析。结果显示，数字经济发展对研发投入水平的提升作用在低分位点和高分位点均不显著，这可能是由于低分位点企业受限于自身研发基础薄弱，高分位点企业通过运用数字技术对市场进行"赢者通吃"导致其研发创新动力不足，以此强调企业研发投入初始水平的重要性。从研发投入资本化处理与费用化处理的角度，探究了数字经济发展对其的异质性影响。结果显示，数字经济发展促进了研发投入资本化，但对研发投入费用化无显著影响。说明数字经济发展激励企业进行开发式创新，这种激励效应在非国有企业、政府补助较低及知识产权保护度较高的样本中更显著。

（3）聚焦数据价值化这一数字经济内涵，首次尝试从数据要素与人力创新要素匹配的角度刻画数据要素的价值实现。基于研发要素视角，对二者匹配提升研发产出质量的作用机制展开深入分析。将数据要素与人力创新要素纳入四部门一般均衡模型中，解析二者匹配对研发产出质量提升的作用机理，并从数据要素来源、数据要素处理与维护、数据要素发展保障、数据要素应用与效益四个维度构建了数据要素评价指标体系，运用固定效应模型检验数据要素与人力创新要素匹配对研发产出质量提升的促进作用。从资金端、需求端及供应链三个方面，验证了数据要素与人力创新要素匹配对研发产出质量提升的三个中介作用渠道，分别为资金蓄水池效应、市场需求挖掘效应及供应链柔性响应效应。进一步分析发现，数据要素与人力创新要素匹配对研发产出质量提升具有显著的倒"U"形关系，但倒"U"形下降阶段的样本占比仅有2.4%左右，经过检验发现，生活成本的创新挤出效应可能是解释倒"U"形曲线下降阶段的原因。

（4）基于研发要素视角，从研发效率改善的角度刻画了创新要素配置优化，将数字经济发展纳入包含研发要素市场扭曲的竞争均衡模型中，解析数字经济发展改善研发效率的作用机理。运用随机前沿分析方法测算了全国各省份规模以上工业企业的研发效率，并对其时空特性进行了简要的分析，以此明晰我国各省份工业企业的研发效率。在此基础上，对数字经济发展与研发效率改善进行实证检验。将产业结构高级化与经济发展水平作为门槛变量，探究了数字经济发展对研发效率的门槛效应。结果发现，数字经济发展对研发效率改善具有显著的门槛效应。当产业结构高级化程度小于门槛值时，数字经济发展对研发效率的改善效应显著；随着产业结构高级化程度跨越门槛值，数字经济发展对研发效率改善的促进效应减弱。当经济发展水平低于门槛值时，数字经济发展对研发效率改善表现出抑制作用，但不显著；当经济发展水平高于门槛值时，数字经济发展对研发效率具有显著的改善效应。这表明，数字经济发展对研发效率的改善具有一定的约束条件。此外，本书建立了邻接空间权重矩阵和公路到达时间权重矩阵，运用空间杜宾模型验证了数字经济发展对研发效率的溢出影响。研究发现，数字经济发展对研发效率改善具有显著的负向空间溢出影响，这可能是数字经济发展的虹吸效应所致的。

第二章

文献综述与理论基础

第一节 文献综述

为深入分析数字经济对创新要素配置的作用机制，必须对二者当前发展状况的研究进行详细梳理，总结分析其发展特点及经济效益，以此作为下文作用机制分析的理论基础。本书的文献梳理分为三个主要部分，分别是数字经济的相关研究、创新要素配置的相关研究、数字经济与创新要素配置互动关系的相关研究。其中，数字经济的相关研究围绕数字经济的内涵与特征、数字经济发展程度的测算及数字经济产生的经济效益展开。创新要素配置的相关研究则主要按照创新要素的内涵、创新要素配置的测度、创新要素配置的影响因素及创新要素配置的经济效益四个方面展开。数字经济与创新要素配置互动关系的相关研究则主要包括对数字经济创新要素配置的影响及创新要素配置对数字经济发展的影响两个方面研究的梳理。

一、数字经济的相关研究

（一）数字经济的内涵与特征

学术界对数字经济的内涵及其特征展开了较为深入的研究。从狭义的数字经济定义来看，Ahmad 和 Ribarsky（2018）从数字交易的视角对数字经济进行了定义，认为如果一个交易采用了电子商务或者数字传输，那么它就是数字经济的组成部分。从广义的数字经济定义来看，2016 年 G20 杭州峰会对数字经济的概念进行了界定，认为数字经济是以使用数字化的知识和信息作为关键生产要素，以现代信息网络作为重要载体，以信息通信技术的有效使用作为效率提升和经济结构优化的重要推动力的一系列经济活动。Brynjolfsson等（2019）认为，数字经济是一种以数据为核心，对信息通信技术和人工智能进行高效利用的经济活动。《数字经济发展白皮书2020》指出，在当今时代发展背景下，数字经济的内涵发生了变化，从"二化"协同逐步转向"四化"协调发展。具体而言，该白皮书强调，伴随数字产业化和产业数字化的快速发展，完善数字化发展环境及促进数据转化为现实生产要素从而发挥价值也显得尤为重要，因此，必须同时重视数字化治理和数据价值化。

作为数字经济的核心要素，学术界对数据要素至今没有统一的定义。蔡跃洲和马文君（2021）认为，对数据的定义具有广义与狭义之分。他们的研究认为，数据本质上属于信息，广义上将数据定义为可以被描述和刻画出来的信息；狭义上则可以将数据理解为比特数据。陶长琪和徐茉（2021）认为，数据要素主要以数据资源的形式存在。徐翔和赵墨非（2020）关注数据的生产要素化，认为数据资本是数据经过处理而形成的资本，指的是以数字化技术为基础，以数字化网络作为重要载体，充分实现数字化和要素化的信息。Jones和Tonetti（2020）对作为生产要素的数据进行了定义，将数据视为信息中创意和知识之外的部分。

关于数字经济的特征，康伟和姜宝（2018）总结出了数字经济的主要特点，认为数字经济不仅使万物之间能够互联互通，而且使知识的生产和传输更为智能。在数字经济发展的过程中，数据得以成为现实的生产要素，社会财富也日益虚拟化。Mueller和Grindal（2019）认为，数字经济最大的特征之一就是其依赖于数据这一生产要素，这也是数字经济与传统经济的主要区别。由于每一次重大的技术革命都孕育相应的技术—经济范式（Perez，1985，2003），因此，很多研究从技术—经济范式着手，对数字经济的特征进行归纳。技术—经济范式指的是：关键技术的创新对生产方式及商业模式进行改造后所呈现的新经济格局。随着新的技术—经济范式理论的发展，新的关键生产要素、商业模式及组织生产范式也随之改变。蔡跃洲和马文君（2021）运用技术—经济范式对数据要素的典型特征进行了归纳，包括非竞争性、可复制性及非排他性等。

（二）数字经济发展程度的测度

在衡量数字经济发展程度方面，当前的研究集中在两种测算方法上。一是对数字经济产业进行统计分类，从而对数字经济发展水平进行绝对规模的测度。例如，吴翌琳和王天琪（2021）构建了数字经济产业分类体系，测度了我国数字经济发展的绝对规模。韩兆安等（2021）依据数字经济行业增加值对中国各省市数字经济规模进行估算，认为中国数字经济发展存在地区非均衡性，区域间和区域内部的数字经济发展均具有一定差距。Barefoot等（2018）定义了数字经济的范围，并对美国的数字经济规模进行了测算。García-Herrero和Xu（2018）采用中国的投入和产出数据测算了中国的数字经济规模。Guan等（2022）运用中国投入产出表的数据测算了中国生产性服务业的数字化水平，并分析了其演变规律。二是选取数字经济相关指标，通过将多维度指标合成来测度数字经济发展水平的相对规模。例如，王军等（2021）选取数字产业的相关指标及传统产业数字化转型的相关指标，以衡量中国的数字经济发展状况，测度中国数字经济发展水平。Milošević等（2018）构建了数字经济发展指标体系，测算了欧盟28个国家的数字经济发展水平，并对其进行排名。刘军等（2020）从信息化、互联网及数字交易的角度衡量数字经济发展程度。此外，还有学者将研究视角聚焦于对数字经济产出效率的测度。例如，李研（2021）运用DEA-Malmquist指数对数字经济产出效率进行了测度，研究结果表明，2012年后区域间差距是中国数字经济产出效率差距的主要来源。刘超等（2021）采用三阶段SBM模型对数字经济效率进行了测度，并对其影响因素展开分析。结果显示，经济发展水平、人力资本水平、基础设施情况和对外开放度对数字经济效率具有显著的促进作用。其中，前两个因素对数字经济效率的正向影响在各分位点均显著，后两个因素的促进效应仅在 0.1 分位点和 0.2 分位点显著。

（三）数字经济产生的经济效益

（1）数字经济对生产率和经济增长的影响。数字经济对生产率和经济增长的影响依据研究结论可归纳为三类：一是数字经济对生产率和经济增长具有显著的促进效应。例如，杨慧梅和江璐（2021）不仅验证了数字经济发展对全要素生产率的提升效应，而且考虑了数字经济发展的空间效应，发现本地数字经济发展对邻地的全要素生产率也具有显著的积极影响。Graetz 和 Michaels（2018）聚焦现代工业机器人的经济效应发现，工业机器人显著地提高了各国工业的全要素生产率。Jorgenson 和 Vu（2016）对ICT（信息通信技术）投资影响经济增长的作用进行了探究，发现 ICT 投资促进了经济增长。Zhang 等（2018）提出了一个大数据驱动减少污染物排放的分析框架，发现大数据的发展能够为能源密集型制造业的可持续发展做出贡献。二是数字经济对生产率和经济增长的促进效应具有非线性特征。例如，Roller 和 Waverman（2001）研究表明，当互联网跨越门槛值后，数字经济对生产率和经济增长的促进效应更显著。三是数字经济对生产率增长在短期内无影响或具有显著的抑制效应。例如，Aghion 等（2018）认为，在短期内，数字经济对生产率增长的作用效果不明显；Brynjolfsson 等（2017）、Acemoglu 和 Restrepo（2018）认为，人工智能的应用对生产率的影响非常复杂，过度依赖人工智能可能反而会抑制生产率增长。Van（2016）认为，数字经济仍处于起步发展阶段，生产率效应可能仅发生在数字经济的技术成熟阶段。

（2）数字经济对制造业升级的影响。制造业的转型和升级在一定程度上得益于数字经济发展，这一结论被诸多研究所证实。例如，Manyika 和 Roxburgh（2011）发现，数字经济发展对制造业的转型和升级起到了显著的推动作用。Caputo 等（2016）探究了物联网对制造业升级的影响，发现物联网对制造业升级具有显著的促进作用。Corredoira 和 Mcdermott

（2014）认为，数字经济通过驱动产业数字化转型发展，促进制造业升级。还有的研究表明，数字经济对制造业的转型和升级具有一定的制约作用。例如，张艳萍等（2022）将研究视角聚焦于探究数字经济对中国制造业全球价值链升级的影响，发现数字经济对制造业全球价值链升级的促进作用具有条件约束。总体上，二者之间的促进作用明显，但通过分样本回归发现，在资本密集型企业和技术密集型企业样本中，数字经济对中国制造业的全球价值链提升没有显著的影响，反而呈现出"U"形的单一门槛特性。张艳萍等对这一现象的解释是：可能在这两个行业中存在较为严重的技术壁垒和"数字鸿沟"，仅当跨越门槛值后，数字经济积极的推动作用才开始显现。

二、创新要素配置的相关研究

（一）创新要素的内涵

创新要素的概念来源于创新理论。Schumpeter（1912）认为，并非新的生产要素产生或新的生产条件产生就一定能够形成创新，创新的形成有赖于二者的结合，只有二者相适应并形成新的生产组合，才能形成创新。根据研究目标及研究对象的不同，创新要素的内涵可分为狭义创新要素与广义创新要素。

狭义创新要素特指参与创新过程的人力创新要素或资本创新要素。学术界中也有诸多学者从这种狭义的视角对创新要素的内涵进行界定。例如，余泳泽和刘大勇（2013）认为，创新要素只是单维度变量，并使用创新投入对创新要素进行了衡量。Crepon等（1998）认为，创新要素是研发资本。王欣亮和刘飞（2018）认为，创新要素包含人力创新要素和资本创新要素。徐维祥等（2019）认为，狭义的创新资源可归纳为人力创新资源和资金创新资源，并分别采用R&D人员和R&D经费对其进行了衡量。

广义创新要素指的是参与创新活动过程中的各类要素。李江（2021）认为，创新要素不仅包含创新资源（人力、资本和技术创新要素等），而且还包括参与创新的主体及创新活动发生时的环境（包括激励创新活动的相关政策法规等）。肖兴志和徐信龙（2019）也采用广义创新要素的概念，认为创新环境是创新要素内涵的主要方面。陶晓丽（2017）认为，创新要素指的是创新活动所必需的科技创新的基础，主要包括人力、技术及资本创新要素。

（二）创新要素配置的测度

（1）创新要素配置水平。现有研究主要通过构建创新要素配置指标体系对广义上的创新要素配置水平进行测度。陶长琪和徐茉（2021）运用熵权—Topsis方法测度中国创新要素配置水平，并从时空维度探究其现状和发展趋势。研究发现，我国三大地区间的创新要素配置水平的差距正日益减小，但地区内部差距逐年增大。刘帅等（2021）在对我国各省份的创新要素集聚能力进行测度的基础上，运用基尼系数及空间Markov链等方法，分析其时空演进趋势。研究结果表明，工业企业与高等院校这两个创新主体中的创新要素集聚能力在我国的区域差距较小，而科研机构的创新要素集聚能力在我国的区域差距较大。戚湧和张洪瑜（2020）对区域高技术产业的创新要素供给水平进行了测度。张伟和张东辉（2021）从人力、资本和技术三个维度构建了创新要素配置指标体系。徐晔和赵金凤（2021）测度了创新要素配置与经济高质量发展的耦合协调度。

（2）创新要素配置效率。创新要素配置效率是反映创新要素配置的效益指标，通过对创新要素配置效率进行测度，能够准确掌握创新主体的创新要素配置情况的好坏及其改善空间。Nelson（1993）和Porter（1998）率先评价了科技资源的配置情况，对各国科技资源配置、科技经费支出和科技创新政策等方面进行了对比研究。Li等（2019）在广义三阶段DEA（数据包络分析）方法的基础上，通过结合灰色关联分析方法，测算了中国半导体产业的技术创新效率。陆建芳和戴炳鑫（2012）采用改进的 DEA 模型对技术创新资源配置效率进行了测度，指出创新资源配置效率反映了创新资源在技术领域内的投入产出关系。Lin 等（2019）尝试运用数据包络分析窗口分析法对中国工业企业的技术创新效率进行测度。Zamanian 等（2013）运用数据包络分析（DEA）方法和随机前沿分析（SFA）方法测算了农业技术效率。Zhong 等（2011）运用官方经济普查数据和 DEA 模型测算了中国区域的研发效率。

（3）创新要素错配。目前，对创新要素错配程度进行衡量的研究较少，因此，本书对测算要素错配程度的研究进行了梳理和归纳，在一定程度上为本书的研究奠定了理论基础。学术界关于要素错配的测算方法主要有四种：一是使用反映市场化程度的经济指标衡量，如市场化指数、民营经济的发展水平和要素市场的发展状况等（宋马林和金培振，2016）。一般认为，市场化水平越高，要素自由流动的阻碍相对越小，因此，市场化水平的相关指标能够在一定程度上反映要素市场配置扭曲的程度。二是运用要素的边际产出和实际收益之间的价格扭曲来度量（杨振和陈甫军，2013；杨志才和柏培文，2017）。三是使用要素流动的摩擦阻力来度量。例如，Restuccia 和 Rogerson（2008）采用要素投入税比率来表示市场摩擦。Chari 等（2002）用比例税的形式予以刻画要素配置的扭曲。Aoki（2008）建立了多部门一般均衡模型，使用劳工和资本存在的税费构成不同行业的资本与劳动力成本差异，并以此来描述要素扭曲系数。解晋（2019）借鉴 Aoki（2008）的研究，通过价税的形式引入要素价格扭曲，测算了中国三大地区的人力资本错配情况，结果表明，中国东部地区的人力资本结构出现了较大的失衡。四是对产业或企业的全要素生产率差异进行研究，以反映资源配置的扭曲。采用这种衡量方式的原因在于，许多学者认为，如果某一经济体中的生产要素收益率有显著差别，那么就说明该地区的资源没有得到最好的分配。如 Hsieh 和 Klenow（2009）在垄断竞争模式的框架下，使用 TFP 的分散性来度量劳动力和资金的不匹配。

Brandt 等（2012）基于以上的研究，利用最优化配置条件（最大产出）TFP 和实际 TFP 之间的差值衡量各要素的错配程度。靳来群等（2019）通过对创新资源的定价进行扭曲征税，得出了存在扭曲条件下的整体创新效率，并以其与有效状态下的潜在创新效率之比作为衡量创新资源配置的一个重要指标。他们的研究发现，中国创新资源的区域结构性错配较为严重，主要表现为中国东南地区和西南地区创新资源配置相对不足，而东北地区及西北地区则配置过多，同时也存在所有制结构和行业间的错配。

（三）创新要素配置的影响因素

近年来，由于我国要素配置的优化依然面临诸多困难，配置水平亟待提高，配置效率存在较大的改善空间，因此，要素配置的影响因素研究受到学术界的广泛关注。已有研究主要从以下四个方面对要素配置水平和效率的影响因素进行分析。

第一，扭曲的金融市场。例如，Li 等（2017）测度了中国各地区的要素错配情况，并在此基础上分析了影响要素错配的因素。他们认为先进的金融市场有利于中国的要素配置，但政府对交通基础设施的广泛投资和对国有企业及外商投资企业的优惠待遇与要素配置水平提升具有负相关关系。Moll（2014）认为，长期来看，尽管金融摩擦对资源错配的影响有限，但在短期内，金融摩擦对资源错配和总生产率的负向影响是显著的。Wu（2018）发现，金融摩擦对中国资本错配的解释力高达 30%。

第二，扭曲的劳动力市场。例如，宗慧隽和李真（2020）研究表明，我国劳动力市场的分割会弱化最低工资水平的提高对资源配置效率的改善效应。蔡昉等（2001）验证了劳动力市场扭曲对资源配置效率有显著的负向影响。

第三，制度因素。例如，李斯嘉和吴利华（2021）认为，创新要素配置效率不同于一般的生产要素配置效率，完全依靠市场机制配置难以使创新要素配置效率达到最优。这是由于创新活动不仅具有商品属性，而且也存在显著的正外部性，使创新收益往往并非让创新主体全部得到。因此，他们聚焦于市场分割对创新要素配置效率的影响，并认为市场分割由于能够在一定程度上保护本地创新，可能对创新要素配置效率具有一定的改善效应。但由于空间溢出，导致市场分割对相邻地区的创新要素配置效率具有抑制效应。Song等（2011）指出，在转型期经济中，不完善的要素市场容易引致市场中资源分配的失衡。Zhang等（2021）认为，政府干预对创新资源的错配具有显著的负向影响。

第四，信息不对称性。例如，Yan等（2016）认为，供应链融资能够解决银行与贷款者之间信息不对称所引发的资源配置无效率问题。Jovanovic（2014）认为，企业与劳动者之间关于求职的信息不对称性，阻碍了劳动力的自由流动，导致了劳动力要素与岗位需求的不匹配。Zhong（2018）发现，透明度的提升能够促进研发资本更有效地分配。

（四）创新要素配置的经济效益

诸多研究显示，创新要素得到合理配置具有较强的正向经济效应。关于创新要素配置的经济效益研究大多集中于探究其对经济增长和制造业升级的影响。

（1）创新要素配置对经济增长和生产率的影响。现有研究大多支持创新要素合理配置能够促进经济增长和生产率提升这一结论。白俊红等（2017）对研发要素流动的外溢效应进行了深入探讨，结果表明，这种外溢效应对我国经济增长的影响是非常明显的，呈显著的促进效应。焦翠红和陈钰芬（2018）聚焦R&D资源配置对全要素生产率的影响效应，结果表明，如果R&D资源能够向科研机构倾斜，那么全要素生产率提升效应将更显著。海本禄等（2022）运用熵权—Topsis方法从五个基本理念出发，对我国高质量发展水平进行了全面的测算，并在此基础上，探究了创新要素流动对高质量发展的空间影响效应。研究发现，创新要素流动能显著地促进高质量发展水平的提升,其提升渠道是技术创新和产业结构升级。王丽莉(2021)实证检验了高技能移民对企业生产率增长的促进效应。此外,Hornung(2014)、Ghosh等(2014)及Mitaritonna等(2017)均关注来自国际社会的高技能移民即高技能人才流入对企业生产率的影响,发现二者之间呈现显著的促进作用。König等(2020)构建了一个内生增长模型,以此量化研发资源错配对新兴经济体TFP增长的影响,研究发现,研发错配对全要素生产率增长有很大的抑制作用。此外,还有诸多研究关注传统生产要素的配置对经济发展和生产率的影响(Inklaar等,2017;Peters,2011),均认为要素错配将引发严重的生产率损失,降低经济发展速度和质量。

(2)创新要素配置对制造业升级的影响。创新要素的合理配置在推动制造业的转型和高质量发展中发挥着举足轻重的作用。大部分研究均认为创新要素配置水平或效率的提升能够推动制造业升级。李磊等(2019)将研究对象锁定在劳动力的质量提升与制造业升级,对二者之间的影响效应进行研究,结果表明,劳动力技能的提高推动了产业结构的升级,但是提高劳动力的技术含量只会提高高端制造业的利润和劳动生产率。这表明人力创新要素存量水平的提升有利于制造业升级。包耀东等(2021)认为,增加研发投资可以通过促进技术创新、产品创新和管理创新等方式间接地推动制造业升级。阳立高等(2018)实证研究发现,人力资本和技术进步对推动制造业升级的作用是积极的。Leifer等(2000)认为,制造业突破式创新是推动产业升级的核心要素。毕克新等(2017)探究了制造业升级与突破性低碳技术创新的相互影响,发现二者相互促进。此外,还有大部分研究关注了传统生产要素的配置对制造业升级的影响。例如,唐荣和黄抒田(2021)认为,产业政策通过影响资本要素配置和劳动力要素配置显著作用于制造业升级。

三、数字经济与创新要素配置互动关系的相关研究

目前，学术界对数字经济与创新要素配置互动关系的研究可划分为两类：一是数字经济对创新要素配置的影响，二是创新要素配置对数字经济发展的影响。

（一）数字经济对创新要素配置的影响

（1）数字经济对创新要素配置水平的影响。目前大部分研究认为，数字经济发展对创新要素配置水平具有显著的提升效应，但也有研究认为大数据提升创新要素配置水平具有一定的条件约束。其中，Litvinenko（2020）探究了数字经济发展对技术创新的影响，认为数字经济发展有利于提高技术创新要素的配置水平。翟淑萍等（2022）从互联网发展和数字普惠金融的角度衡量城市数字经济发展水平，发现数字经济发展能够促进上市企业劳动力结构升级，提升企业对高技能劳动力的需求。邓荣荣和张翱祥（2022）检验了数字经济发展对研发产出水平的提升效应，他们聚焦城市层面的数字经济发展对环境污染的影响，将研发产出水平作为二者作用关系的中介变量，发现数字经济通过提升研发产出水平从而降低了城市环境污染。胡山和余泳泽（2022）以财新智库披露的"中国数字经济指数"为数字经济发展的代理变量，运用企业发明专利授权量作为突破性创新的代理变量，发现数字经济发展显著促进企业突破性创新。但 Wu 等（2020）将视角聚焦至大数据如何影响创新，发现大数据本身对企业创新无显著影响，而以数据分析技能作为数据分析能力的代理变量，发现数据分析能力通过组合多种技术，扩大企业对于知识的搜索空间，从而促进企业技术创新要素的积累。Dou 和 Gao（2022）认为，数字经济对企业绿色技术创新具有倒"U"形影响，但大部分省份还未超过拐点，政府质量能够正向调节二者之间的影响。

（2）数字经济对创新要素配置效率的影响。现有研究多以创新绩效作

为衡量创新要素配置效率的一方面,探究数字经济对创新绩效(效率)的影响。例如,金芳等(2021)构建了大数据评价指标体系,发现大数据促进了我国各省市的绿色技术创新效率改善。侯世英和宋良荣(2021)将数字经济、市场整合及创新效率纳入同一研究框架,发现数字经济与市场整合均有利于提升研发效率,并且数字经济对市场整合的创新激励效应具有正向调节作用。马琳(2021)将研究对象锁定在高技术产业,发现数字经济发展能显著提升其研发效率。此外,在关注数据要素的创新激励效应的研究中,Caputo等(2019)验证了大数据对企业创新绩效有正向促进效应。但也有研究认为,数据要素提升创新绩效与数据量无关。例如,Ghasemaghaei和Calic(2020)认为,数据速度和数据多样性对企业创新效率有显著的促进作用,但数据量对企业创新效率的影响不显著。

(二)创新要素配置对数字经济发展的影响

目前,仅有少数学者关注数字经济发展的影响因素,对创新要素配置影响数字经济发展的研究集中于探究创新要素配置存量的提升对数字经济发展的影响。刘军等(2020)通过构建数字经济指标体系,以数字经济发展程度为因变量,对人力资本等要素对数字经济发展的促进作用进行了实证研究。余海华(2021)认为,信息和技术等要素是驱动数字经济空间关联的主要因素。李娟和刘爱峰(2022)探究了区域数字产业平衡发展的驱动因素,发现人力资本和科技创新水平的提升能够有效驱动中国区域数字产业的平衡发展。Wang和Su(2021)以中国制造业为例,发现技术创新是企业数字化转型的驱动因素。Catalini(2017)发现区块链技术创新对数字经济有显著的正向影响。

四、文献评述

通过梳理国内外文献可见,学术界关于数字经济与创新要素配置的研究多集中于对各自内涵、测度、影响因素与经济效益的探讨，也有部分研究关注到数字经济发展与创新要素配置二者之间的互动关系，这些都为本书的研究奠定了一定的理论基础。但也发现，现有研究仍存在以下不足。

（1）对数字经济发展水平的评价多从"二化"协同视角展开，对数字经济"四化"协同这一内涵给予充分关注的研究尚不多见。对数字经济内涵缺乏充分理解，忽视数字化治理和数据价值化，不利于准确测算数字经济发展水平。此外，现有研究中对创新要素配置进行全面和系统衡量的文献也较少，多数文献仅关注单一维度的创新要素，这与我国现阶段优化要素配置、加强创新引领的重要性不相匹配。

（2）尚未有研究对数字经济发展综合系统与创新要素配置综合系统之间相互促进和协调的动态关联关系进行探讨，更未有研究运用统计学相关方法，对二者耦合协调发展的时空特征和动态演进规律进行深入分析。忽视数字经济与创新要素配置的协同发展，难以实现创新要素配置的优化对数字经济发展的支撑保障作用，也难以依靠数字经济的发展推动创新要素合理、高效地配置。

（3）现有研究对数字经济优化创新要素配置的内在作用机制考虑不足。综观现有研究，尚未有研究立足于研发要素视角，从研发投入水平提升、研发产出质量提升及研发效率改善三个维度综合评价创新要素配置优化，从而全面、深入分析数字经济对创新要素配置的作用机制。对二者之间作用机制的考虑不足，不利于在数字经济迅猛发展的时代形成优化创新要素配置的路径保障。

（4）学术界对数据要素的内涵尚未达成共识，尚未有研究较为全面和系统地衡量我国各省份的数据要素存量，更未有研究从数据要素与人力创新要素匹配的角度尝试刻画数据要素的价值化，并给予实证支持。数据价值化是数字经济发展的基础，忽视数据要素对其他生产要素的赋能效应，可能会低估了数字经济优化创新要素配置的影响效应。

第二节 理论基础

一、数字经济的内涵

（一）数字经济的概念界定

1996年，Tapscott 在《数字经济》一书中对数字经济的概念给出了详细和清晰的定义。他指出，在新经济和传统经济中，信息流的存在模式是截然不同的。在传统经济时代，信息流多以实物的形式出现在人们生活中，而在新经济时代，则是以数字化的形式存在。在《数字化生存》（*Being Digital*）一书中，Negroponte（1996）认为，数字化生存相较于传统经济时代的生活方式是一种全新的体验，是由数字化、网络化和信息化对人类生存方式产生的巨大变化形成的。2001年，随着互联网泡沫的破灭，数字经济的概念逐渐消失在大众视野，归于沉寂。但自2012年起，随着数字技术的骈兴错出，社会生活的方方面面逐步实现数字化转型的时代正凫趋雀跃。

借鉴《二十国集团数字经济发展与合作倡议》中对数字经济的定义，本书认为，数字经济是一种以数字化的信息为核心生产要素，以现代信息网络为主要载体，以信息通信技术的高效利用作为提高效率和优化经济结构的重要力量的社会生产活动。伴随数字经济的发展，其对产业的融合程度逐渐加深，人们对数字经济在不同发展阶段的理解也存在不同。Bukht 和 Heeks（2017）按照融合程度的不同，将数字经济划分为三个层次：首先是核心层，由于数字经济的基础是ICT、IT技术与服务，因此核心层主要聚焦于ICT和IT行业，包括硬件制造、信息技术与咨询服务等。其次是窄口径的数字经济。这一层次在核心层的基础上进行了适当拓展，不再局限于 ICT 和 IT 部门，而是将范围拓展至数字化服务与平台经济等方面。因此，这一层次主要聚焦于电子业务、数字服务与平台经济。最后是宽口径的数字经济。这一层次主要包含电子商务、工业 4.0 及精准农业等。若将其与国内说法相对应，可将核心层理解为数字产业化，将窄口径和宽口径的数字经济理解为产业数字化。

2020 年，中国信息通信研究院发布的《中国数字经济发展白皮书》明确指出，我国数字经济发展已经进入"四化"协调发展的新时期。在数字经济发展初期，中国信息通信研究院从生产力的角度提出了"两化"协同发展的概念，仅关注到数字产业的发展（数字产业化）和数字技术对传统产业的赋能（产业数字化），但随着数字经济的迅猛发展，生产关系围绕生产力发生了重大变革，数字化的治理措施及数字经济政策所构筑的数字化生态环境在经济中的作用愈发显现。因此，中国信息通信研究院从生产力和生产关系的角度，在原有认识的基础上，在数字经济内涵中纳入数字化时代的制度变革即数字化治理，对数字经济"三化"理论框架进行详细介绍。而当前，数据的生产和价值化无疑成为数字经济发展的"石油"，将杂乱无章的大数据转变为数据要素，对于推动生产力与生产关系的变革发挥着极为重要的作用。因此，将数据转化为经济中的有效信息，使之成为进入生产过程的现实生产要素，是数字经济内涵的重要部分。中国信息通信研究院修正之前的"三化"研究框架，将数字经济的内涵扩展至"四化"协同，这"四化"分别衡量了数字产业的发展（数字产业化）、传统产业的数字化转型（产业数字化）、社会治理的数字化变革（数字化治理）及数据转化为有效信息并发挥价值的过程（数据价值化）。

（1）数字产业化。数字产业主要指数字经济发展的先导产业。这一类产业主要有电子信息制造业、互联网相关行业、电信行业及向市场提供软件和信息技术服务的行业。这些产业最先开始实现数字化产品和服务对市场的供给，通过这些产业的规模化生产，其产品和服务能够为市场带来数字化理念、数字化服务及生产环节的数字技术溢出，并惠及人民生活的方方面面。数字产业化实际是数字技术通过产业化发展逐渐从原有部门剥离，形成新的产业。同时，随着数字技术的骈兴错出，云计算、物联网及区块链等数字技术不断催生新的商业模式。在新的商业模式的基础上，经过不断探索与发展，新的产业应运而生。基于数字技术形成的创新商业模式与产业不仅改善了经济发展过程中无谓的福利损失，培育了新的经济动能增长极，而且通过激发商业活力，形成正向反馈效应，从而正向促进数字经济的发展。

（2）产业数字化。产业数字化指的是传统产业通过运用云计算、工业互联网及区块链等数字技术实现生产效率的提升和生产规模的扩张，新增的产量构成数字经济的重要组成部分。产业数字化是传统产业借助于新一代的信息技术从而实现数字化转型的表现，是实现我国经济高质量发展的关键。例如，传统制造业的数字化转型，制造业企业通过运用数字化技术不仅实现了生产过程的智能化与柔性化、产品销售的精准化、市场需求捕捉的灵敏化，而且实现了企业内部组织决策的数字化，大幅降低了过去由于库存积压耗费的管理成本及产品适销不对路带来的价格损失，同时也有效缓和或解决了以往对市场需求不敏锐造成的产品过时、企业组织的管理决策延迟及管理效率低下等问题。运用数字化技术和数字平台，对传统企业进行赋能改造是产业数字化的核心内容。

（3）数字化治理。《数字经济发展白皮书》明确指出，数字化治理指的是以数字技术赋能政府管理，促进政府治理及社会公共服务的数字化转型和供给。由于数字化治理主要是通过颁布政策法规等形式对社会现行的治理体系进行改造、完善和补充，因此，本书认为，数字化治理强调的是政府相关部门针对数字经济特征能够创新监管模式、加大数字化的公共服务供给、加快政府部门决策及提高政策执行能力。结合现实情况来看，随着数字经济的蓬勃发展，中央政府及各地方政府陆续颁布并实施了一系列对医疗、教育、文化、交通及安全等社会公共服务进行促进、规制和监管的数字化转型政策。此外，政府通过颁布政策法规的形式，对数字经济发展过程中可能存在的垄断行为进行规制，大力推进政府部门在决策、执行、组织及监管等方面的数字化转型。数字化治理为数字经济发展构建了良好的数字生态环境，是数字经济发展的重要保障。本书以数字经济的相关词汇作为关键词，在北大法宝网站中检索数字经济政策文本，并对其进行去重处理，以各省份数字经济政策法规文本数量衡量数字经济发展环境，尝试以此刻画数字化治理这一数字经济内涵。

（4）数据价值化。数据的价值化实现助推社会生产中生产要素体系的重构，是数字经济发展的根本和基石。本书认为，广义上的数据价值化的内涵包含数据的要素化和数据要素的价值化两个方面的内容。具体来说：第一，数据的要素化。《数字经济发展白皮书》中定义了数据的要素化过程，包含数据资源化、数据资产化及数据资本化。数据资源化表示对初始数据进行处理，使之成为具有使用价值的数据资源的过程；数据资产化表示数据与具体业务融合的过程，本质在于数据驱动业务变革，该过程对企业的场景应用能力等有一定的要求；数据资本化可概括为数据作为资本在企业和部门之中流通，从而实现社会化配置的过程。第二，数据要素的价值化。数据要素的价值实现主要体现在数据要素能够通过对其他生产要素赋能，形成新的要素组合和生产模式，产生正向的经济效益。《数字经济发展白皮书》指出，数据从杂乱无章到实现价值化的过程可以促进其他参与生产的要素发生重构，数据通过与其他生产要素形成新的要素组合，推动数字经济发展不断释放倍增效应。诸多研究也认为数据要素难以单独创造价值，需要重新整合其他生产要素，重新调整模式，才能产生要素价值，并且这个过程也将推动数据要素的增值（刘启雷等，2022；王建冬等，2022；黄少安等，2022）。因此，结合以上分析及文献综述中对数据要素内涵相关研究的梳理，本书认为，数据要素是一种数字化的信息，其具有使用价值，并且能够通过赋能其他生产要素产生经济效益。

由于本书旨在探究数字经济对创新要素配置的作用机制，因此，本书着重关注数据要素进入现实生产过程的价值实现,即数据要素如何与其他生产要素形成要素组合,发挥数字经济的倍增效应,从而实现数据要素的价值。本书将在第五章中聚焦数据价值化这一数字经济内涵,尝试以数据要素与人力创新要素匹配刻画数据要素的价值实现过程,并探究二者匹配对研发产出质量提升的作用机制。

综上所述,数字经济的内涵主要包含"四化"协同,"四化"在"二化"即数字产业化和产业数字化的基础上,考虑政府治理和公共服务的数字化变革(数字化治理)及数据转化为有效信息并发挥价值的过程(数据价值化)。其中,数字产业化和产业数字化作为初期数字经济发展的重要内涵,是数字经济发展的核心,数字化治理是数字经济蓬勃发展的重要保障,数据价值化是推动数字经济这一新型经济形态广泛存在的基础。数字经济作为一种新的经济形态,运用数据这一核心生产要素与其他生产要素的再组合,以及生产模式的再调整,从而推动数据要素在现实生产过程中的价值实现,在数字化治理的保障下,进而形成更广泛的数字产业化和产业数字化。

(二)数字经济的发展特征

基于云计算、物联网和区块链等数字技术,新的生产模式、新的商业模式、新的产业分工及新的产业发展环境加速形成,数字经济成为一种新型且广泛存在的经济形态。由于数字技术是数字经济的核心驱动力,因此,数字经济具有数字技术所具有的三个明显特征,即高成长性、强渗透性和广覆盖性。数字经济的高成长性体现在数据的价值不会随时间的斗转星移而消逝,数字经济通过新技术与新组织模式的涌现加速了创新的迭代升级。此外,数字经济依靠其强大的数字化网络,促进了知识共享和增值,螺旋上升的知识生产意味着数字经济发展具有高成长性。数字经济的强渗透性可概括为数字技术通过产品与服务等方式渗透至生产、分配及消费等经济社会发展的各个环节。例如,企业可通过数字技术全方位分析应聘者与应聘岗位的匹配度，了解劳动者的可塑性。在生产环节，企业管理者能够通过内部数字化网络，缩短决策时间，降低决策延迟性与决策失误的概率等。对于数字经济的广覆盖性，本书认为这主要表现在数字经济通过构建强大的数字化网络系统，使投入其中的生产要素及生产要素组合能够形成网络协同效应，对经济社会生活中的方方面面造成广泛的影响。

高成长性、强渗透性及广覆盖性是数字经济基于数字技术所具有的与技术形态有关的典型特征。此外，数据作为数字经济的关键生产要素，其也具有明显有别于传统生产要素的特征，如诸多研究所提到的非竞争性、可再生性和即时性等。具体来说，非竞争性指的是数据可以同时被多主体在不同场景中使用，但数据的价值不被削弱甚至能实现增值（Jones 和 Tonetti，2020；Carriere-Swallow 和 Haksar，2019）。例如，手机定位数据能够经由数据产生者授权给不同的 App 发布者，使不同的 App 发布者能够有机会同时收集到同一客户提供的数据，为人们的生活带来便捷。可再生性是相对于传统生产要素的不可再生性而言的。一般而言，资源是有限的，与之不同的是，数据的使用几乎是无限制的，经济社会中的数据时时刻刻在产生，还可以被多次循环使用。数据的即时性指的是数据生成、传输、处理及分析的速度在移动互联网、云计算、机器学习等新一代信息技术的应用过程中得到大幅提升。数据要素的以上特征为数据成为关键生产要素并得以广泛使用提供了前提，也是各种新经济、新业态及新模式得以涌现和运行的基础。

除了以上特征，本书还对数字经济影响社会经济生产范式的特征进行了归纳，主要包括产品制造、生产与销售的关系及产业融合等方面的典型特征，分别对应产品制造异质化、生产销售社会化及产业边界模糊化。

（1）产品制造异质化。一方面，随着数字经济的发展，生产过程从链式化向模块化演进。通过将一个任务分解成多个不同的子模块，在一定程度上避免了产品生产过程中的"搭便车"现象。由于生产过程的相对独立,每个子模块的知识生产可能不尽相同,与此同时,数字技术使子模块之间的信息交流更为便捷与迅速,多样化的知识交流加快了产品的异质性程度。通过数字经济的网络化,创新主体之间更多地进行协同与协作,推进了产品的异质性。另一方面,在数字经济时代之前,工业生产大多是基于大机器在流水线上的大规模生产,而随着数字技术的发展与数字平台的崛起,制造厂商能够精准捕捉消费需求,实现基于小规模、定制化及零库存的产品按需供给,大大提升了制造厂商的柔性生产能力。柔性生产能力的提升表明生产者具备随时调整生产线和产品的研发、设计能力,在受数字经济推动的激烈竞争中,消费者的异质性需求推动产品制造的异质化。

(2)生产销售社会化。随着数字经济的迅猛发展,生产者与消费者之间的边界变得日益模糊。生产价值链由传统的以生产带动消费的生产模式转变为以需求拉动生产的模式。这使消费者不再仅仅作为被产品所推动的生产与服务的购买者,还作为产销合一的参与者,在一定程度上充当了产品和服务的"设计师"。具体来说,生产者以往的生产方案和目标都是通过预测未来时期的销售量制定的,而且生产者与消费者之间由于缺乏有效的信息交流平台和实时的需求监测及反馈系统,往往存在多层经销商。这就导致生产者难以直接接触到消费者,消费者也难以将自身的产品体验及需求反馈给生产者,二者存在相当程度的割裂。但在数字经济时代,依赖云平台、人工智能及大数据等,生产者不仅能够直接与消费者进行有效的信息交流,而且消费者可以通过在线平台和售后调查等方式,将产品体验和需求传递给生产者,使生产者能够及时改进产品功能,调整产品的设计理念,这也使消费者的身份变得多样化。

(3)产业边界模糊化。随着数字技术的不断发展,产业融合程度逐步提升。多样化的市场需求推动产业间的跨界融合。数据作为数字经济发展的核心生产要素,促进了核心产业与上下游产业在研发设计与生产方面的深度合作。例如,随着消费者定制化与多样化的需求沿着数据流逆向传导至生产者部门，得益于数字经济时代强大的信息网络，生产厂商能够将产品制造中非本部门核心技术的业务外包给更专业的上下游部门，营造点对点的商业模式，高效提升产品的生产与精准销售能力。这样的专业化分工实则促进了产业之间的交流与合作，模糊了原本清晰的产业边界。此外，在制造业内部，企业可以通过上"云"，形成多行业互联互通的工业互联网，进而推动不同制造业之间的融合发展。在其他行业中，"数字普惠金融""数字化农业"及"智慧交通"等比比皆是，同时，这些通过数字技术跨界融合形成的新业态，能够很好地贴近市场需求，使社会生产中的正反馈系统得以形成，反过来又能够促进数字经济本身的发展，为其提供发展的推动力。

二、创新要素配置的内涵

（一）创新要素配置的概念界定

（1）创新要素。在对本书的创新要素概念进行界定之前，需要对生产要素的演变进行简要概括。在不同的经济发展阶段，参与社会生产的生产要素的范围与重要性均不相同。在农业社会，Petty（1662）在《赋税论》中指出，劳动力与土地是最为重要的生产要素。而后，随着工业经济的发展，资本要素和技术要素成为经济发展的关键推动力。资本要素是企业进行各项行动的物质根本，是人才引进和创新投入的保障。技术要素是由Solow（1956）发现并提出的，他通过归纳各国经济增长的实践发现，经济增长中有一部分的增长是难以运用传统的必备生产要素做出合理说明与解释的，这一现象被称为"索洛残差"。此后，技术要素成为企业核心竞争力的主要来源。土地、劳动力、资本及技术四者形成的"四要素论"得到学术界的广泛认可。随着信息化时代的到来，信息也逐渐演变为推动经济发展的主要要素（Krugman，1994）。新制度经济学认为"制度至关重要"，这一观点被 Acemoglu 等（2002）证实。综合以上观点，土地、劳动力、资本、技术、信息及制度成为生产过程中主要的生产要素，这一观点被广泛认可。

随着我国经济发展方式由要素驱动逐渐转向创新驱动，生产要素也逐渐向创新要素转型升级。基于生产要素的概念演变，本书将创新要素界定为以实现高质量发展为目标进行创新活动或作为创新活动的支撑条件推动创新的相关资源和能力的组合。本书按照创新要素的发展历程，将其划分为传统生产要素和新型创新要素两类。传统的生产要素可以被解读为在创新生产活动中必不可少的要素，主要包括人力创新要素与资本创新要素。人力创新要素特指具有高技能、高学历或专门从事生产研发的人员。值得说明的是，由于人力创新要素作为"活"的生产要素，其对地区提供的医疗卫生等公共服务的质量具有一定要求，医疗与卫生公共服务的供给也直接影响人的创新热情。因此，借鉴逯进和周惠民（2013）的研究，本书认为，医疗保健可理解为人力创新要素的身体素质。资本创新要素是指在生产价值链的高级环节中所使用的资金。新型创新要素是指在新技术扩散、渗透和辐射作用下用于创新的要素或者能力的组合。新型创新要素主要包括技术、信息和制度等创新要素。需要说明的是，本书旨在探究数字经济对创新要素配置的作用机制，如前文所述，数字化治理与数据价值化皆属于数字经济的内涵。其中，数字化治理的实现渠道主要通过政府的政策工具，反映的是制度层面的创新。数据要素是数字经济发展的核心要素，是数字经济发展的本质要求，而无论是狭义的"数据"还是广义的"数据"，都被看作一种信息（或事实）（蔡跃洲和马文君，2021）。因此，为区分本书中数字经济与创新要素的内涵，本书所界定的新型创新要素并未涵盖制度创新要素及信息创新要素，而是仅限定于技术创新要素。技术创新要素指的是新型技术形式的资源。传统生产要素的升级及新型创新要素的培育提高了实现创新效率改善的概率，在数字经济时代背景下，三者共同推动我国低端密集型产业向高端密集型产业转型升级。创新要素的演变如图 2-1 所示。

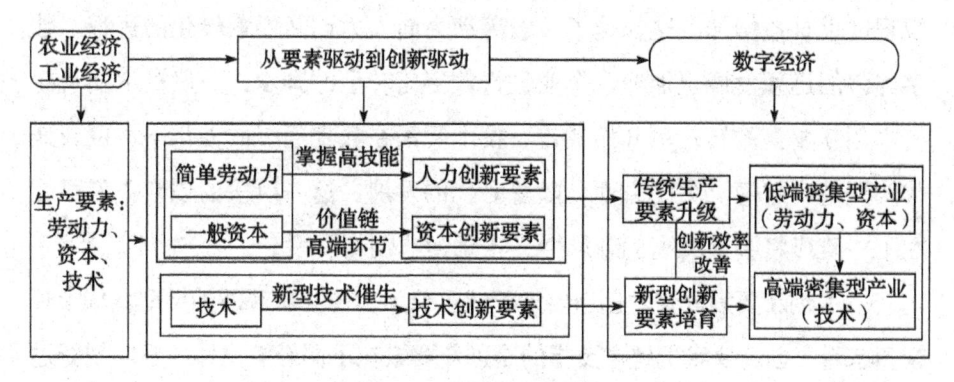

图 2-1　创新要素的演变

（2）创新要素的特征。创新要素的特征主要体现在以下三个方面。

第一，流动中的外溢性。由于创新要素总是倾向于流向创新活动活跃的地区，如人力创新要素需要从事创新活动，以此激发自身的工作成就感与满足感，最大程度地发挥自身价值；资本创新要素倾向于投资创新能力强或成长性高的企业；技术创新要素倾向于向注重开发、吸收和改造新技术的企业汇聚，因此凸显了创新要素的流动性。由于创新要素中附带的知识积累水平较高，在创新要素自由流动的过程中，加速了知识在不同创新主体间的交流与吸收，这是知识在地理空间中产生外溢的根源（Almeida 和 Kogut，1999；Los 和 Verspagen，2000）。

第二，系统中的协同性。在创新活动中，由于创新要素并不是孤立存在的，往往要求不同类别的创新要素之间能够互相协调，从而迸发出创新要素组合的巨大能量。例如，在企业创新活动中，吸引了资本创新要素的投资，但缺乏相应的人力创新要素，那么该企业在进行研发活动时，将缺乏人力创新要素提供的知识与创意，缺乏对知识的交流与吸收，导致该创新活动取得高质量研发成果的可能性大幅降低，突破创新可能性的边界缺乏知识积累的基础。

第三，运动中的动态性。创新要素与非创新要素并不是固定不变的，二者会随着时间的推移而相互转化。例如，一方面，随着经济社会的快速发展，世界各国对于人力资本的重要性有了更深刻的理解，同时对其的重视程度也日益增加，这加速了一般劳动力向人力创新要素转化的进程。数字经济的迅猛发展也加速了企业进行数字化转型的脚步，一般资本要素向资本创新要素的转化也开始加速。技术要素在数字经济的催化下，更新迭代周期越来越短。另一方面，随着时代的发展，这一阶段的创新要素可能在下一阶段将会被剥离创新属性，转化为非创新要素。

（3）创新要素配置。创新要素配置可分为宏观与微观两种类型。从宏观视角来看，创新要素配置主要指的是创新要素在不同经济主体、不同创新过程、不同时间和空间中的配置比例。若创新要素从低效率产业、部门或企业流向高效率产业、部门或企业，则认为创新要素配置得到了优化。微观视角的创新要素配置指的是同一创新主体在生产过程中对创新要素的分配。本书从微观视角界定创新要素配置。本书认为，优化创新要素配置的核心在于传统生产要素的升级（传统生产要素向传统创新要素转化）、新型创新要素的培育和创新效率的改善。如前文所述，本书界定的创新要素包含人力创新要素、资本创新要素和技术创新要素。其中，人力创新要素和资本创新要素属于传统创新要素，技术创新要素属于新型创新要素。因此，本书在第三章构建的创新要素配置指标体系包含人力创新要素、资本创新要素和技术创新要素。

研发要素是创新要素的重要组成部分。其与创新要素的主要不同之处在于，研发要素指的是专门从事研发创新活动的人员、投入研发创新活动的资本及技术，并不包含创新引进和高技能劳动力等更为广泛的创新要素。由于研发创新是实现创新驱动的核心，聚焦于研发要素，探析数字经济发展的创新要素配置效应，有利于推动地方政府运用数字经济合理配置研发要素，从而提升企业的自主研发能力，激活企业的研发创新动能。因此，本书在第四章、第五章和第六章的作用机制研究中，基于研发要素视角，将创新要素配置的优化分解为研发投入水平提升、研发产出质量提升和研发效率改善三个维度，从第三章构建的创新要素配置综合系统中选取相应指标对其进行衡量和测算。第一，研发投入水平提升，即将传统生产要素向研发创新活动倾斜，反映传统生产要素的升级。第二，研发产出质量提升，本书以发明专利数目占比来衡量研发产出质量，反映新型创新要素（技术）的培育。第三，研发效率改善，即动态调整研发创新过程中产出与投入的比例，实现对研发投入的有效利用，从而改善研发效率。因此，本书从研发要素视角，分别从研发投入水平提升、研发产出质量提升、研发效率改善三个维度综合评价创新要素配置优化水平。

（二）创新要素配置存在的问题

（1）创新主体互动共享不足。我国各创新主体之间联动性不足，导致创新成果与社会需求脱节。我国创新要素过多配置于政府部门、高校及科研机构，但相对企业来说，由于这些部门面临的市场竞争程度较低，导致这些部门不具有较强的激励效应，难以将创新成果进行市场化转化。同时，由于我国高校、科研机构与市场之间仍然存在一定程度的割裂与脱节，其创新成果进行商业化转化的能力也相对不足。因此，加强创新主体之间创新要素的互动与共享，能够有效传达各经济主体对创新要素的需求，从而调整创新要素在部门间的配置。创新要素在创新主体之间的互动和共享是保证创新要素按需流动及合理配置的有效途径。

（2）传统生产要素升级受阻。传统创新要素是传统的生产要素（简单劳动力与一般资本）围绕创新发展的要求进行转型升级得到的。尽管我国目前提高了对人力资本培育的重视程度，出台了多项政策鼓励资本向创新生产活跃的高技术产业流动，传统创新要素供给水平具有一定的提升，但该过程中依然存在诸多阻碍，导致传统生产要素向创新要素升级受阻。首先，人力创新要素的培育是一个长期的过程，短期内难以见效。其次，高等院校的培养方式与市场中企业需求之间存在严重的信息不对称性，导致进入研发创新过程的人力资本规模较低。一般资本之所以难以转化为资本创新要素是一个复杂的问题，一方面，研发创新具有风险大、成本高及周期长的特点，因此，追逐利益的企业过度进行金融化投资是资本难以进入创新过程的重要原因之一；另一方面，处于成长期的民营制造企业融资难问题凸显，这也阻碍了一般资本升级为资本创新要素。

（3）新型创新要素供给不足。新型创新要素是在新技术、新信息网络环境及新生态系统的创新发展要求下形成的，因此，新型创新要素对创新发展的驱动作用明显。但我国新型创新要素的供给处于不足状态，这也是导致新旧动能转换受阻的重要原因之一。基于本书对新型创新要素范围的界定，此处重点讨论技术创新要素供给不足的原因。技术创新要素的供给是推动创新驱动发展的核心动力。技术创新要素的外部性特征决定了其必须根植于知识产权保护更为完善的地区。而我国在知识产权保护方面仍存在改进的空间。此外，我国企业对技术转化及技术推广尚存不足。这也阻碍了技术创新要素的培育与发展。

（4）创新要素投入效率不高。造成我国创新要素投入效率不高的原因主要有以下两个：第一，创新要素投入结构的失衡；第二，将创新要素投入研发生产活动后，创新产出的质量仍然不高。熊彼特指出，创新其实就是一种新的生产要素与生产过程中的条件及环境的结合。因此，强调单一的创新要素的投入，忽视创新要素组合的经济效应，势必引起创新进程中投入要素的浪费。例如，有的企业掌握的创新项目具有较强的融资能力，但企业对人力创新要素的吸引力有限，这将抑制企业的创意生产，不利于突破式创新的形成。粗放型的增长方式已不适合我国经济增长，经济高质量增长要求向转型要质量。但市场中依然存在部分企业进行相对简单和知识密度较低的策略型创新，这无益于提升了研发产出的质量，同时也在一定程度上浪费了参与研发过程的创新要素投入。

三、数字经济的相关理论

（一）网络效应理论

网络效应理论（Network Effect Theory）是由以色列学者 Rohlfs 于 1974

年提出的。网络效应指的是用户或消费者从某种商品或服务中获取的效用与该网络中的用户或消费者数量相关。网络中的用户数或消费者数量越多，该商品或服务对个人的效用和创造的网络价值越高。网络效应理论定性地解释和说明了用户数对网络价值的影响，二者之间呈正向的相关关系。随着信息技术的发展，诸多学者对网络效应理论进行了发展与应用。美国学者 George 以网络效应理论为依据，提出了梅特卡夫定律（Metcalfe's Law）。梅特卡夫定律指的是：一种网络的价值等于网络中所有节点数量的平方。网络具有较强的正外部性，可用公式 $Y = A \times X^2$ 表示其产生的价值。其中，Y 表示网络创造的总体价值，X 为广泛网络中的节点数量，A 代表一个正向的系数。这是学者首次基于定量的视角较为直观和清楚地刻画网络效应理论。梅特卡夫定律在数字经济飞速发展的今天已经被广泛地运用。现如今，越来越多的消费者和厂商进驻数字化平台，平台和厂商对个性化产品与服务的精准推送依赖于大数据分析与预测。平台和网络所聚集的消费者数量越多，产生的消费痕迹越明显，就越有利于厂商捕捉市场需求，进行产品与服务的设计和生产，从而满足消费者需求，提升消费者效用。

（二）长尾理论

长尾理论最早是由 Chris 于 2004 年提出的。长尾理论认为，如果一个商品的储存和流通渠道足够大，一个小型的市场就可以在一定程度上与主流市场竞争。长尾理论在提出之初就是尝试描述亚马逊之类网站的商业模式。简单来说，长尾理论描述的是市场上的小众商品或服务的总量与主流商品或服务的需求相当。例如，在亚马逊在线书店的销量中，有一半是畅销书，而其他的书虽然销量不大，但因为种类太多，所以销量不高的书就占了整个图书销量的一半。一位亚马逊公司的雇员总结出了长尾效应的精髓：在我们销售的书籍中，有一类看似无人问津，但现在这类书的销量已经超过了我们曾经热销的书籍。在数字经济时代，长尾效应出现的概率更是显著提高，其原因在于：在数字经济时代，厂商的营销活动受到时空限制的概率大大减小，数字化网络中的信息在时间维度不断积累，在空间维度不断扩张，同时，在数字化网络中，消费者的个性化需求被精准捕捉。产品与服务营销的便利及对消费者个性化需求的捕捉拓宽了市场中产品种类的边界，定制化生产与服务所占的市场份额不断扩张，更长的尾部需求得到满足，体现"需求方的规模经济"，从而使长尾效应在数字经济时代更为显著（陈晓红等，2022）。

（三）熊彼特创新理论

数字经济是建立在破坏性理论基础之上的，即外来的科学技术进步因素整体改变了传统产业的行为，影响传统产业的供需平衡。Schumpeter（1912）在其著作《经济发展理论》一书中对创新一词的概念进行了清晰的界定，认为创新实质上标志着一个新的生产函数产生，反映一种从未存在的生产要素与条件的全新组合。创新主要包含以下五种方式：一是新产品的生产；二是新的生产方式的引入；三是新的市场的出现；四是形成新的组织生产方式；五是采用新的生产材料。熊彼特认为，创新是内生于经济活动之中的，经济的发展并非从外部强加获得。此外，熊彼特认为，革新性是创新的重要特点之一，创造性破坏的概念随之产生。创造性破坏是指在一个经济体系中，不断革新原有的经济结构，即不断摧毁原有的结构，并不断创造新的结构。具体来说，当经济处于谷底时，只要有成功的"创新"诞生，经济便会重回景气状态；而当某一行业变得有利可图时，新的企业和竞争者的加入使行业中所有企业的利润递减，从而又重回不景气阶段，如此周而复始。创造性破坏理论认为，每一次的经济萧条都伴随技术革新的产生。此外，熊彼特强调，创新的主体是企业家，新的生产要素与新的生产条件的重新结合只能由具有创业精神的企业家来完成。因此，企业家是市场经济中最具稀有性的资源，也是衡量一个国家或区域经济发展水平的重要指标。数字经济对社会生产过程中的赋能，就是以数据为代表的要素参与生产，数据要素依靠其边际成本低、流动性强及可复制等诸多优良特性，通过乘数效应赋能其他生产要素后，进入现实生产过程，从而赋予生产函数更多的组合形式，同时也赋予制造模块更多生产组合的可能。

四、要素配置的相关理论

（一）古典经济学"看不见的手"理论

古典学派是第一批对资源分配问题进行深入研究的学派，其代表人物亚当·斯密于1776年在其产生深远影响的著作《国富论》中论述了"看不见的手"理论。"看不见的手"理论指的是：在一般条件下，市场可以通过它的内部机制来保持自己的健康。该理论以"理性经济人"假设为基础。在假设经济人理性的前提下，形成了市场经济中的价格机制、竞争机制及供需机制。这些机制在市场中的运作，就好比一只看不见的大手，潜移默化地影响和支配着人们的行为，并使其自觉遵循市场的规则。亚当·斯密相信，经济应该是完全自由的，国家不需要对其进行干涉。"看不见的手"理论强调的是：在充分竞争的市场环境中，市场机制可以有效率地实现资源的合理配置和有效配置。这一理论认为，社会中每个理性经济人所做的决策并非出于想增加公共福利，更不知道他的决策和行为实际上增加了多少公共福利。理性的经济人只是在寻求最大的个人收益，但是在他根据这一原则做出决定时，有一双无形的手在指引着他，使他在追求个人利益的同时也实现了社会福利的增加。简单概括而言，这一理论认为，在不自觉的情况下追求自己的私利，其结果要好于那些试图提高社会福利的人。亚当·斯密提出这个主张，是因为他相信，人们都具有"利己的私心"，这种"利己的私心"促使人们追求最大的好处，而人人都能受益，社会福利也就随之增加，这正是亚当·斯密"无形之手"理论的精髓所在。

（二）帕累托最优理论

帕累托最优理论也称帕累托效率，帕累托最优配置是博弈论中的重要概念。这一概念是由意大利经济学家 Vilfredo 提出的，它首先被应用于经济效率和收入分配领域。帕累托最优理论描述了一种最理想的资源配置状态，即假设经济主体和可配置资源的存在状态发生了改变，而不会使一个人的情况恶化。一般情况下，在帕累托最优条件下，生产最优、交换最优及产品混合最优的条件得以同时满足。帕累托最优是对资源配置效率的度量。虽然现实在经济生产生活中难以实现帕累托最优状态，但通过资源配置效率的提升可以最大限度地接近帕累托最优。数字经济通过构建相对扁平化的智能管理系统，并通过数字化的技术手段实现生产过程中的智能监控、实时监督与精细管理，从而强化对企业日常运作的全方位监控与制约，可以极大地减少生产过程中的效率损耗。同时，数字化转型的企业能够借助云计算、工业互联网与大数据等技术手段对员工绩效进行客观和精准的评价，这也在很大程度上降低了企业的要素配置效率损失，从而使企业的生产经营状态逼近帕累托最优（张腾等，2021）。

（三）外部性理论

学术界对外部性这一概念的认识尚未达成统一，可归纳为两类：一是基于产生外部性的经济主体的视角来定义；二是以被迫接受外部性的经济主体的视角来定义。前者如萨缪尔森和诺德豪斯的定义：外部性是指在某些情况下，经济主体在参与社会生产活动的同时，向另一经济主体征收了不可弥补的费用，或提供不需要任何补偿的利益。后者如兰德尔所述：外部性是指当某个行为的利益或代价超出了政策制定者的考虑范围，并且这将导致要素配置效率降低。也就是说，一定的利益会被赋予，或者一定的代价会被施加到那些不参与决定的人身上。外在因素既可以带来好的效果，也可以带来不好的效果。好的行为叫作外部经济，不好的行为叫作外部不经济。无论是外部经济还是外部不经济,均会带来要素配置的低效率。从要素配置的相关理论可以看出,市场机制在资源配置中起了重要作用,当市场处于完全竞争状态,不存在外部性等其他情况时,在"看不见的手"的指引下,资源配置可以实现帕累托最优。但是,实际上并没有一个完全的竞争市场,因此生产者或消费者的经济行为会不可避免地产生外部性。除此之外,还存在着公共物品和公共资源、信息的不完全和不对称等一系列问题,这些都将导致要素配置的低效。

第三章

数字经济与创新要素配置耦合协调发展的测度

通过本书第二章对国内外关于数字经济与创新要素配置相关文献的梳理，以及对二者的相关理论进行介绍，可以对二者的相关概念、各自的影响因素、可能产生的经济效益及二者的互动关系形成初步认识。本章将在第二章的基础上，从系统论角度出发，探究二者之间存在的相互依赖的动态关联关系，测度中国 30 个省市（由于数据缺失严重，港澳台及西藏自治区除外，下同）数字经济与创新要素配置的耦合协调发展度，从静态和动态双重视角揭示数字经济与创新要素配置耦合协调发展的时空特征及动态演进规律，以期全面客观地掌握中国数字经济与创新要素配置的匹配现状，为政府部门推动二者耦合协调发展提供参考。与传统的基于计量模型的因果分析思路不同，耦合能够以系统论的思想综合而全面地分析不同系统之间的协同变动，而不用考虑两个系统之间的因果关系（逯进和周惠民，2013）。本章的分析不仅从系统论视角揭示了我国数字经济发展系统与创新要素配置综合系统的动态关联关系，而且为深入分析数字经济优化创新要素配置这一内在作用机制的必要性提供理论依据。

第一节 耦合协调发展的内涵及必要性

一、耦合协调发展的内涵

耦合的概念最早是从物理学领域引入经济学分析中的，它是指两个或多个系统之间发生相互作用和相互影响，运用测算得到的耦合度能够对两个或多个系统之间的动态关联程度进行评估。从系统论的观点来看，当一个系统到达关键的临界区域时，它的顺序和结构是由多个子系统的耦合和协调的结果决定的。与基于计量分析模型的因果关系分析不同，耦合度模型关心的不是两个系统之间的因果作用关系，而是聚焦于二者之间的动态关联影响。本书将数字经济与创新要素配置系统通过各自的元素产生的相互促进和依赖的现象定义为"数字经济发展—创新要素配置"耦合系统，在此基础上，利用耦合协调度模型对二者的耦合协调度进行了测量。值得说明的是，本书明确区分耦合度和耦合协调度两个概念。耦合度反映的是数字经济发展与创新要素配置系统之间相互作用的强弱，没有好坏之分，因此，可能出现高耦合度但低质量协调的现象。这是由于可能存在数字经济发展与创新要素配置都处于较低发展水平，但二者水平接近，从而得到高耦合度评价的情况。本书认为这一现象并不能反映数字经济与创新要素配置系统之间的良性协调发展。因此，在此基础上，本书进一步测算了二者的耦合协调度，以此反映耦合协调状况的程度。从耦合协调发展的角度对数字经济与创新要素配置之间的动态关联关系进行评价，揭示我国各省市在样本期内的耦合协调发展现状与演进趋势，有利于为地方政府把握数字经济发展受阻与创新要素配置水平不高所面临的难点和痛点，为促进数字经济与创新要素配置的协同发展找到可供借鉴的思路。

二、耦合协调发展的必要性

《中华人民共和国国民经济和社会发展第十四个五年规划和2035年远景目标纲要》明确提出"加快数字化发展，建设数字中国"。可见随着数字技术的骈兴错出，数字经济已成为引领改革发展的风向标。虽然中国的数字经济发展取得了长足进步，但中国信息通信研究院数据显示，2020年德国、英国和美国的数字经济占GDP比重均超过了60%，这意味着中国数字经济发展仍具有较大的提升空间。而数字经济的发展依赖于创新要素的合理配置。创新要素的配置优化能够为数字经济发展提供与之相适应的生态环境和创新支撑，依靠合理和高效的创新要素配置推动数字经济发展。但中国现阶段的创新要素配置依然存在诸多问题，如创新能力薄弱、竞争同质化及流通受阻等（朱婕等，2021）。倘若创新要素配置能够得到大幅改善，势必能够拓宽数字经济发展的空间，为数字经济提供加速度。

数字经济依靠数据要素的乘数效应、共享性及低边际成本特征，能够解决或缓和我国创新要素配置过程中的现有问题。首先，数字经济有利于驱动创新要素升级，增强创新要素合理配置的内生力。"数字红利"打破了生产端和消费端的壁垒，有利于提升供需匹配效率，以数据推动决策的方式促进创新要素升级。其次，数字经济极大地扩展了创新要素流动的空间，加速了创新要素的时空交换。数据要素的乘数效应使创新要素能够突破传统等级体系，实现跳跃式改变，引导创新要素向效率高的产业和地区转移，从而重塑地区产业发展优势，避免同质化竞争的加剧。最后，数字经济能够改善创新要素配置模式。伴随各类数字化平台的搭建和完善，创新要素之间能够形成更为紧密的连接，依靠数据流带动人才流、资金流及技术流等有效解决创新要素配置过程中联动性不强的问题。鉴于此，探究创新要素配置与数字经济耦合协调发展的现状及其动态演进规律，是当前亟待解决的关键问题。

第二节　耦合协调评价模型的构建

一、评价指标体系的构建

（一）数字经济发展系统

根据中国信息通信研究院发布的《数字经济发展白皮书 2020》，数字经济内涵指的是"四化"协同发展，在以往强调数字产业化和产业数字化的基础上，不仅考虑了政府治理和公共服务的数字化转型即数字化治理，而且明晰数据转化为数据要素并发挥价值的过程即数据价值化。因此，本书以此为依据，分别从数字经济发展载体、数字产业化、产业数字化及数字经济发展环境四个方面构建数字经济发展指标体系。值得注意的是，对于数据价值化这一内涵，在数字经济发展系统中并未直接体现。这是由于受限于数据的可得性，本书认为数据要素的衡量指标内嵌于数字经济发展指标体系之中，数据要素的价值实现过程还依赖与其他要素形成合力，本书将在第五章中尝试对其展开深入分析。对于数字化治理这一内涵，本书尝试以数字经济发展环境对其进行一定程度的反映。数字经济发展水平的指标构建包括以下内容。

（1）数字经济发展载体。本书的数字经济发展载体指的是数字基础设施，以光缆覆盖率、移动电话基站覆盖率及互联网相关指标来衡量。

（2）数字产业化。从数字化产业规模和数字化产业质量两个方面来衡量数字产业化。数字化产业规模主要从电信业务总量、电子信息制造业主营业务收入、软件业务收入三个方面进行衡量，数字化产业质量则以互联网百强企业数量和ICT（信息与通信技术）行业上市企业数量进行衡量。

（3）产业数字化。本书中的产业数字化包含对服务业、工业及农业的数字化赋能。由于数字普惠金融、电子商务及快递业务是服务业数字化转型的重要产物，因此本书选取数字普惠金融指数、电子商务相关指标及快递业务量来衡量服务业数字化。工业数字化主要以高新技术企业工业总产值、工业机器人安装量及保有量进行衡量。这是由于我国现有的统计数据还难以将工业生产中数字化转型带来的总产值增量剥离，而高新技术企业的数字化转型的进程较快，数字化程度相对较高。因此，本书选用高新技术企业的工业总产值衡量工业数字化程度。工业机器人的保有量和安装量能够反映工业企业自动化生产的程度。农业数字化反映的是农村或农业的数字化转型成果，限于数据可得性，选取淘宝村的数量及农业农村信息化示范基地数量等指标进行衡量。

（4）数字经济发展环境。本书借鉴韩永辉等（2017）的研究，采用地方政府颁布的数字化转型的相关法规文本的数量衡量该地区的数字经济政策供给强度，以此反映该地区的数字经济发展环境，在一定程度上能够反映该地区的数字化治理程度。这是由于政策法规的颁布和实施是地方政府构建治理体系、营造治理环境的主要途径。这一数据的收集与整理的过程如下：首先，查阅样本期间的政府工作报告，提取与数字经济有关的词汇，构建数字经济的关键词典[①]；其次，在北大法宝数据库以关键词典搜索各省市颁布的数字经济政策；最后，将搜索得到的全文进行下载并通过人工去重处理，得到各省市的数字经济政策文本数量。本书定义的数字经济政策不仅包括狭义上的专项数字经济政策，还涵盖对交通、工业、环境保护、医疗服务、投融资及政务服务等方面的数字化转型、监管与治理政策。考虑到政策的施行一般具有长期效力，因此本书以现行有效的政策存量量化各省市数字经济政策的供给强度，以反映数字化治理这一数字经济内涵。本书中数字经济发展系统的测算指标如表 3-1 所示。

表 3-1　本书中数字经济发展系统的测算指标

一级指标	二级指标	测算指标	参考文献
数字经济发展载体	数字基础设施	（X1）光缆覆盖率：光缆长度、省域面积	刘军等（2020）
		（X2）移动电话基站覆盖率：基站数量、省域面积	
		（X3）移动电话普及率	
		（X4）互联网宽带接入用户数	韩先锋等（2019）
		（X5）互联网网站数	
		（X6）互联网网页数	
		（X7）互联网域名数	

---

① 关键词包括智能（智能制造、智能化等）、智慧（智慧化、智慧城市等）、云计算、上云、云平台、云服务、大数据、数据安全、数据服务、数据治理、数据共享、工业互联网、物联网、区块链、机器人、5G、数字技术、数字化、数字经济等。

续表

一级指标	二级指标	测算指标	参考文献
数字产业化	数字化产业规模	（X8）电信业务总量	杨慧梅和江璐（2021）
		（X9）电子信息制造业主营业务收入	
		（X10）软件业务收入	
	数字化产业质量	（X11）互联网百强企业数量	王军等（2021）
		（X12）ICT上市企业数量	
产业数字化	服务业数字化	（X13）数字普惠金融指数	郭峰等（2020）
		（X14）电子商务销售额	王军等（2021）
		（X15）电子商务采购额	
		（X16）有电子商务活动的企业占比	
		（X17）快递业务量	杨慧梅和江璐（2021）
	工业数字化	（X18）高新技术企业工业总产值	
		（X19）工业机器人安装量①	孙早和侯玉琳（2021）
		（X20）工业机器人保有量	
	农业数字化	（X21）淘宝村的数量	刘俊杰等（2020）
		（X22）农业农村信息化示范基地数量	刘晓倩和韩青（2018）
数字经济发展环境	数字经济政策	（X23）数字化转型的相关法规的文本数量	韩永辉等（2017）

（二）创新要素配置系统

依据前文对创新要素配置的概念界定，本书从传统创新要素与新型创新要素两方面对创新要素配置水平进行评价。传统创新要素包含人力创新要素和资本创新要素。本书中新型创新要素指技术创新要素。创新要素配置系统的测算指标如表3-2所示。

---

① 工业机器人安装量与保有量的具体计算步骤为：经过对比中国国民经济行业（2017）与国际标准行业分类（ISIC Rev4.0），将中国国民经济制造业行业归纳为15个三位数行业。借鉴魏下海等（2020）的研究，计算得到中国各省份的工业机器人安装量和机器人保有量数据。

表 3-2 创新要素配置系统的测算指标

一级指标	二级指标	测算指标	参考文献
人力创新要素	R&D人员投入	（Y1）研究与开发机构 R&D 人员全时当量	陶长琪和徐茉（2021）
		（Y2）规模以上工业企业 R&D 人员全时当量	
		（Y3）高等学校 R&D 人员全时当量	
	信息化人员投入	（Y4）信息传输、软件和信息技术服务业从业人员占总就业人员的比重	金培振等（2019）
	教育规模	（Y5）普通高等学校在校学生数占比	王煌等（2020）
		（Y6）教育支出占公共财政收入的比重	
	医疗保健	（Y7）每万人口拥有的医疗卫生机构床位数	逯进和周惠民（2013）
		（Y8）每万人卫生机构技术人员数	
资本创新要素	R&D资本	（Y9）研究与开发机构 R&D 经费支出	王欣亮和刘飞（2018）
		（Y10）规模以上工业企业 R&D 经费支出	
		（Y11）高等学校 R&D 经费支出	
技术创新要素	自主研发	（Y12）高技术产业新产品开发经费支出	徐晔和赵金凤（2021）
		（Y13）发明专利申请数	
	技术引进	（Y14）国外技术引进合同金额	
		（Y15）高技术产业购买国内技术经费支出	
		（Y16）高技术产业技术消化吸收经费支出	李健旋和杨浩昌（2018）
		（Y17）高技术产业技术改造经费支出	

（1）人力创新要素。本书从脑力素质和身体素质两方面对人力创新要素进行衡量（逯进和周惠民，2013）。其中，脑力素质包含不同创新主体的 R&D 人员投入、信息化人员投入及教育规模。由于教育是培养创新型人才的基本方式，因此采用教育规模相关指标度量地区人力创新要素的发展潜力。此外，由于处于数字经济时代，新产业、新行业和新岗位不断涌现。根据对近年来新职业分布的分析不难发现，新职业主要集中在信息传输、软件和信息技术服务业中。这些具有时代特征的新职业往往要求具有

相对较高的技能与创新能力。因此，本书将信息传输、软件和信息技术服务业从业人员占总就业人员的比重作为对地区人力创新要素评价的一个方面。身体素质则主要从医疗保健方面进行衡量。如前文所述，由于人力创新要素作为"活"的创新要素，其对地区提供的医疗卫生等公共服务的质量具有一定要求，医疗与卫生公共服务的供给也直接影响一个地区人员的创新热情。因此，本书选取每万人口拥有的医疗卫生机构床位数和每万人卫生机构技术人员数对其进行衡量。

（2）资本创新要素。本书中资本创新要素指的是专门用于价值链高端环节的资金（陶长琪和徐茉，2021）。依据不同的创新主体，分别选取研究与开发机构、规模以上工业企业及高等学校的研发经费支出衡量。

（3）技术创新要素。技术创新要素指的是新技术的培育与应用过程中的相关资源或能力的组合。本书根据技术创新的来源，将技术创新要素划分为自主研发和技术引进两部分。其中，以高技术产业新产品开发经费支出和发明专利申请数作为技术创新过程中的自主研发指标，以国外技术引进合同金额、高技术产业购买国内技术经费支出、高技术产业技术消化吸收经费支出及高技术产业技术改造经费支出作为技术引进的指标。

二、数据来源与处理

受限于数据的可得性，本书以2013—2018年全国30个省市的面板数据为研究样本，各指标数据来源于《中国统计年鉴》、《中国科技统计年鉴》、《中国电子信息产业统计年鉴》、各省统计年鉴、国家统计局网站、国际机器人联合会（IFR）、Wind数据库、国泰安数据库、中经网数据库、北大法宝网站、国家邮政局官网、农业农村部网站、中国互联网协会及工业和信息化部官网，淘宝村数量的数据来源于《中国淘宝村研究报告》。本书对部分衡量指标进行了汇率调整、价格调整和存量调整。具体来说，进行汇率调整的指标为 Y14。对所有价格变量以 2012 年为基期，采用相应价格指数进行价格调整。借鉴陶长琪和徐茉（2021）的研究，采用 BEA 方法对 R&D 资本指标、高技术产业新产品开发经费支出指标及所有技术引进指标进行存量调整。具体见式（3-1）和式（3-2）。

$$K_t = (1-\delta)K_{t-1} + \left(1-\frac{1}{2}\delta\right)E_t \quad (3\text{-}1)$$

$$K_0 = \frac{E_1(1-\delta/2)}{g_k + \delta} \quad (3\text{-}2)$$

其中，E_t 为第 t 年的投资额，K_0 为基期投资额，t 为年份变量。折旧率 $\delta=0.206$，g_k 为在对指标进行价格调整后运用线性回归方法计算得到的增长率（侯睿婕和陈钰芬，2018）。

三、耦合协调度模型

（一）综合发展指数

本书采用熵权—灰色关联—Topsis 方法测度数字经济发展系统与创新要素配置系统的综合发展指数。首先，采用熵权法对各个指标进行加权，从而可以根据指标变异性的程度确定客观权重。其次，采用灰色关联度和 Topsis 方法构建新的贴近度，以此代表系统综合发展指数。灰色关联法以几何曲线的相似程度来反映曲线的态势变化。Topsis 法通过对各观测对象与理想对象的接近程度、与最劣对象的远离程度作为双基准进行测算排序，反映了观测对象之间的位置关系。将灰色关联法与 Topsis 法结合可以同时从相似性和位置上反映各观测对象与理想观测对象的接近程度（吴飞美等，2019）。具体实施步骤如下所示。

（1）计算各指标信息熵。

$$e_j = -k \sum_{i=1}^{m}(z_{ij} / \sum_{i=1}^{m} z_{ij}) \ln(z_{ij} / \sum_{i=1}^{m} z_{ij}) \qquad (3\text{-}3)$$

其中，z_{ij} 表示第 i 个对象的第 j 个指标进行标准化处理后的数值，$k = 1/\ln(m)$，e_j 表示第 j 个指标的信息熵。

（2）计算各指标权重值。

$$w_j = (1 - e_j) / \sum_{j=1}^{n}(1 - e_j) \qquad (3\text{-}4)$$

其中，n 表示各系统指标总数，w_j 表示第 j 个指标的权重值。

（3）得到各指标加权指数。

$$f_{ij} = w_j z_{ij} \qquad (3\text{-}5)$$

其中，f_{ij} 表示第 i 个对象第 j 个指标的加权指数。

（4）确定理想解和负理想解。

理想解如式（3-6）所示。

$$F^* = \max_{1 \leqslant i \leqslant m}\{f_{ij}\} = (f_1^*, f_2^*, \cdots, f_n^*) \ (j = 1, 2, \cdots, n) \qquad (3\text{-}6)$$

负理想解如式（3-7）所示。

$$F^- = \min_{1 \leqslant i \leqslant m}\{f_{ij}\} = (f_1^*, f_2^*, \cdots, f_n^*) \ (j = 1, 2, \cdots, n) \qquad (3\text{-}7)$$

（5）确定各观测对象与理想解、负理想解的距离 d_i^* 和 d_i^-，分别如式（3-8）和式（3-9）所示。

$$d_i^* = \sqrt{\sum_{j=1}^{n}(f_{ij} - f_j^*)^2} \ (i = 1, 2, \cdots, m) \qquad (3\text{-}8)$$

$$d_i^- = \sqrt{\sum_{j=1}^{n}(f_{ij} - f_j^-)^2} \ (i = 1, 2, \cdots, m) \qquad (3\text{-}9)$$

（6）计算灰关联度。

第 i 个待评价对象与理想解、负理想解关于第 j 个指标的灰关联系数如式（3-10）和式（3-11）所示。

$$\gamma_{ij}^* = \frac{\min\limits_{i}\min\limits_{j}\Delta_{ij}^* + \rho\max\limits_{i}\max\limits_{j}\Delta_{ij}^*}{\Delta_{ij}^* + \rho\max\limits_{i}\max\limits_{j}\Delta_{ij}^*} \quad (3\text{-}10)$$

$$\gamma_{ij}^- = \frac{\min\limits_{i}\min\limits_{j}\Delta_{ij}^- + \rho\max\limits_{i}\max\limits_{j}\Delta_{ij}^-}{\Delta_{ij}^- + \rho\max\limits_{i}\max\limits_{j}\Delta_{ij}^-} \quad (3\text{-}11)$$

其中，$\Delta_{ij}^* = |f_j^* - f_{ij}|$，$\Delta_{ij}^- = |f_j^- - f_{ij}|$，$\rho = 0.5$。第 i 个待评价对象与理想解、负理想解的灰关联度分别如式（3-12）和式（3-13）所示。

$$\gamma_i^* = \frac{1}{n}\sum_{j=1}^{n}\gamma_{ij}^* \quad (3\text{-}12)$$

$$\gamma_i^- = \frac{1}{n}\sum_{j=1}^{n}\gamma_{ij}^- \quad (3\text{-}13)$$

（7）将无量纲的距离和灰关联度合并。分别对步骤五和步骤六中确定的距离和灰关联度做无量纲化处理，再将处理后的距离与灰关联度进行合并，得到式（3-14）和式（3-15）。

$$s_i^* = \alpha d_i^- + (1-\alpha)\gamma_i^* \quad (3\text{-}14)$$

$$s_i^- = \alpha d_i^* + (1-\alpha)\gamma_i^- \quad (3\text{-}15)$$

其中，α 反映了决策者对位置和形状的偏好程度，借鉴相关研究（吴飞美等，2019），这里取 α =0.5。s_i^* 表示新方案与理想方案的靠近程度，s_i^- 表示新方案与理想方案的远离程度。

（8）计算新贴近度。

$$h_i^* = \frac{s_i^*}{s_i^* + s_i^-} \quad (3\text{-}16)$$

新贴近度 h_i^* 不仅反映了待评价方案与理想方案和负理想方案之间的位置关系，还反映了数据曲线的相似性差异。h_i^* 的值越大代表方案越优。

（二）耦合协调度

设定数字经济发展系统的综合发展指数为 h^*_{dige}，创新要素配置系统的综合发展指数为 h^*_{inno}。设定系统耦合度为 C，如式（3-17）所示。

$$C = 2\sqrt{h^*_{dige} h^*_{inno}} / (h^*_{dige} + h^*_{inno}), \quad c \in [0,1] \quad (3\text{-}17)$$

从直观上看，当 h^*_{dige} 和 h^*_{inno} 的取值越接近，系统耦合度 C 的值越大。但系统耦合度难以反映两个系统之间的匹配质量。当两个系统的综合发展指数值均较低时也有可能存在较高的系统耦合度，从而导致两系统耦合协调发展的"伪评价"结果。因此，本书构造了衡量数字经济发展与创新要素配置的耦合协调度指标 D，以准确反映数字经济与创新要素配置耦合协调发展的程度，如式（3-18）所示。

$$D = \sqrt{CT}, \quad D \in [0,1] \quad (3\text{-}18)$$

其中，$T = ah^*_{inno} + bh^*_{dige}$，$T \in [0,1]$，T 为系统综合协调指数，借鉴王煌等（2020）的研究，设定 $a = b = 0.5$，即两个系统同等重要。D 的数值越大，代表两个系统越接近高水平的耦合阶段，也就意味着两个系统越接近协调发展。借鉴逯进和周惠民（2013）的研究，根据耦合协调度数值大小对其进行分类。耦合协调度的判别标准及类型如表 3-3 所示。

表 3-3 耦合协调度的判别标准及类型

失调衰退类		协调发展类	
D 值	类型	D 值	类型
(0, 0.09]	极度失调衰退类	(0.49, 0.59]	勉强协调发展类
(0.09, 0.19]	严重失调衰退类	(0.59, 0.69]	初级协调发展类
(0.19, 0.29]	中度失调衰退类	(0.69, 0.79]	中级协调发展类
(0.29, 0.39]	轻度失调衰退类	(0.79, 0.89]	良好协调发展类
(0.39, 0.49]	濒临失调衰退类	(0.89, 1.00]	优质协调发展类

第三节 耦合协调发展的时空特征

一、耦合协调发展的时序特征

(一)数字经济发展与创新要素配置的耦合协调度分析

表 3-4 测算了数字经济发展与创新要素配置的耦合协调度。从全国范围来看,二者仍处于初级耦合协调发展阶段,均值为 0.6832,这说明二者耦合协调发展仍具有较大的提升空间,并且极有可能成为中国经济新的动能增长极。此外,数字经济与创新要素配置耦合协调发展程度呈明显的"东高西低"特征,东部地区的耦合协调度平均达 0.7545,达到中级协调发展水平;西部地区的耦合协调度最低,仅为 0.6323,仍处于初级协调发展阶段,这与直觉相符。数字经济发展依赖于地区前期的信息化基础及创新要素的支撑。东部沿海地区凭借其优越的地理位置和良好的营商环境等优势,信息化和创新要素初始禀赋较高。因此,耦合协调发展程度最高。中部地区由于能够承接东部地区的部分产业转移,具有一定的产业发展基础和创新要素积累,因此其耦合协调度次之。西部地区的地理环境相对恶劣,创新要素短缺,难以支撑二者耦合协调发展。因此,西部地区耦合协调度最低。从增长率来看,2013—2018 年,全国的平均增长率为 1.4357%,中部地区的平均增长率(1.6538%)最高,西部地区(1.5517%)次之,东部地区(1.1610%)最低。这表明中国东部与中部、西部地区之间数字经济与创新要素配置耦合协调发展的空间差距日益减小。

表 3-4　数字经济发展与创新要素配置的耦合协调度

省、区、市	2013 年	2015 年	2018 年	均值	增长率 /%	发展阶段
北京市	0.8389	0.8488	0.8651	0.8502	0.6159	良好
天津市	0.7170	0.7158	0.7106	0.7138	−0.1798	中级
河北省	0.6238	0.6481	0.6937	0.6562	2.1468	初级
辽宁省	0.6825	0.6854	0.6971	0.6872	0.4234	初级
上海市	0.7675	0.7818	0.8071	0.7862	1.0120	中级
江苏省	0.8381	0.8463	0.8611	0.8490	0.5443	良好
浙江省	0.7555	0.7820	0.8400	0.7945	2.1435	良好
福建省	0.6915	0.7040	0.7530	0.7198	1.7177	中级
山东省	0.7295	0.7457	0.7981	0.7577	1.8150	中级
广东省	0.8075	0.8380	0.9017	0.8505	2.2311	良好
海南省	0.6297	0.6342	0.6392	0.6343	0.3013	初级
东部	**0.7347**	**0.7482**	**0.7788**	**0.7545**	**1.1610**	**中级**
山西省	0.6078	0.6177	0.6438	0.6235	1.1573	初级
吉林省	0.6268	0.6418	0.6721	0.6478	1.4040	初级
黑龙江省	0.6250	0.6325	0.6554	0.6375	0.9536	初级
安徽省	0.6319	0.6677	0.7200	0.6756	2.6451	初级
江西省	0.6180	0.6328	0.6615	0.6372	1.3667	初级
河南省	0.6412	0.6646	0.7092	0.6729	2.0359	初级
湖北省	0.6488	0.6743	0.7100	0.6798	1.8176	初级
湖南省	0.6339	0.6553	0.6948	0.6663	1.8504	初级
中部	**0.6292**	**0.6484**	**0.6833**	**0.6551**	**1.6538**	**初级**
广西壮族自治区	0.6094	0.6263	0.6528	0.6312	1.3852	初级
内蒙古自治区	0.5978	0.6095	0.6348	0.6138	1.2074	初级
重庆市	0.6227	0.6461	0.6863	0.6536	1.9642	初级
四川省	0.6646	0.6944	0.7342	0.7002	2.0110	中级
贵州省	0.5884	0.6090	0.6490	0.6172	1.9814	初级
云南省	0.5942	0.6117	0.6438	0.6169	1.6157	初级
陕西省	0.6458	0.6686	0.7009	0.6736	1.6517	初级
甘肃省	0.5918	0.6168	0.6325	0.6142	1.3396	初级
青海省	0.5915	0.6050	0.6269	0.6092	1.1689	初级
宁夏回族自治区	0.5876	0.6021	0.6322	0.6087	1.4736	初级
新疆维吾尔自治区	0.5968	0.6187	0.6356	0.6171	1.2697	初级
西部	**0.6082**	**0.6280**	**0.6572**	**0.6323**	**1.5517**	**初级**
全国	**0.6615**	**0.6775**	**0.7087**	**0.6832**	**1.4357**	**初级**

注：表中增长率指数字经济与创新要素配置的耦合协调度在 2013—2018 年的几何平均增长率，耦合协调发展类型根据均值给出。

从各地区的发展阶段来看，耦合协调度相对较高的省市有广东省（0.8505）、北京市（0.8502）、江苏省（0.8490）、浙江省（0.7945）及上海市（0.7862）。以上五个省市的平均耦合协调度均接近或超过0.79，说明以上地区的创新要素配置能够激发省域内数字经济发展活力，而数字经济发展水平的稳步提升有利于优化创新要素配置，二者互相促进、相互协同，实现地区数字经济与创新要素配置较为良好的耦合协调发展。耦合协调度处于第二梯度的地区有山东省（0.7577）、福建省（0.7198）、天津市（0.7138）及四川省（0.7002）。耦合协调发展较为落后的地区有宁夏回族自治区（0.6087）、青海省（0.6092）、内蒙古自治区（0.6138）及甘肃省（0.6142）等地区，耦合协调发展程度都处于0.6附近，处于初级协调发展阶段。结合增长率来看，天津耦合协调发展程度的增长率为负，表明在样本区间内，天津市的耦合协调度降低趋势明显。除天津市外，增长率较低的地区还有海南省、辽宁省、江苏省、北京市和黑龙江省，增长率均小于1%，表明这些地区的数字经济与创新要素配置耦合协调发展潜力有待提升。而安徽省、广东省、河北省、浙江省、河南省及四川省的增长率较大，均大于2%，表明广东省和浙江省不仅当前处于良好协调发展类型，其发展潜力也较大。

（二）数字经济与创新要素配置的相对发展关系分析[①]

为了从时序上探究数字经济与创新要素配置之间的相对发展关系，将数字经济综合发展指数与创新要素配置综合发展指数放入二维坐标系中，将平面划分为"高创新要素配置、高数字经济发展""低创新要素配置、高数字经济发展""低创新要素配置、低数字经济发展"和"高创新要素配置、低数字经济发展"四个象限，如图3-1所示。从全国均值移动轨迹可以看到，样本区间大致可以划分为三个阶段：第一，数字经济发展与创

---

① 相对发展程度为数字经济综合发展指数与创新要素配置综合发展指数的比值，大于1表示数字经济综合系统领先于创新要素配置系统；否则相反。

新要素配置双低阶段,即 2013—2014 年。此时,数字经济发展与创新要素配置综合发展指数均处于第三象限。第二,低数字经济发展与高创新要素配置阶段,即 2015 年。在这一阶段,创新要素配置水平逐渐提升,但数字经济发展水平处于相对低位。第三,高数字经济发展与高创新要素配置阶段,即 2016—2018 年。自 2015 年《政府工作报告》首次提出"互联网+"行动计划,中国数字经济发展迅速,进入数字经济与创新要素配置双高阶段。此外,观察时序演进曲线与对角线的关系可知,2013—2015 年我国均处于数字经济发展落后于创新要素配置的阶段,2016—2018 年创新要素配置系统逐渐落后于数字经济发展系统。这意味着近年来,我国数字经济发展取得了重大进展。结合发展趋势来看,创新要素配置系统呈落后于数字经济发展系统的趋势。因此,目前我国在推进数字经济发展的同时,必须重视创新要素的培育与配置,为数字经济的高速发展提供创新支撑力。

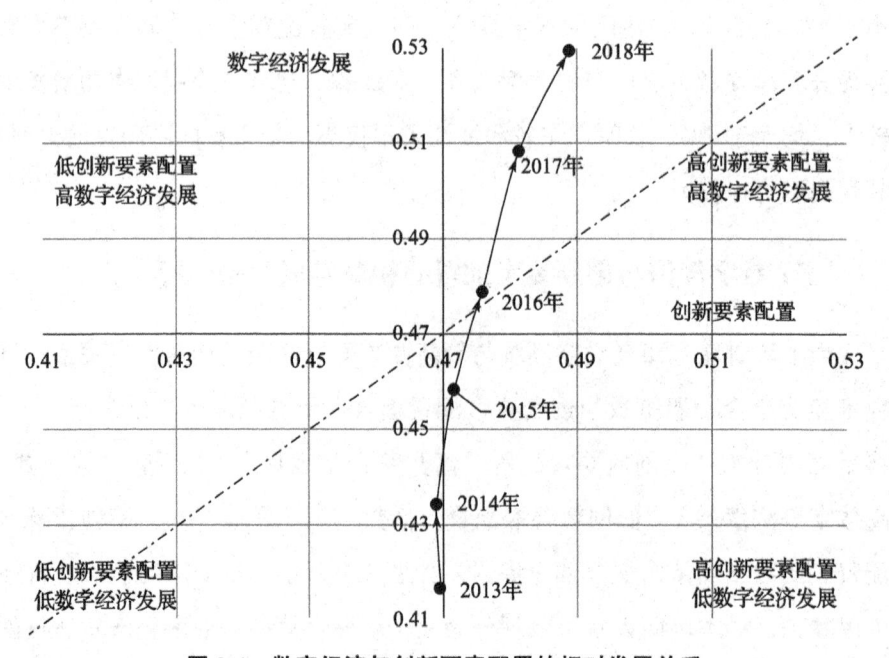

图 3-1 数字经济与创新要素配置的相对发展关系

(三)数字经济与创新要素配置各子系统的耦合协调发展分析

本书界定的创新要素配置系统包含人力创新要素、资本创新要素和技术创新要素,因此,本书进一步探究数字经济与创新要素配置各子系统的耦合协调发展情况,以明晰最具耦合协调发展潜力的创新要素配置子系统。表 3-5 给出了数字经济发展与创新要素配置各子系统的耦合协调度。由表 3-5 可知,数字经济发展与创新要素配置各子系统的耦合协调度在样本区间内均呈逐年增长的趋势。其中,对于全国整体而言,耦合协调度均值最高的是数字经济—人力创新要素综合系统(0.6876),其次为数字经济—资本创新要素综合系统(0.6769),最低的是数字经济—技术创新要素综合系统(0.6744)。结合图 3-2 可以发现,对于全国平均而言,技术创新要素与资本创新要素配置稍落后于数字经济发展系统。这说明在全国范围内对技术创新要素及资本创新要素的投入有待加强。此外,从表 3-5 中耦合协调度的平均增长率可发现,数字经济—人力创新要素综合系统的平均增长率最高,表明人力创新要素实现与数字经济更高程度的耦合协调发展具有更大潜力。

表 3-5 数字经济发展与创新要素配置各子系统的耦合协调度

	数字经济—人力创新	数字经济—资本创新	数字经济—技术创新
2013 年	0.6590	0.6497	0.6544
2014 年	0.6687	0.6592	0.6606
2015 年	0.6812	0.6710	0.6694
2016 年	0.6917	0.6812	0.6775
2017 年	0.7066	0.6950	0.6882
2018 年	0.7185	0.7054	0.6962
平均增长率	1.7430	1.6437	1.2498
全国均值	0.6876	0.6769	0.6744
东部均值	0.7473	0.7545	0.7567
中部均值	0.6640	0.6551	0.6452
西部均值	0.6451	0.6152	0.6133

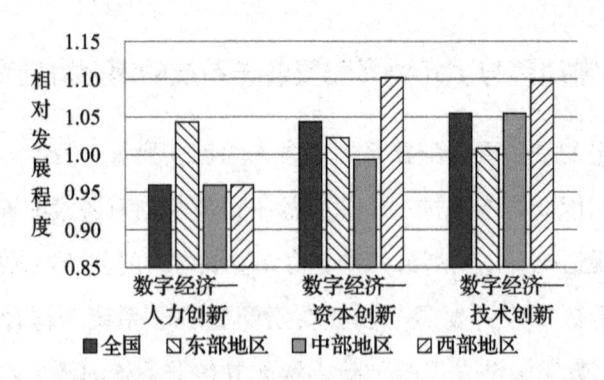

图 3-2　数字经济发展系统与创新要素配置各子系统的相对发展度

分区域来看，从表 3-5 可以发现，对于东部地区而言，数字经济—技术创新要素综合系统的耦合协调度相对较高，提升数字经济与人力创新要素及资本创新要素的耦合协调发展度，是促进东部地区实现数字经济与创新要素配置耦合协调发展的重要途径。在中部、西部地区，数字经济与创新要素配置各子系统耦合协调发展的程度普遍较低，其中耦合协调程度最低的是数字经济—技术创新要素综合系统。结合图 3-2 可以发现，对中部、西部地区而言，数字经济—技术创新要素的相对发展度均明显大于 1，意味着加大中部、西部地区对技术创新要素的投入，推进数字技术的革新是优化其创新要素配置、引领数字经济发展的关键。

二、耦合协调发展的空间格局

（一）标准差椭圆方法概述

标准差椭圆方法最早由 Lefever（1926）提出，该方法能够以分布重心、方位角及长短半轴为基本参数，描述研究对象在样本区间内在我国空间方位的基本特征。其中，分布重心是地理要素空间分布的平均中心，方位角是正北方向与椭圆长轴顺时针形成的夹角，短半轴表示地理要素的分布范围，长半轴反映地理要素的分布方向。本书运用标准差椭圆方法分析数字经济与创新要素配置耦合协调发展的中心、离散和方向趋势。

（二）标准差椭圆结果分析

基于重心—标准差椭圆方法，探究数字经济与创新要素配置耦合协调发展的空间分布特征。由表 3-6 可以发现，总体而言，在样本观察期内空间区位分布整体呈现偏东北—偏西南的态势，2013—2018 年重心坐标均位于河南省平顶山市，但重心由内陆缓慢向南部沿海迁移。这可能是由于南部沿海地区具备推动二者耦合协调发展的优越条件，如数字化人才、技术及更为开放的市场环境等，有利于吸引创新要素集聚，促进数字经济发展水平提升，从而促进二者耦合协调发展。

表 3-6 标准差椭圆参数

年份	2013 年	2014 年	2015 年	2016 年	2017 年	2018 年
重心坐标	113.0590°E 33.6761°N	113.0506°E 33.6570°N	113.0167°E 33.6526°N	113.0146°E 33.6228°N	113.0135°E 33.6179°N	113.0163°E 33.6064°N
坐标点所在城市	平顶山市	平顶山市	平顶山市	平顶山市	平顶山市	平顶山市
移动方向	—	西偏南 66.2606°	西偏南 7.3953°	西偏南 85.9690°	西偏南 77.3474°	东偏南 76.3160°
移动距离（千米）	—	2.3184	3.7982	3.3193	0.5580	1.3151
短轴长度（千米）	1147.3329	1145.3363	1149.6683	1148.7758	1147.2676	1145.6178
长轴长度（千米）	1331.4020	1329.8205	1327.7573	1324.6262	1324.7054	1323.3409
平均形状指数	0.8617	0.8613	0.8659	0.8672	0.8661	0.8657
椭圆面积比	1.0000	0.9971	0.9993	0.9962	0.9949	0.9925

注：本书以 2013 年的椭圆面积作为基期，因此 2013 年的椭圆面积比为 1。

具体而言，从重心移动轨迹来看，2013—2018 年，数字经济与创新要素配置耦合协调发展的重心在河南省境内 113.0163°E～113.0590°E、33.6064°N～33.6761°N 之间移动，南北移动范围大于东西移动范围，说明在样本期内，二者耦合协调发展的分布重心偏向于在南北方向迁移。从重心移动方向和距离上看，2013—2018年重心逐年移动方向与距离分别为：向西偏南方向移动2.3184千米、向西偏南方向移动3.7982千米、向西偏南方向移动3.3193千米、向西偏南方向移动0.5580千米及向东偏南方向移动1.3151千米。这表明在2013—2017年，数字经济与创新要素配置耦合协调发展的重心呈向西南方向迁移的空间特征，2017—2018年，重心缓慢向东南方向迁移。但重心移动距离在样本期间均不明显，这表明，我国数字经济与创新要素配置耦合协调发展的重心在样本期间较为稳定。

除以上重心迁移轨迹外，从表3-6中还可观察数字经济与创新要素配置耦合协调发展的空间形态变化。椭圆的长轴和短轴长度基本保持稳定，表明数字经济与创新要素配置耦合协调发展的空间分布形态未发生明显变化。椭圆的平均形状指数能够揭示方向性发散分布的特征，平均形状指数越接近于1，分布特征越接近于圆形，即表明方向性分布特征越不明显。2013—2018年，椭圆的平均形状指数分别为0.8617、0.8613、0.8659、0.8672、0.8661及0.8657，经历了减小→增长→减小的阶段，但都只在小范围变化，并未发生明显波动；各年份标准差椭圆的平均形状指数均在0.8600以上，表明数字经济与创新要素配置耦合协调发展具有一定的方向性分布特征，但不明显，并且在样本期内，方向性分布较为稳定，无明显波动。2013—2018年的椭圆面积比分别为1.0000、0.9971、0.9993、0.9962、0.9949及0.9925，基本在1的取值附近波动。这表明数字经济与创新要素配置耦合协调发展的集聚性分布特征的变化不明显。

三、耦合协调发展的空间差距来源

（一）Dagum基尼系数方法概述

Dagum基尼系数及其分解方法将总体基尼系数G分解为区域内差异G_w、

区域间差异 G_{nb} 和超变密度贡献 G_t 三部分，即 $G = G_w + G_{nb} + G_t$（Dagum，1997）。总体基尼系数 G 的计算如式（3-19）所示。其中，$y_{ji}(y_{hr})$ 是第 j(h) 个区域内任意省份的数字经济与创新要素配置的耦合协调发展度，μ 是各省耦合协调度的平均值，n 为省份个数，k 为区域个数，$n_j(n_h)$ 为第 j(h) 个区域内省份个数。G_w、G_{nb} 和 G_t 的计算如式（3-20）、式（3-21）和式（3-22）所示。其中，$p_j = n_j/n$，$s_j = n_j\mu_j/(n\mu)$，$j = 1, 2, \cdots, k$。G_{jj} 表示第 j 个区域的基尼系数，如式（3-23）所示。G_{jh} 表示第 j、h 区域间的基尼系数，如式（3-24）所示。式（3-25）表示第 j 和第 h 个区域间耦合协调度的相对影响 D_{jh}；式（3-26）中的 d_{jh} 为第 j 和第 h 个区域中所有 $y_{ji} - y_{hr} > 0$ 的样本值加总的数学期望；式（3-27）中的 p_{jh} 为第 j 和第 h 个区域中所有 $y_{hr} - y_{ji} > 0$ 的样本值加总的数学期望。$F_j(F_h)$ 为第 j(h) 个区域的累积密度分布函数。

$$G = \frac{\sum_{j=1}^{k}\sum_{h=1}^{k}\sum_{i=1}^{n_j}\sum_{r=1}^{n_h}|y_{ji} - y_{hr}|}{2n^2\mu} \tag{3-19}$$

$$G_w = \sum_{j=1}^{k} G_{jj} p_j s_j \tag{3-20}$$

$$G_{nb} = \sum_{j=2}^{k}\sum_{h=1}^{j-1} G_{jh}(p_j s_h + p_h s_j) D_{jh} \tag{3-21}$$

$$G_t = \sum_{j=2}^{k}\sum_{h=1}^{j-1} G_{jh}(p_j s_h + p_h s_j)(1 - D_{jh}) \tag{3-22}$$

$$G_{jj} = \frac{\frac{1}{2\mu_j}\sum_{i=1}^{n_j}\sum_{r=1}^{n_j}|y_{ji} - y_{jr}|}{n_j^2} \tag{3-23}$$

$$G_{jh} = \sum_{i=1}^{n_j}\sum_{r=1}^{n_h}|y_{ji} - y_{hr}|n_j n_h (\mu_j + \mu_h) \tag{3-24}$$

$$D_{jh} = \frac{d_{jh} - p_{jh}}{d_{jh} + p_{jh}} \quad (3\text{-}25)$$

$$d_{jh} = \int_0^\infty dF_j(y) \int_0^y (y-x) dF_h(x) \quad (3\text{-}26)$$

$$p_{jh} = \int_0^\infty dF_h(y) \int_0^y (y-x) dF_j(y) \quad (3\text{-}27)$$

(二) Dagum 基尼系数结果分析

通过上文分析发现，数字经济与创新要素配置耦合协调发展具有明显的空间差距，地区发展不平衡现象突出。图 3-3 运用 Dagum 基尼系数方法给出了二者耦合协调发展的地区差距的空间来源。从地区差距的贡献率来分析，地区间差距、地区内部差距及超变密度均为地区差距的空间来源。其中，地区间差距的平均贡献率最大，高达 72.1217%，而地区内差距和超变密度贡献率不足地区间差距贡献率的 1/2。因此，优化

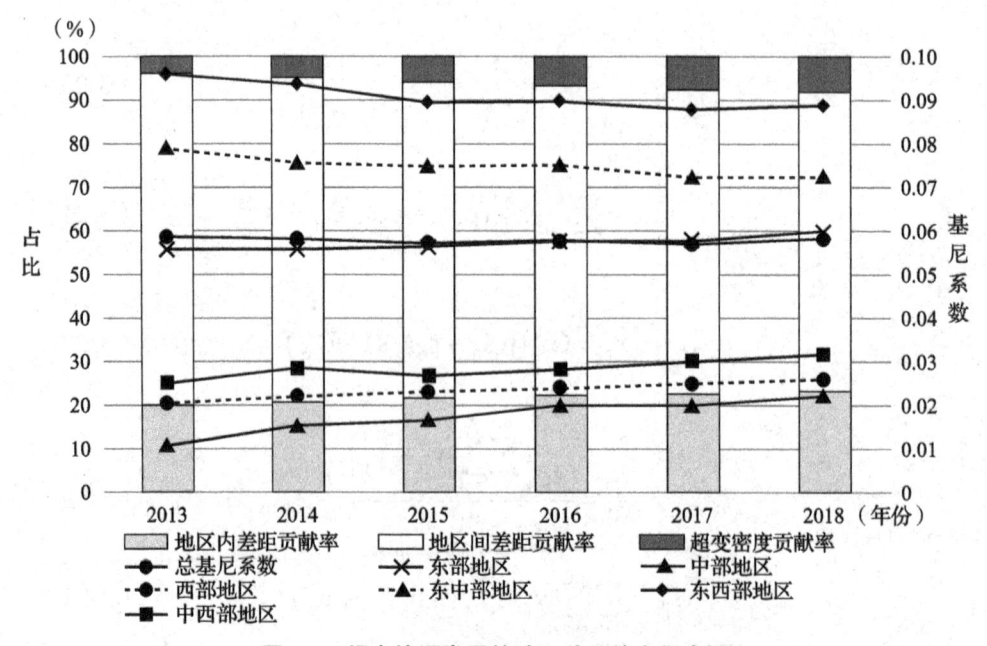

图 3-3 耦合协调发展的地区差距的空间来源

中部和西部地区创新要素配置，提升其数字经济发展水平，缩小其与东部地区差距是促进中国数字经济与创新要素配置耦合协调发展的重要渠道。从总体基尼系数的演变趋势上来看，基尼系数变化不明显，从2013年的0.0583变化至2018年的0.0581。2013—2015年，随着地区间差距贡献率的缩小，中国总体基尼系数也呈下降趋势。2015—2018年，虽然地区间差距贡献仍旧具有降低趋势，但逐年增大的地区内部差距贡献对中国总体的基尼系数具有拉升作用，因此，中国总体基尼系数的变化不明显。

观察三大地区的基尼系数可知，三大地区内部的差距在样本区间内均具有上涨趋势，中国总体基尼系数的上涨主要源于东部地区基尼系数的提升。这表明数字经济与创新要素配置耦合协调发展在中国东部省市之间存在较大差异，东部地区内部不平衡发展现象较为突出。根据三大地区之间的差距变化可知，东西部地区之间的基尼系数最高，东中部地区次之，中西部地区基尼系数最低。这说明中国东西部地区之间的差距最大，中西部地区之间差距最小。从演变趋势来看，东西部地区之间差距呈先减小后增大的发展趋势，样本区间总体上呈缩小趋势。东中部地区之间差距在样本区间内减小的趋势更为明显。中西部地区之间差距则呈明显的增大趋势。以上结果表明中国中西部地区正逐步缩小与东部地区差距，尤其是中部地区。中西部地区耦合协调发展差距则日益增大。值得注意的是，在后文的Markov链分析中发现，东部地区和中部地区耦合协调发展差距的缩小可能并不全部源于中部地区耦合协调发展水平向更高阶段迈进，部分耦合协调发展水平较高的东部地区有可能滑落至中高度耦合协调发展阶段。因此，在缩小地区间发展差距的同时，应保持东部地区稳定发展，促进中部地区向高度协调发展阶段迈进，着力提高地区耦合协调发展的平衡点。

第四节　耦合协调发展的动态演进

一、核密度估计

（一）核密度估计方法概述

核密度估计是采用平滑核函数作为权重对样本数据的概率密度曲线进行拟合的非参数估计方法。本书采用核密度估计明晰数字经济与创新要素配置耦合协调发展的分布位置、极化趋势及延展性等。假设 f(u) 为数字经济与创新要素配置耦合协调度 u 的密度函数，如式（3-28）所示。

$$f(u) = \frac{1}{nh}\sum_{i=1}^{n} K\left(\frac{u_i - u}{h}\right) \quad (3\text{-}28)$$

其中，n 为观测值个数，u_i 为独立同分布观测值，K(·) 为核密度函数，本书选用高斯核函数。h 为带宽，带宽越小，估计精度越高。就本书而言，分布位置反映数字经济与创新要素配置耦合协调发展水平；分布形态反映二者耦合协调发展的空间差异大小及极化程度，其中波峰的宽度和高度反映差异大小，波峰数量刻画极化程度，拖尾长度反映延展性。

为了进一步探究初始耦合协调度对未来的影响，本书运用联合核密度方法估计二者耦合协调发展的动态演进，如式（3-29）和式（3-30）所示。

$$g(y|x) = \frac{f(x,y)}{f(x)} \quad (3\text{-}29)$$

$$f(x,y) = \frac{1}{nh_x h_y}\sum_{i=1}^{n} K_x\left(\frac{X_i - x}{h_x}\right) K_y\left(\frac{Y_i - y}{h_y}\right) \quad (3\text{-}30)$$

其中，g(y|x) 表示在 x 的条件下 y 的分布状态，f(x,y) 为 x 和 y 的联合核密度函数。

（二）传统核密度

为了明晰我国三大地区数字经济与创新要素配置耦合协调发展的总体分布和变化趋势，本书分别绘制了全国及三大地区内部二者耦合协调度的核密度估计图，如图 3-4 所示。

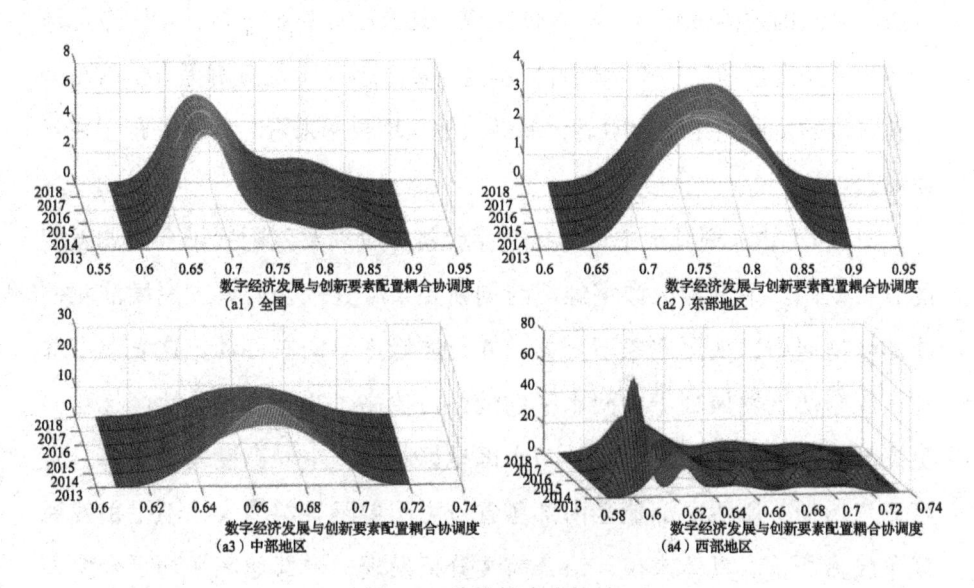

图 3-4　传统核密度估计

图 3-4（a1）刻画了全国数字经济与创新要素配置耦合协调发展的分布动态。耦合协调度演化曲线的峰值中心分布偏左，并且存在拖尾现象，这表明在全国范围内，二者耦合协调度较低的地区占比大，同时也意味着数字经济与创新要素配置耦合协调发展具有很大的提升空间。从波峰移动来看，演化曲线的主峰先左移后右移，但总体移动幅度不大，这说明部分地区的耦合协调发展水平呈先降低后提升的发展趋势，但变化幅度不明显。主峰高度逐年下降并且宽度增大，说明全国数字经济与创新要素配置耦合协调发展的不均衡性特征凸显。此外，存在侧峰说明存在

一定的极化现象。

图 3-4（a2）刻画了东部地区数字经济与创新要素配置耦合协调发展的分布动态。东部地区数字经济与创新要素配置耦合协调发展度演化曲线的峰值居中，拖尾现象不明显，这表明耦合协调度处于 0.75～0.8 水平的地区占比较高。存在双波峰意味着东部地区发展存在一定的不均衡现象。主峰和侧峰均向右移动表明处于较高耦合协调度水平的地区逐渐增多。此外，可观察到主峰高度明显下降，宽度显著增加，这意味着东部地区内部各省份之间的差距逐年增大。具体来说，结合时序特征分析，中国东部地区多为沿海发达地区，平均耦合协调度较高，但辽宁及海南等省份与东部其他省份的发展差距较为明显，并且从平均增长率来看，这种差距正在日益增大。

图 3-4（a3）刻画了中部地区数字经济与创新要素配置耦合协调发展的分布动态。中部地区数字经济与创新要素配置耦合协调发展度演化曲线的峰值居中，拖尾现象不明显，并且波峰逐年向右移动。这表明中部地区耦合协调发展处于中间水平的地区占比高，并且大部分地区逐年向更高耦合协调发展阶段迈进。与东部地区相同，主峰高度明显下降，宽度逐年增加，说明中部地区内部各省份之间差距日益增大，不平衡发展现象较为严重。具体来说，结合前文分析发现，中部地区平均耦合协调度处于初级协调发展阶段，其中安徽省和湖北省的耦合协调发展程度相对较高，山西省和黑龙江省等省份的耦合协调发展度相对较低，且其平均增长率也相对较低。这说明相对于落后的省份，中部地区现阶段耦合协调发展潜力也较小，其与耦合协调发展程度较高省份之间的差距日益增大。

图 3-4（a4）刻画了西部地区数字经济与创新要素配置耦合协调发展的分布动态。西部地区数字经济与创新要素配置耦合协调发展度演化曲线的峰值居左，存在较长的拖尾现象，并且具有三个波峰，这表明西部地区

大部分省市的耦合协调度处于较低水平，并且地区内部的耦合协调发展水平不均衡，具有较为严重的极化现象。主峰具有向"右→左→右"方向移动的态势，表明在 2016 年以前，西部地区大部分省份的耦合协调度得到有效提升，2016 年出现稍许下滑，2016 年后又呈现回升趋势。此外，还可观察到，2016 年主峰与侧峰高度均出现明显提升，侧峰宽度缩窄，表明西部地区内部各省市之间的耦合协调发展差距在缩小。但 2016 年后，主峰与侧峰高度回落，宽度均出现明显增幅，地区发展差距逐年增大。以上分析表明 2013—2016 年西部地区的数字经济与创新要素配置耦合协调发展的地区均衡性增大，但 2016—2018 年这种均衡增长态势并未得到有效保持，不平衡发展现象日益突出。具体来说，西部地区的四川省、陕西省和重庆市具有相对较高的耦合协调度，并且四川省平均协调度跻身中级协调发展行列，但剩余省市的耦合协调度水平普遍较低，因此主峰位置分布偏左，右侧较高。耦合协调度区间内出现多个小波峰，表示西部地区耦合协调发展相对较好的少数省市。

综上所述，全国及三大地区的主峰位置总体上呈右移趋势，说明数字经济与创新要素配置耦合协调发展水平较高地区的占比逐渐提升；三大地区内部差异呈增长趋势，从而引致全国发展不均衡现象显现；全国整体和西部地区存在极化现象，西部地区的极化表现更为明显。

（三）联合核密度

虽然以上分析揭示了数字经济与创新要素配置耦合协调发展的核密度分布动态，但未能清晰反映地区初始耦合协调发展对未来时期耦合协调发展的影响。因此，本书进一步运用联合核密度方法刻画地区耦合协调度的跨期分布特征。

图 3-5 刻画了全国当期及未来一期的数字经济与创新要素配置耦合协调发展的联合核密度估计。图 3-5 左图为联合核密度，右图为相应的等高

线图。左图 x 轴表示 t 时期的耦合协调度水平，y 轴表示 t+1 时期的耦合协调度水平，z 轴表示核密度。右图中的等高线若大致对称分布于 45°对角线两侧，则表明从 t 期至 t+1 期，耦合协调水平未发生显著改变。若等高线呈现与横轴或纵轴平行的趋势，则表明耦合协调度在下一期具有转移的趋势。从图 3-5 可以看到，在低耦合协调度发展阶段，波峰均位于对角线上，表明大部分低耦合协调度发展的地区在下一时期保持这一状态的可能较大。这反映了地区耦合协调发展的增长惯性和路径依赖。在较高耦合协调度发展阶段，从等高线图可以清晰地看到波峰位置位于对角线上方，并且等高线呈与纵轴平行的趋势，这表明大部分处于较高耦合协调度的地区在下一时期倾向于向更高耦合协调度阶段迈进，呈现"强者愈强"的演进趋势。

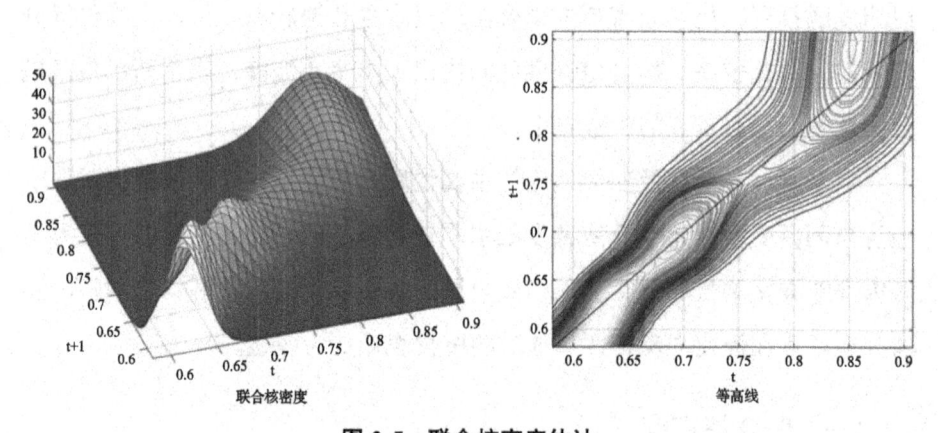

图 3-5　联合核密度估计

图 3-6 刻画了东部地区当期及未来一期的数字经济与创新要素配置耦合协调发展的联合核密度估计。当耦合协调度处于较高水平时，核密度分布倾向于与 y 轴平行，说明在未来一期其耦合协调发展具有明显提升趋势，与全国整体相似，呈"强者愈强"的演进趋势；当耦合协调度处于较低水平时，东部地区耦合协调发展阶段具有略微向下转移的趋势。这可能是由于平均而言东部地区处于较高的耦合协调水平，当某些地区的耦合协

调度过低时，其在东部地区的竞争能力明显不足，容易被高耦合协调度发展地区的虹吸效应裹挟，丧失维持原有耦合协调水平的能力。

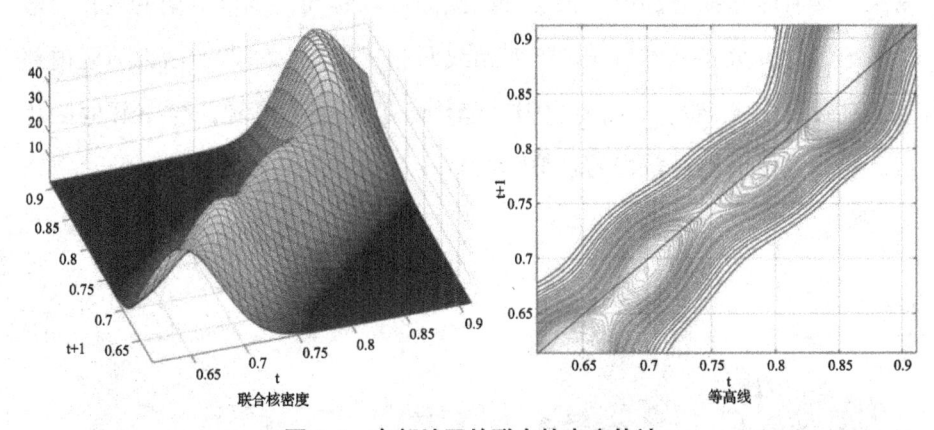

图 3-6　东部地区的联合核密度估计

图 3-7 刻画了中部地区当期及未来一期的数字经济与创新要素配置耦合协调发展的联合核密度估计。当耦合协调度处于较低水平时，等高线走势大致与 45° 对角线平行，但波峰位于对角线以下。这说明中部地区的耦合协调发展整体变动较小，与第 t 期相比，t+1 期的耦合协调发展度整体分布变小。耦合协调发展度位于 0.7 左右的省市具有略微向上转移趋势。但整体来看，中部地区等高线分布基本位于对角线两侧，短期内耦合协调发展类型向上转移的趋势不明显。

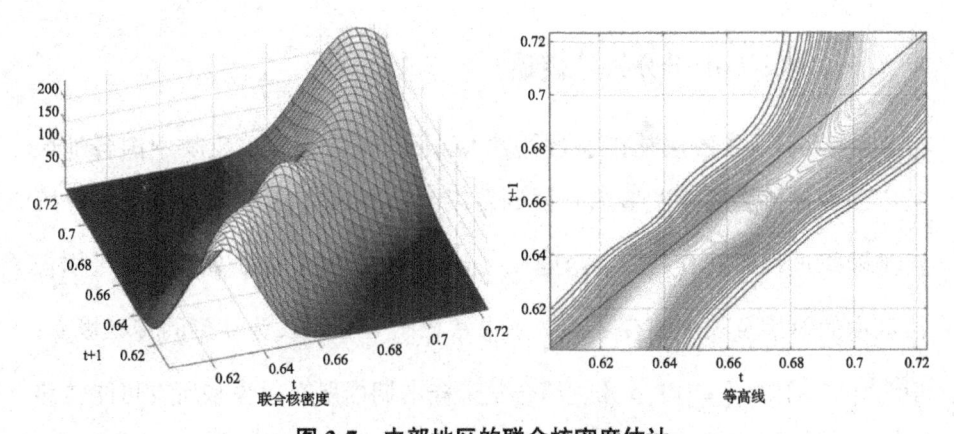

图 3-7　中部地区的联合核密度估计

图 3-8 刻画了西部地区当期及未来一期的数字经济与创新要素配置耦合协调发展的联合核密度估计。可以发现，少数耦合协调度较高的省份在未来一期有略微提升趋势。根据等高线图可以看到，耦合协调发展较为落后的地区，其分布基本位于 45°对角线两侧，因此，短期内西部地区内部差距的变化主要源于"强者愈强"趋势。但从整体来看，与中部地区相似，短期内西部地区转移的趋势不明显。

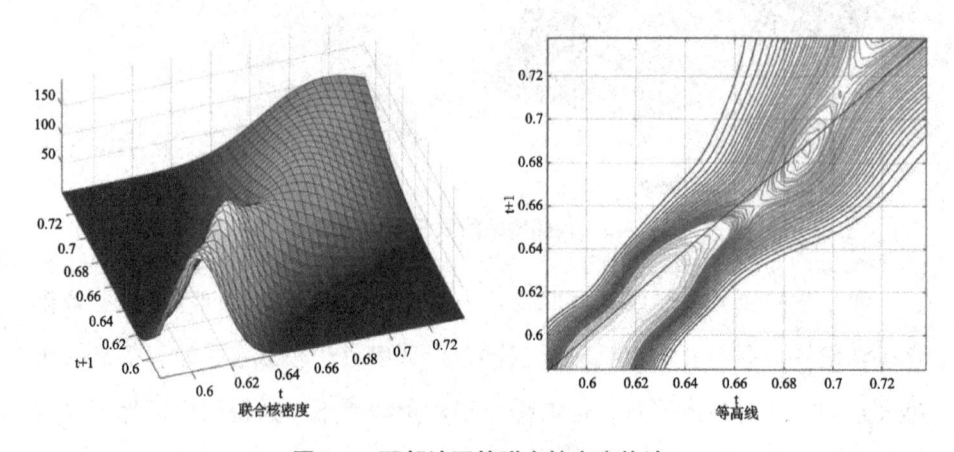

图 3-8　西部地区的联合核密度估计

二、Markov 链分析

（一）Markov 链分析法概述

Markov 链分析法是指通过构建 Markov 转移矩阵，反映中国各地区数字经济与创新要素配置耦合协调发展的动态演进特征。Markov 链分析满足随机过程 $\{x(t), t \in T\}$。令随机变量 $X_t = j$，为了分别观察各地区耦合协调度的短期及长期演变趋势，本书考虑了一步时长为 d 年的转移概率，记为 $P_{ij}^{t,t+d} = P\{X_{t+d} = j | X_t = i\}$。综合整个样本期内所有对象和所有可能转移

的情况，考察期内 Markov 转移概率的计算如式（3-31）所示。

$$P_{ij}^d = \sum_{t=t_0}^{T-d} n_{ij}^{t,t+d} \Big/ \sum_{t=t_0}^{T-d} n_i^t \qquad (3\text{-}31)$$

其中，$n_{ij}^{t,t+d}$ 表示数字经济与创新要素配置耦合协调发展度在 t 时刻为 i 类型，在 t+d 时刻转变为 j 类型的地区个数，n_i^t 表示在 t 时刻耦合协调发展类型为 i 的地区总个数。

为了反映区域背景对地区耦合协调发展类型转变的影响，本书继续运用空间 Markov 链方法对地区耦合协调发展类型的演变规律进行刻画。通过设定空间权重矩阵，把 K×K 的转移概率矩阵分解为 K×K×K 的转移概率矩阵。$P_{ij|\lambda}^d$ 表示在当年邻域耦合协调发展类型为 λ 类型的条件下，经过 d 年后，本地耦合协调发展类型从初始年份的 i 类型向 j 类型转移的概率。比较 P_{ij}^d 和 $P_{ij|\lambda}^d$ 数值的大小，可以分析邻地耦合协调发展类型如何影响本地耦合协调发展类型的转移。倘若将耦合协调发展类型划分为四类，用 1 代表低度耦合协调发展类型，2 代表中低度耦合协调发展类型，3 代表中高度耦合协调发展类型，4 代表高度耦合协调发展类型。如果 $P_{12}^d > P_{12|1}^d$，则说明低度耦合协调发展的邻域对同样低度耦合协调发展的本地向中低度协调发展类型转变具有抑制效应。

（二）传统 Markov 链

虽然以上核密度估计在一定程度上揭示了耦合协调度的演进趋势，但其未能展现地区初始耦合协调发展类型在未来时期发生转移的概率大小。因此，表 3-7 给出了 Markov 状态转移矩阵。本书将数字经济发展与创新要素配置的耦合协调度等分为四个阶段，分别记为低度协调发展、中低度协调发展、中高度协调发展及高度协调发展。将时间跨度设定为四个时期，将 1 期和 2 期划分为短期，将 3 期和 4 期划分为长期。

表 3-7　Markov 状态转移矩阵

单位：%

时间跨度 k	类别	t+k 时刻的类别			
		低	中低	中高	高
1	低	70.4545	29.5455	0.0000	0.0000
	中低	0.0000	71.4286	28.5714	0.0000
	中高	0.0000	2.8571	88.5714	8.5714
	高	0.0000	0.0000	2.7778	97.2222
2	低	51.2195	48.7805	0.0000	0.0000
	中低	0.0000	42.3077	57.6923	0.0000
	中高	0.0000	0.0000	80.0000	20.0000
	高	0.0000	0.0000	7.1429	92.8571
3	低	36.3636	57.5758	6.0606	0.0000
	中低	0.0000	23.8095	76.1905	0.0000
	中高	0.0000	0.0000	60.0000	40.0000
	高	0.0000	0.0000	14.2857	85.7143
4	低	16.6667	66.6667	16.6667	0.0000
	中低	0.0000	21.4286	71.4286	7.1429
	中高	0.0000	0.0000	50.0000	50.0000
	高	0.0000	0.0000	14.2857	85.7143

注：表中个别行的数值加总不等于100%是由于四舍五入的原因。

根据表 3-7 可知，当时间跨度为 1 期和 2 期时，对角线上的转移概率较大，即在短期内地区保持其初始耦合协调水平的概率较大，这表明地区耦合协调发展受限于原有类型和初始发展存量。对角线上方的概率值均显著大于对角线下方的概率值，说明短期来看，地区耦合协调发展阶段向下转移的概率不明显，绝大部分地区数字经济与创新要素配置的耦合协调发展程度维持不变或具有上升态势。此外，短期内地区耦合协调发展类型只能实现向相邻类型转移，不存在发展类型的跃迁。当时间跨度为 3 期和 4 期时，对角线上的转移概率显著减小，而向更高一阶段转移的概率显著增大。这表明从长期来看，大部分地区具有向更高耦合协调发展阶段转移的趋势。此时，地区耦合协调类型能够实现跨越区制的跃迁，即存在低度耦合协调类型向中高度耦合协调类型转移及中低度耦合协调类型向高度耦合协调类型转移的概率。此外，无论是短期还是长期，高度耦合协调发展类型向中高度耦合协调类型转移均具有一定概率，长期平均概率达14.2857%。因此，为了进一步厘清部分高度耦合协调类型的地区向下转移的原因，下文中进一步运用空间Markov链分析方法，考虑区域背景对耦合协调发展阶段转移的影响。

（三）空间 Markov 链

为了进一步探究数字经济与创新要素配置耦合协调发展的空间动态演进规律，本书利用莫兰指数检验其空间相关性，将邻接矩阵作为空间权重矩阵，Moran's I 指数检验结果如表 3-8 所示。

表 3-8　Moran's I 指数检验结果

年份	Moran's I	Z 值	p 值
2013	0.261***	2.691	0.007
2014	0.255***	2.632	0.008
2015	0.243**	2.529	0.011
2016	0.250**	2.580	0.010
2017	0.245**	2.531	0.011
2018	0.239**	2.480	0.013

注：***、** 分别表示在 10%、5% 的水平上显著。

表 3-8 的结果显示，样本期内所有年份的 Moran's I 指数均至少在 5% 的水平上显著，这表明数字经济与创新要素配置耦合协调发展具有显著的空间相关性。因此，继续将传统的 Markov 转移矩阵扩展到空间维度，检验在不同聚集模式下，初始发展阶段不同地区的未来耦合协调发展是否存在差异。结果如表 3-9 至表 3-12 所示。

根据表 3-9 至表 3-12 可以发现：第一，除邻域为高度耦合协调发展类型的情况外，随时间跨度的增加，地区向更高耦合协调发展类型转移的概率逐渐增大。第二，短期内不存在耦合协调发展类型的跨越式增长和断崖式下跌的路径。第三，当邻域与本地形成"高—高"空间集聚时，本地耦合协调发展具有一定的向下转移概率，且概率值随着时间跨度的增加而增加，但向下转移概率始终小于保持高度耦合协调发展类型的概率。这可能是由于"高—高"集聚形成竞争或拥挤效应，邻域与本地的耦合协调发展相互制约，导致部分本地的耦合协调发展类型向下转移。第四，当邻域与本地形成"高—中低"空间集聚模式时，与邻域为其他发展类型相比，本地向上转移的概率减小，维持其中低度耦合协调发展的概率明显增大。这可能是由于高度耦合协调发展的邻域对中低度耦合协调发展的本地产生了虹吸效应。由于耦合协调度相对较低的本地缺乏自生能力，能够获得耦合协调发展相对较高的邻域的辐射作用有限，由此陷入为高度耦合协调发展的邻地"输血"的困局。

表 3-9 空间 Markov 状态转移矩阵（K=1）

单位：%

K=1	类别	低	中低	中高	高
低	低	80.7692	19.2308	0.0000	0.0000
	中低	0.0000	75.0000	25.0000	0.0000
	中高	0.0000	0.0000	88.8889	11.1111
	高	0.0000	0.0000	0.0000	100.0000
中低	低	64.2857	35.7143	0.0000	0.0000
	中低	0.0000	60.0000	40.0000	0.0000
	中高	0.0000	11.1111	88.8889	0.0000
	高	0.0000	0.0000	0.0000	100.0000
中高	低	25.0000	75.0000	0.0000	0.0000
	中低	0.0000	70.0000	30.0000	0.0000
	中高	0.0000	0.0000	100.0000	0.0000
	高	0.0000	0.0000	0.0000	100.0000
高	低	—	—	—	—
	中低	0.0000	85.7143	14.2857	0.0000
	中高	0.0000	0.0000	75.0000	25.0000
	高	0.0000	0.0000	5.2632	94.7368

表 3-10 空间 Markov 状态转移矩阵（K=2）

单位：%

K=2	类别	低	中低	中高	高
低	低	69.2308	30.7692	0.0000	0.0000
	中低	0.0000	57.1429	42.8571	0.0000
	中高	0.0000	0.0000	77.7778	22.2222
	高	0.0000	0.0000	0.0000	100.0000
中低	低	27.2727	72.7273	0.0000	0.0000
	中低	0.0000	14.2857	85.7143	0.0000
	中高	0.0000	0.0000	100.0000	0.0000
	高	0.0000	0.0000	0.0000	100.0000
中高	低	0.0000	100.0000	0.0000	0.0000
	中低	0.0000	28.5714	71.4286	0.0000
	中高	0.0000	0.0000	100.0000	0.0000
	高	0.0000	0.0000	0.0000	100.0000
高	低	—	—	—	—
	中低	0.0000	80.0000	20.0000	0.0000
	中高	0.0000	0.0000	50.0000	50.0000
	高	0.0000	0.0000	14.2857	85.7143

表 3-11 空间 Markov 状态转移矩阵（K=3）

单位：%

K=3	类别	低	中低	中高	高
低	低	47.8261	47.8261	4.3478	0.0000
	中低	0.0000	33.3333	66.6667	0.0000
	中高	0.0000	0.0000	71.4286	28.5714
	高	0.0000	0.0000	0.0000	100.0000
中低	低	16.6667	83.3333	0.0000	0.0000
	中低	0.0000	0.0000	100.0000	0.0000
	中高	0.0000	0.0000	100.0000	0.0000
	高	0.0000	0.0000	0.0000	100.0000
中高	低	0.0000	75.0000	25.0000	0.0000
	中低	0.0000	0.0000	100.0000	0.0000
	中高	—	—	—	—
	高	0.0000	0.0000	0.0000	100.0000

续表

K=3	类别	低	中低	中高	高
高	低	—	—	—	—
	中低	0.0000	100.0000	0.0000	0.0000
	中高	0.0000	0.0000	0.0000	100.0000
	高	0.0000	0.0000	30.0000	70.0000

表 3-12 空间 Markov 状态转移矩阵（K=4）

单位：%

K=4	类别	低	中低	中高	高
低	低	21.0526	68.4211	10.5263	0.0000
	中低	0.0000	20.0000	80.0000	0.0000
	中高	0.0000	0.0000	50.0000	50.0000
	高	0.0000	0.0000	0.0000	100.0000
中低	低	0.0000	100.0000	0.0000	0.0000
	中低	0.0000	0.0000	100.0000	0.0000
	中高	0.0000	0.0000	100.0000	0.0000
	高	0.0000	0.0000	0.0000	100.0000
中高	低	0.0000	33.3333	66.6667	0.0000
	中低	0.0000	0.0000	66.6667	33.3333
	中高	—	—	—	—
	高	0.0000	0.0000	0.0000	100.0000
高	低	—	—	—	—
	中低	0.0000	100.0000	0.0000	0.0000
	中高	0.0000	0.0000	0.0000	100.0000
	高	0.0000	0.0000	33.3333	66.6667

（四）邻域耦合协调发展类型对本地数字经济与创新要素配置耦合协调发展类型向上转移的净影响

为了明晰邻域耦合协调发展类型对本地数字经济与创新要素配置耦合

协调发展类型向上转移的净影响，将其净效应表达式设定为式（3-32）。

$$S_{\lambda m}^{(k)} = \sum_{n>m} P_{mn|\lambda}^{(k)} - \sum_{n>m} P_{mn}^{(k)} \quad (k=1,2,3,4; m,n,\lambda=1,2,3,4; m \neq n) \quad (3-32)$$

其中，$S_{\lambda m}^{(k)}$ 表示发展阶段为 λ 的邻域对发展阶段为 m 的本地向更高发展阶段转移所具有的净效应。若 $S_{\lambda m}^{(k)} > 0$，表示净效应为正，表明发展阶段为 λ 的邻域能够进一步提高发展阶段为 m 的地区向 n 阶段（n>m）迈进的概率。若 $S_{\lambda m}^{(k)} < 0$，表示净效应为负，表明发展阶段为 λ 的邻域对本地发展阶段的提升具有抑制效应。将时间跨度为 1 年和 2 年的区间设定为短期，时间跨度为 3 年和 4 年的区间设定为长期，分别计算其平均净效应，结果如表 3-13 所示。由于高度耦合协调发展类型无法向上转移，将高度耦合协调发展保持其类型视为向上转移。

表 3-13　邻域类型对本地类型向上转移的净影响

单位：%

邻域所属类型	时间跨度	本地所属类型			
		低	中低	中高	高
低	短期平均	−14.1630	−9.2033	2.3810	4.9604
	长期平均	−7.9243	−4.0477	−5.7143	14.2857
中低	短期平均	15.0578	19.7253	−14.2857	4.9604
	长期平均	18.1818	22.6190	−45.0000	14.2857
中高	短期平均	48.3370	7.5825	−14.2857	4.9604
	长期平均	26.5151	22.6190	—	14.2857
高	短期平均	—	−25.9890	23.2143	−4.8141
	长期平均	—	−77.3810	55.0000	−17.3810

通过观察表 3-13 可发现如下结果。

第一，当邻域与本地处于"低—低"集聚与"低—中低"集聚模式时，无论是从短期还是长期来看，都将抑制本地耦合协调发展向更高阶段提升。可见与低度耦合协调发展的地区相邻，对于耦合协调发展程度不高的地区而言，本地有可能陷入"低质量发展陷阱"。这可能是由于低度耦合协调发展的邻地与处于低度、中低度耦合协调发展的本地容易形成低质量聚集效应，难以吸引创新要素，难以提升数字经济发展水平。在短期内，"低—中高"集聚模式将促进本地耦合协调发展类型向更高阶段转移，但在长期内，将抑制本地耦合协调发展类型向更高阶段提升。当邻域与本地处于"低—高"集聚模式时，无论是短期还是长期，邻域的低度耦合协调均有利于其保持高度耦合协调发展。这可能是由于对于高度耦合协调发展的本地而言，其本身具有一定的支撑数字经济发展的禀赋，并且该地区往往具有更开放、公平的市场环境，对创新要素具有高度的吸引力，低度耦合协调发展的邻域对其难以产生强大的竞争威胁，反而容易产生虹吸效应。

第二，当邻域与本地处于"中低—中高"集聚模式时，无论是从短期还是长期来看，都将抑制本地耦合协调发展类型向更高阶段转移。当邻域与本地处于"中低—低""中低—中低"及"中低—高"集聚模式时，无论是从短期还是长期来看，都将促进本地耦合协调发展类型向更高阶段转移。这可能是由于中高度耦合协调发展向高度耦合协调发展阶段转移的难度相对更高，邻域的中低度耦合协调发展拉低了中高度耦合协调发展的本地的创新要素积累质量、信息交流效率及新知识产生概率，因此阻碍了本地中高度耦合协调发展向高度耦合协调发展类型转移。中低度耦合协调发展的邻域对低度耦合协调发展的本地产生了正向辐射效应，为中低度和高度耦合协调发展的本地提供了创新要素的支撑和保障。

第三，与邻域为中低度耦合协调发展的情况类似，当邻域为中高度耦合协调发展类型时，仅当邻域与本地呈现"中高—中高"集聚模式时，将抑制本地的耦合协调发展类型向更高阶段转移，其他集聚模式都将促进本地耦合协调发展类型向更高阶段转移。此外，与邻域为中低度耦合协调发展类型相比，在"中高—低"集聚模式中，属于低度耦合协调发展类型的本地具有相对更高的向上转移的概率。这表明，邻域的中高度耦合协调发展更有利于促进低度耦合协调发展的本地向更高阶段转移。

第四，无论是在短期还是长期内，"高—中低"和"高—高"的邻域与本地集聚模式都将抑制本地耦合协调发展类型向更高耦合协调发展阶段转移。而"高—中高"的集聚发展模式将促进本地耦合协调发展类型向上转移。这可能是由于当本地处于中低度耦合协调发展类型时，高度耦合协调发展的邻域对本地形成虹吸效应，抑制本地的耦合协调发展；"高—高"集聚容易产生竞争效应，有限的资源难以同时满足"高—高"集聚发展。对于初期处于中高度耦合协调的本地，由于具备一定的创新要素积累与数字经济发展基础，能够吸收高度耦合协调发展的邻地的正向辐射效应，但其在吸收邻域高度耦合协调发展红利，实现发展阶段跃迁的同时，应采取相应措施避免竞争效应产生的不良影响。

第五节 本章小结

本书依据第二章对数字经济与创新要素配置的内涵界定，从数字经济发展载体、数字产业化、产业数字化及数字经济发展环境四个方面构建了数字经济发展指标体系；从人力创新要素、资本创新要素及技术创新要素三个方面构建了创新要素配置水平的指标体系。在此基础上，运用熵权—灰色关联—Topsis方法测度其综合发展指数，运用耦合协调度模型测度二者的耦合协调度，从静态和动态双重维度，运用标准差椭圆、Dagum基尼系数、联合核密度估计及空间Markov链方法揭示数字经济与创新要素配置耦合协调发展的时空特征及动态演进规律。研究结论如下。

（1）从时序特征来看，全国数字经济与创新要素配置耦合协调发展水平较低，但具有逐年增长趋势。对我国三大地区的耦合协调发展程度按从高到低进行排序，依次为东部地区＞中部地区＞西部地区；从耦合协调度的增长率来看，对三大地区进行从高到低的排序，依次为中部地区＞西部地区＞东部地区。从数字经济与创新要素配置的相对发展关系来看，创新要素配置系统的增长呈现落后于数字经济发展系统的态势。人力创新要素是与数字经济耦合协调发展最具潜力的创新要素。

（2）从空间分布格局来看，数字经济与创新要素配置耦合协调发展的空间区位分布较为稳定，整体呈现偏东北—偏西南走势。

（3）从区域差异来源来看，数字经济与创新要素配置耦合协调发展的总体差异变化不明显，区域间差异是区域总体差异的主要来源，但三大地区间的差异逐年减小，三大地区内部的差异逐年增大。

（4）在核密度估计分析中，传统核密度估计结果表明，全国数字经济与创新要素配置耦合协调发展不均衡现象显现，全国整体和西部地区存在极化现象，西部地区的极化表现更明显。联合核密度估计表明，在全国范围内，耦合协调度在短期内呈现"强者愈强"的发展趋势。东部地区在短期内"强者愈强"效应也较为明显，中部地区与西部地区的数字经济与创新要素配置耦合协调发展阶段发生转移的趋势不明显。

（5）在 Markov 链分析中，传统 Markov 链分析表明，无论是短期还是长期，大部分地区具有向更高耦合协调发展阶段转移的趋势；高度耦合协调发展地区向中高度耦合协调阶段转移均具有一定概率，长期平均概率达 14.2857%。在短期内，地区耦合协调发展受限于原有类型和初始发展存量。地区耦合协调发展类型只能实现向相邻区制转移，不存在发展类型的跃迁。从长期来看，地区耦合协调类型能够实现跨越区制的跃迁。空间 Markov 链与净影响分析表明，邻域发展背景对本地耦合协调发展类型的区制转移具有显著影响。邻域与本地的"低—低""低—中低"集聚模式容易使本地陷入"低质量发展陷阱"；当邻域与本地形成"低—中高"集聚模式，在短期内，促进本地耦合协调发展类型向更高阶段转移，但在长期内，将抑制本地耦合协调发展类型向更高阶段的提升；当邻域与本地处于"低—高"集聚模式时，无论是从短期还是长期来看，邻域的低度耦合协调发展有利于本地保持高度耦合协调发展。当邻域与本地处于"中低—中高"集聚模式时，无论是从短期还是长期来看，都将抑制本地耦合协调发展类型向更高阶段转移；当邻域与本地处于"中低—低""中低—中低"及"中低—高"集聚模式时，无论是从短期还是长期来看，都将促进本地耦合协调发展类型向更高阶段转移；当邻域为中高度耦合协调发展类型时，仅当邻域与本地呈"中高—中高"集聚模式时，将抑制本地的耦合协调发展类型向更高阶段转移，其他集聚模式都将促进本地耦合协调发展类型向更高阶段转移；"高—中低"集聚模式可能产生虹吸效应，损害本地的耦合协调发展，"高—高"集聚模式容易产生拥挤效应，拉低本地的耦合协调发展度。"高—中高"集聚模式促进本地耦合协调发展类型向更高阶段转移。

第四章

数字经济发展提升研发投入水平的作用机制

第三章从统计学的角度对数字经济发展系统与创新要素配置系统之间的关联进行分析。在明确了数字经济与创新要素配置系统之间相互促进、相互依赖及相互协调的关系后，本章遵循从外在相关关系分析聚焦至内在因果关系分析的逻辑，进一步从经济计量分析的角度，就数字经济对创新要素配置的因果作用机制展开分析。同时，第三章的研究结论为本章及后续章节的分析提供了理论基础。第三章研究表明，中国数字经济发展与创新要素配置处于耦合协调发展的关键上升期，但随着数字经济的迅猛发展，创新要素配置系统已经开始显现出落后于数字经济发展的趋势。可以预见，随着数字经济发展水平的加速提升，我国创新要素配置水平相较于数字经济发展的需求将存在较大缺口。因此，如何运用数字经济实现创新要素配置的优化，是当前研究亟待解决的问题，具有重要的理论意义和现实意义。由于研发创新是实现创新驱动发展的核心，因此将聚焦研发要素，分别围绕数字经济对研发投入水平提升、研发产出质量增强及研发效率改善的三大作用机制展开分析。本章首先探究数字经济发展水平对制造业研发投入水平的作用机制。

第一节 理论分析

一、数字经济发展对研发投入水平的作用路径

数字经济作为一种新的经济形态，对制造业企业的研发创新活动具有重要影响。一方面，在生产端，处于数字经济发达地区的企业，能够以较

低的边际成本对最终产品进行复制,因此,企业会扩大其生产规模,产生规模经济效应。数字化设备和数据要素的多用性和多功能性促进了制造业企业的范围经济形成。另一方面,在消费端,企业通过运用数字化网络能够实现精准营销,在扩大产品交换可能性边界的同时,能够大幅缩短供需匹配所需的时间,并提升匹配质量。此外,大量消费者通过数字平台汇集,庞大的消费群体使信息的传递与分享更为便捷,绘制的消费者画像更加清晰,从而增大了其创造的网络价值,降低了交易成本。在数字经济发展背景下,随着数字化平台、物联网及消费互联网的快速发展和日益强大,制造业企业在生产端和消费端能够形成"供给创造需求,需求牵引供给"的正反馈效应,从而进一步降低生产成本和交易成本。生产端生产成本和消费端交易成本的降低为制造厂商的研发创新活动节约了资金,使企业能够将更多的资源向研发创新活动倾斜。数字经济发展提升研发投入水平的作用路径如图 4-1 所示。

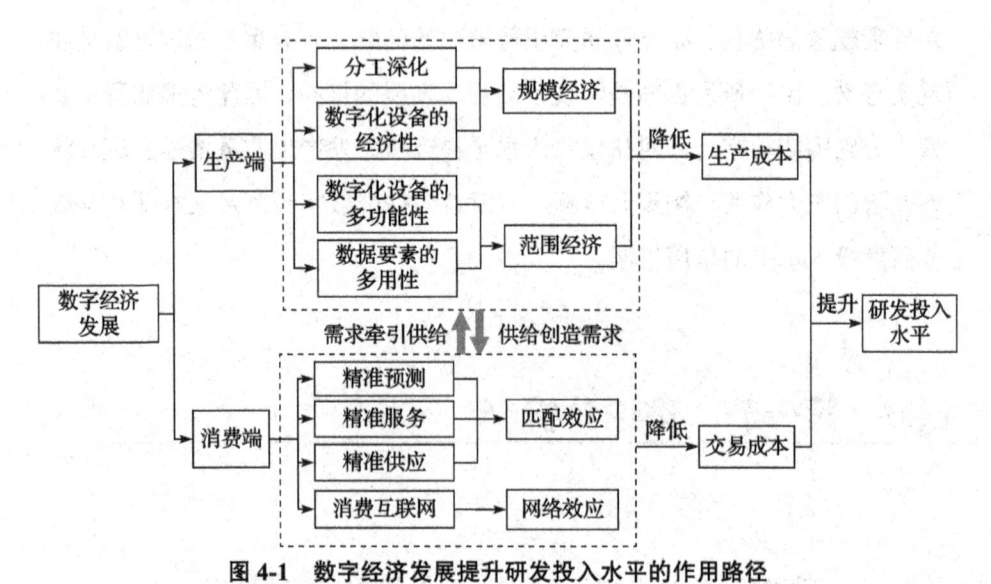

图 4-1 数字经济发展提升研发投入水平的作用路径

(一) 规模经济

理论上认为,企业实现规模经济意味着其长期平均成本保持在最低点。但在过去的工业生产中，企业由于受到资产存量等因素的限制，长期平均成本往往呈"U"形特征，这意味着在工业经济时代，工业企业的生产规模难以无限扩大。但是近年来数字经济发展，使企业的生产规模得以扩张，形成规模经济效应。这主要源于数字经济的分工深化效应和数字化设备的经济性。第一，地区数字经济发展为企业的专业化分工提供了契机和动力。伴随数字经济发展，由于企业内部数字化机器设备的投入使用和数字化管理模式的转型，企业劳动分工日益深化。此外，数字经济带来的多样化需求激励企业专注自身制造业务，提高制造业与生产性服务业之间的合作质量与效率。专业化分工程度的提升有利于促进制造业企业生产规模的扩张，而随着生产规模的扩张，能够分摊其高额的固定成本投入，从而降低企业长期的生产成本，实现规模经济（Francois，1990）。第二，数字化平台的建立和数字化设备的引进极大地提高了制造业企业的生产效率，虚拟空间带来的便捷性也拓展了企业的业务范围，有利于企业扩大生产规模，形成规模经济。数字经济发展带来的规模经济效应有利于降低平均生产成本，从而为制造业研发活动提供资金支持。

（二）范围经济

范围经济指的是由生产厂商的范围而非生产规模扩大带来的经济效应，即当生产厂商同时生产两种产品花费的成本低于单独生产每种产品花费的成本时，这种情况被称为范围经济。随着数字经济的迅猛发展，范围经济的应用范围也随之扩大。与传统经济不同，数字化平台和数字化网络能够降低产品之间的相关性，如植入的广告与产品本身可以没有任何相关性。值得注意的是，当今的范围经济也建立在网络效应与规模经济的基础之上。数字化网络构筑的信息平台，通过海量的用户群体，能够最大化拓展其经营范围，以满足不同消费者的需求。此外，数字经济催生的定制化需求，能够帮助企业形成"长尾效应"。范围经济颠覆了传统生产模式下牺牲个性化换取规模化的做法，证明了差异化生产依然可以是经济可行的。具体来说，数字经济发展通过数字化设备的多功能性和生产要素的多用性形成制造业企业的范围经济。现代数字化设备的主要特征包含兼容性强和智能化等。因此，数字化设备往往能够实现多种功能的叠加，从而对不同产品进行生产改造，以促进范围经济的形成。此外，作为数字经济发展中的关键生产要素，数据在生产过程中的多用性也有利于提升制造业企业实现范围经济的可能性。范围经济通过降低生产成本从而提升企业研发投入水平。

（三）匹配效应

匹配效应指的是在消费端企业可以通过数字化网络分析用户的消费需求，消费者也可以通过平台反馈输出其需求，并参与企业产品与服务的设计和生产。供需匹配效率的提升大幅降低了交易成本。本书认为，数字经济发展在消费端形成匹配效应的机制主要有以下三个。一是制造业企业对市场产品趋势及产品销量的精准预测。企业数字化平台为消费者和生产者提供了直接对接的渠道。制造业企业通过精准化分析消费者在平台的浏览和购买情况，能够形成消费者画像，捕捉产品的需求趋势及其销量，实现精准预测，从而形成匹配效应。二是制造业企业能够通过数字经济的快速发展，对消费者和潜在客户进行精准服务，从而形成匹配效应。精准化服务有利于挖掘更多的潜在客户，这对降低企业交易费用有显著的正向影响。三是制造业企业能够为消费者精准供应其所需产品。不同于以往仅依靠产品推动市场需求，随着数字经济的发展，消费者在数字化平台或网络上能够实时反馈产品体验，通过留言和评价等方式直接影响产品的销售与改进方向。而制造业企业也能够借助数字化网络和平台，在产品设计、改造及生产等过程中依据目标客户需求进行精准供应。精准预测、精准服务和精准供应共同形成了匹配效应，降低了市场的不确定性风险，从而降低了企业的交易成本，使企业资源能够向研发创新倾斜。

（四）网络效应

网络效应指的是随着网络用户数量的不断增加，所有用户都可能从网络规模的扩大中获取更大的价值，并且这种价值增长是以几何级数呈现的。因此，可对网络效应进行简要概括：某种产品或服务对任一用户的价值取决于使用该产品或服务的用户数量，用户数量越多，产品或服务为每位用户提供的价值就越高，从而产生用户黏性和进入壁垒，降低企业交易成本，如搜寻成本、信息成本及决策成本等。具体来说，数字经济的网络效应主要体现在信息网络效应中。人工智能、物联网、云平台及区块链等数字化技术有效促进了各种数据的采集、储存及流通，强大的数字化网络系统实现了数据资源的高效流动。消费互联网中汇聚了大量的消费者，更多的消费者汇聚在平台网络中，为平台和厂商进行商品推送和生产提供了丰富的数据。此外，网络效应加速了网络联动效应，从而带来制造业企业相关的产业链发展，能够降低交易成本（Goldfarb 和 Tucker，2019）。交易成本的大幅下降促进了制造业企业研发投入水平的提升。

二、数字经济发展提升研发投入水平的机理

由于制造业企业是经济社会中的主要创新主体，因此，本章以制造业企业为主要研究对象。一般而言，当地区制造业企业的数字化转型程度普遍较高时，意味着该地区具备良好的、有利于数字化发展的环境，有利于该地区数字经济发展。借鉴沈国兵和袁征宇（2020）、Bustos（2011）的研究，通过将制造业企业的数字化转型纳入异质性技术选择模型的理论框架，对数字化转型降低企业研发边际成本从而提升企业研发投入水平这一作用路径进行机理分析，为下文对数字经济影响研发投入水平提升的计量分析提供理论基础。

(一)模型假设与设定

(1)消费者部门。本书假设消费者面对异质性产品的效用函数为CES函数形式,即满足不变替代弹性假设(Melitz,2003),那么,消费者的效用函数如式(4-1)所示。

$$U = \left[\int_{\omega \in \Omega} q(\omega)^\rho d\omega\right]^{\frac{1}{\rho}} \quad \rho = \frac{\sigma-1}{\sigma} \quad (4\text{-}1)$$

其中,$q(\omega)$为消费者对产品ω的需求,σ为产品ω的替代弹性,σ的取值范围为$\sigma > 1$。

设定产品价格指数和消费者收入的表达式如式(4-2)和式(4-3)所示。

$$P = \left[\int_{\omega \in \Omega} p(\omega)^{1-\sigma} d\omega\right]^{\frac{1}{1-\sigma}} \quad (4\text{-}2)$$

$$R = \int_{\omega \in \Omega} r(\omega) d\omega \quad (4\text{-}3)$$

(2)生产部门。假定产品市场属于垄断竞争市场。为简便起见,设定企业员工的工资$w=1$。企业在进行数字化转型的过程中,对数字化设备的投入较大,因此对固定成本的支出相对更高,为简便起见,假定数字化转型对边际成本无显著影响。企业的总成本包含固定成本和边际成本,未进行数字化转型企业的总成本表达式如式(4-4)所示。

$$TC_1 = f + \frac{q}{\varphi} \quad (4\text{-}4)$$

其中,企业的固定成本为f,不变的边际成本为$1/\varphi$,q为产品产量。

企业在进行数字化转型后,由于其对固定资产如工业机器人、自动化机器设备等的大规模投资,因此,企业的固定成本支出增加,设定固定成本支出的系数为η,那么,数字化转型企业的总成本函数如式(4-5)所示[1]。

---

[1] 此处的总成本指的是企业刚进行数字化转型的初始成本,不包含数字化转型后进行生产的成本。

$$TC_2 = f\eta + \frac{q}{\varphi} \qquad (4\text{-}5)$$

假定企业员工的工资 w=1，产品市场为垄断竞争市场。厂商的产品定价如式（4-6）所示。

$$p(\varphi) = \frac{w}{\rho\varphi} = \frac{\sigma}{(\sigma-1)\varphi} \qquad (4\text{-}6)$$

因此，对于未进行数字化转型的企业，其利润表达式如式（4-7）所示。

$$\pi_1(\varphi) = r(\varphi) - TC_1(\varphi) = \frac{r(\varphi)}{\sigma} - f = \frac{R(P\rho\varphi)^{\sigma-1}}{\sigma} - f \qquad (4\text{-}7)$$

对于数字化转型的企业，其利润表达式如式（4-8）所示。

$$\pi_2(\varphi) = r(\varphi) - TC_2(\eta,\varphi) = \frac{r(\varphi)}{\sigma} - f\eta = \frac{R(P\rho\varphi)^{\sigma-1}}{\sigma} - f\eta \qquad (4\text{-}8)$$

（3）企业的创新选择。创新主体可通过与外界进行知识交流与学习，实现企业创新，从而实现生产率的增长。假定企业研发创新活动成功后，生产率提升至 $\kappa\varphi$。为简便起见，假定企业研发投入水平为 $\lambda = \kappa^{\sigma-1}$。因此，未进行数字化转型企业及数字化转型企业的利润表达式如式（4-9）和式（4-10）所示。

$$\pi_1(\varphi) = \frac{R\lambda(P\rho\varphi)^{\sigma-1}}{\sigma} - f \qquad (4\text{-}9)$$

$$\pi_2(\varphi) = \frac{R\lambda(P\rho\varphi)^{\sigma-1}}{\sigma} - f\eta \qquad (4\text{-}10)$$

企业数字化转型后，由于研发过程中的知识交流与学习变得更加便捷，因此，创新主体的知识交流效率 m_c 和知识学习效率 m_s 均与数字化转型程度成正比例关系（Forman 和 Zeebroeck，2012）。设定研发投入水平的表达式如式（4-11）所示。

$$\lambda = (m_c + m_s)\theta \qquad (4\text{-}11)$$

其中，θ 为创新主体产生创意与想法的能力，可理解为研发的边际投入成本。设定成本投入系数为 b，b 和 θ 的表达式如式（4-12）和式（4-13）所示。

$$b = \frac{1}{m_c + m_s} \quad (4\text{-}12)$$

$$\theta = b\lambda \quad (4\text{-}13)$$

根据前文所述，数字化转型提升了创新主体进行知识交流与学习的效率，即 $m_c^2 > m_c^1$，$m_s^2 > m_s^1$，因此，$b_2 < b_1$。

（二）模型均衡分析

企业的利润最大化表达式如式（4-14）和式（4-15）所示。

$$\pi_1(\varphi) = \max_\lambda \left\{ \frac{R\lambda_1(P\rho\varphi)^{\sigma-1}}{\sigma} - f - \frac{1}{2}b_1\lambda_1^2 \right\} \quad (4\text{-}14)$$

$$\pi_2(\varphi) = \max_\lambda \left\{ \frac{R\lambda(P\rho\varphi)^{\sigma-1}}{\sigma} - f\eta - \frac{1}{2}b_2\lambda_2^2 \right\} \quad (4\text{-}15)$$

因此，将式（4-14）和式（4-15）对 λ 进行一阶求导，得到式（4-16）和式（4-17）。

$$\lambda_1 = \frac{R(P\rho\varphi)^{\sigma-1}}{\sigma b_1} \quad (4\text{-}16)$$

$$\lambda_2 = \frac{R(P\rho\varphi)^{\sigma-1}}{\sigma b_2} \quad (4\text{-}17)$$

由于 $b_2 < b_1$，因此，$\lambda_2 > \lambda_1$。这说明，随着企业数字化转型程度的提升，企业的研发投入水平也相应得到提升。

本节通过在异质性企业技术选择模型中区分数字化转型企业与未进行数字化转型企业对数字化转型节约企业研发边际成本，从而提升企业研发投入水平的作用机理进行了刻画。设定进行数字化转型的企业具有相对较高的知识交流效率和学习效率，而知识交流效率与知识学习效率的提升有利于降低企业边际研发成本，因此设定知识交流效率与学习效率之和与企业进行研发生产的成本投入系数成反比例关系。在对均衡条件求解后，得到企业研发投入水平与企业研发成本投入系数之间呈负向相关关系，即随着企业研发成本投入系数的增大，企业研发投入水平将显著降低。同时，由于进行数字化转型的企业具有相对较低的边际成本投入系数，因此，本小节从数字化转型的角度验证了数字经济发展对制造业研发投入水平提升的促进作用。

基于此，本书认为，数字经济发展对制造业研发投入水平的提升具有促进效应。

三、数字经济发展对研发投入水平的异质性影响

（一）企业所有权性质

所有权性质直接关乎企业在市场竞争中的决策与目标，一般而言，大部分国有企业承担着诸多政策性目标，其参与市场竞争的决策可能偏离利润最大化决策。因此，在探究数字经济发展对企业研发投入水平的影响时，有必要厘清这种促进效应在企业所有权性质不同时的异质性。

本书认为，与国有企业相比，非国有企业面临的市场竞争更为激烈，往往具备更强的创新动力。首先，与国有企业的强政治联结属性相比，非国有企业的政治联结属性较弱，因此，非国有企业不得不进行难度高、风险大及周期长的研发创新活动，只有积极参与市场竞争才能在数字经济时代抢占市场份额。其次，与非国有企业面临的来自股东的强监管不同，国有企业具有所有者缺位及委托代理环节过多等特征，导致国有企业经营者具有相对更低的努力水平和创新激励。国有企业的管理者往往难以享受企业剩余所有权，企业进行研发创新活动的收益并不与其所获的激励正相关。即使企业具有获取研发资金的能力，但内生的创新动力不足将

产生企业创新惰性。国有企业的管理者由于国有企业的预算软约束的特点，可能更多地利用企业资源开展寻租活动，从而挤占企业的研发创新投入（Sturzenegger 和 Tommasi，1994；Lenway 等，1996）。因此，国有企业相对于非国有企业，呈现出更低的研发创新意愿。再次，由于国有企业不完全具有独立自主和自负盈亏的企业属性，诸多决策受到政府政策目标的干预，导致其进行资源市场化配置的效率较低。例如，在企业进行数字化转型过程中，部分低技能劳动力可能被工业智能化所替代，相对于非国有企业，国有企业更不容易出现对低技能劳动力的替换。这就降低了企业内部的资源配置效率，不利于企业进行研发创新活动。随着数字经济的迅猛发展，产品、技术及服务更新迭代的速度也日益提升，市场竞争愈发激烈。非国有企业唯有借助数字化转型，提升自身的研发创新能力，积极参与市场竞争，才能避免被优胜劣汰的市场机制淘汰。

基于此，本书认为，相较于国有企业，数字经济发展对研发投入水平的提升效应在非国有企业样本中更显著。

（二）政府补助

企业获得政府补助的多少不仅影响企业的资金约束，而且由于得到政府的支持，能够向市场传递企业的利好信息，从而影响企业的研发决策。数字经济发展通过降低企业生产成本和交易成本提升企业研发投入水平，而企业资金充裕度的提升与市场信息不对称的缓解有助于降低企业成本，因此，有必要深入分析政府补助对数字经济发展促进研发投入水平提升的异质性影响效应。

与获得政府补助金额较低的企业相比，获得较高政府补助的企业能够为企业研发创新提供资金来源，同时缓解企业与金融机构之间的信息不对称程度（陈利等，2022）。削减企业生产成本和交易成本能够为研发创新活动提供充足的资金保障，企业成本的节约拓展了剩余资源的可用范围，政府补助则较为直接地为企业提供了资金补给，有利于企业研发投入水平的提升，尤其是在数字经济发展的背景下。这是由于随着数字经济的发展，消费者对最终产品知识密度的要求日益提高，企业进行研发创新活动的门槛也相应增高，此时企业进行研发创新更依赖于充足的资金保障，而较高的政府补助恰好在一定程度上提供了这一条件。

与获得较低政府补助金额的企业相比，获得较高政府补助金额的企业能够降低研发过程的不确定性风险。这是由于政府部门对企业的高额政府补助能够形成一种信号机制，向市场传递政府对企业的看好程度。由于研发创新活动本身具有较高的风险特征，此外，研发周期长及研发过程不可逆等特征也决定了高研发密度企业面临着较高的不确定性。高额政府补助向市场传达了政府对该企业的隐性担保信号，同时，也一定程度上降低了企业知识泄露等研发活动的风险性。投资机构和金融部门将获取高额政府补助与企业研发成功概率的提升相互绑定，认为获取政府补助金额越大的企业，研发过程中发生知识产权纠纷和研发失败的可能性较低，从而在企业进行对外融资或贷款时，能够降低金融机构放贷所面临的债务违约风险（贺炎林和单志诚，2019）。尤其是在数字经济高速发展的时代，数字技术在骈兴错出的同时，也加速了产品更新迭代的速度，一旦研发过程遇到阻碍，陷入停滞，就可能引致研发失败或重复研发，失去竞争优势，从而被挤出市场。因此，在数字经济发展过程中，降低研发不确定性，加速研发进程极为重要，而高额的政府补助能够向市场传递企业的这一正面信息，吸引研发投资，从而降低研发风险，促进研发投入水平提升。

基于此，本书认为，相较于政府补助较低的企业，数字经济发展对研发投入水平的提升效应在政府补助较高的企业中更显著。

（三）知识产权保护

一个地区知识产权保护度的高低不仅影响企业的研发创新热情，而且对于缓解市场信息的不对称性具有重要的作用（吴超鹏和唐菂，2016）。由于数字经济发展提升研发投入水平的程度受到企业自身研发创新热情及市场竞争的影响,因此,有必要深入明晰知识产权保护度对提升数字经济发展促进研发投入水平的异质性影响。

与处于低知识产权保护度地区的企业相比,高知识产权保护度有助于激发企业的研发创新热情。数字经济的发展使企业之间信息的共享更为方便快捷,企业能够通过强大的数字经济网络实现知识的充分交流、吸收与完善。与此同时,知识的流动会带来溢出效应,数字经济为低研发密度企业提供了吸收知识溢出的渠道,缩短了其进行知识吸收与改造的时间。倘若缺乏有效的知识产权保护,将大幅降低其进行模仿和创新的成本,而且激烈的市场竞争也有可能降低其自主研发的动力。因此,便捷的知识网络可能使低研发密度企业产生创新惰性,削弱市场的研发创新活力与热情。此外,知识溢出的外部性倘若得不到知识产权有效的保护,市场中的"搭便车"行为将严重损害开展研发活动企业的创新收益,这也将降低高研发密度企业的研发创新动力(Smith和Mann,2004)。因此,本书认为通过激发企业创新热情,知识产权保护能够放大数字经济发展对研发投入水平的提升作用。

与处于低知识产权保护度地区的企业相比,高知识产权保护度有助于减小信息不对称性,缓解融资约束程度。一个地区的知识产权保护程度越高,处于该地区的企业就越有可能披露其研发创新活动的信息。这是由于有效的知识产权保护减小了其披露研发信息的担忧,完善的知识产权保护制度能够对其专利或知识成果的申请与转化提供必要的支持。虽然,数字经济发展依靠强大的信息网络与先进的数字化技术,有效降低了市场中各经济主体的信息不对称程度,倘若缺乏有效的知识产权保护,企业依然对披露自身研发信息与研发进程存在顾虑,自主披露的有效信息也将有所保留。而企业自主披露的有效研发信息的增多,有利于其他企业、金融机构和投资者增加对该企业的了解,更为准确地评估该企业的成长性与潜能,从而使企业可能面临的融资约束得到缓解。融资约束程度的降低将进一步为企业进行研发创新活动提供资金支持,强化数字经济发展对研发投入水平的提升作用。

基于此，本书认为，相较于知识产权保护度较低地区的企业，数字经济发展对研发投入水平的提升效应在知识产权保护度较高地区的企业中更显著。

第二节 实证分析

通过前述数字经济发展对研发投入水平的理论分析可知，数字经济发展通过降低企业成本，从而提升制造业企业研发投入水平，并且这种提升作用在不同企业所有制、不同政府补助金额及不同知识产权保护度的企业中具有异质性影响。而上述理论分析能否得到现实数据的支持，还需要进行实证分析做出进一步回答。本节首先检验数字经济发展对企业研发投入水平的提升效应。

一、模型设定与变量定义

（一）模型设定

为了实证检验上述理论分析，本书建立如式（4-18）所示的模型对其进行实证分析。

$$R\&D_{it} = \beta_0 + \beta_1 Dige_{it} + \beta_2 controls_{it} + \mu_i + \mu_t + \mu_p + \mu_{ind} + \mu_{ind} \times \mu_t + \varepsilon_{it} \quad (4\text{-}18)$$

其中，i 为企业个体，p 为省份，t 为年份。被解释变量 R&D 为企业研发投入水平，核心解释变量 Dige 为省份层面的数字经济发展水平。Controls 为企业和省份层面控制变量的集合，μ_i、μ_t、μ_p 和 μ_{ind} 分别为企业、年份、省份和行业固定效应，将其纳入基准回归模型中，以避免相关不可观测因素对实证结果的干扰。此外，本书还进行更严格的固定效应控制，

$\mu_{ind} \times \mu_t$ 为行业与年份交互固定效应,以控制随年份变化的行业层面的因素对企业研发投入水平的影响。ε_{it} 为随机扰动项。

(二) 变量定义与处理

(1) 被解释变量。考虑到制造业上市企业数据的可获得性,本书采用一般研究的做法,选取研发投入水平作为本书的被解释变量,用企业研发支出与营业收入的比值衡量。

(2) 核心解释变量。本章的核心解释变量为数字经济发展水平,数字经济发展指标体系如表4-1所示。

表 4-1 数字经济发展指标体系

一级指标	二级指标	具体测算指标
数字经济发展载体	数字基础设施	(X1) 光缆覆盖率:光缆长度、省域面积
		(X2) 移动电话基站覆盖率:基站数量、省域面积
		(X3) 移动电话普及率
		(X4) 互联网宽带接入用户数
		(X5) 互联网网站数
		(X6) 互联网网页数
		(X7) 互联网域名数
数字产业化	数字化产业规模	(X8) 电信业务总量
		(X9) 电子信息制造业主营业务收入
		(X10) 软件业务收入
	数字化产业质量	(X11) 互联网百强企业数量
		(X12) ICT 上市企业数量
产业数字化	服务业数字化	(X13) 数字普惠金融指数
		(X14) 电子商务销售额
		(X15) 电子商务采购额
		(X16) 有电子商务活动的企业占比
		(X17) 快递业务量
	工业数字化	(X18) 工业机器人安装量
		(X19) 工业机器人保有量
数字经济发展环境	数字经济政策	(X20) 数字化转型的相关法规的文本数量

具体来看，在第三章的分析中，本书分别从数字经济发展载体、数字产业化、产业数字化及数字经济发展环境四个方面构建了数字经济发展指标体系。其中，将产业数字化按照我国三大产业划分为农业数字化、服务业数字化和工业数字化。由于制造业企业是我国研发创新活动的主要经济主体，服务业尤其是生产性服务业的发展为制造业创新提供了高质量的中间品和服务。因此，本书第四至第六章的数字经济发展指标仅从服务业数字化和工业数字化两个方面衡量产业数字化水平[①]。在构建本章的数字经济发展指标体系后，对表4-1中的指标运用熵权—Topsis方法进行合成，得到数字经济发展综合指数。

（3）控制变量。依据黎文靖和郑曼妮（2016）的研究，企业层面控制变量主要为上市企业与创新活动有关的财务变量。省份层面的控制变量主要选取经济发展水平（Realpergdp）、对外贸易依存度（Ex）、政府干预（Fisc）及产业结构（Industry）。变量定义如表4-2所示。

表4-2 变量定义

变量分类	变量名称	变量符号	变量定义
被解释变量	研发投入水平	R&D	企业研发支出与营业收入之比[②]
核心解释变量	数字经济发展水平	Dige	数字经济发展水平综合指数
控制变量 企业层面控制变量	企业规模	Asset	采用企业总资产的对数衡量
	企业员工人数	Labor	取对数衡量
	企业成立年龄	Age	取对数衡量
	净资产收益率	Roa	企业净利润与股东权益余额之比
	资产负债率	Lev	企业负债总额与资产总额之比
	托宾Q值	TobinQ	企业市值与资产总额之比
	固定资产占比	Tangibility	固定资产净额与资产总额之比

---

① 考虑到高新技术企业工业总产值与本章及后续两章的被解释变量可能存在反向因果关系，因此，在本章及后续章节对数字经济进行刻画时，将第三章数字经济发展综合系统中的该指标进行剔除，尽量缓解模型中可能存在的内生性问题。
② 由于企业研发投入水平的值相对较小，本书对其进行放大100倍处理。

续表

变量分类		变量名称	变量符号	变量定义
控制变量	省份层面控制变量	经济发展水平	Realpergdp	实际GDP与平均常住人口之比,取对数衡量
		对外贸易依存度	Ex	进出口总额与GDP之比
		政府干预	Fisc	地方公共财政支出与GDP之比
		产业结构	Industry	第三产业产值与GDP之比

(三) 数据来源与样本选择

为兼顾数据的可得性与指标选取的科学性,本书选取2013—2018年为样本区间,构建省份与企业层面相结合的面板数据,企业层面的数据均来源于Wind数据库和国泰安数据库,选取制造业行业的A股上市公司作为总样本。之所以聚焦制造业企业,是由于制造业企业是中国创新活动的主要经济主体,并且促进制造业高质量发展是当前重要的经济任务之一。省份层面的数据主要来源于《中国统计年鉴》、《中国科技统计年鉴》、《中国电子信息产业统计年鉴》、各省统计年鉴、国家统计局网站、国际机器人联合会(IFR)、Wind数据库、国泰安数据库、中经网数据库、北大法宝网站、国家邮政局官网、中国互联网协会、工业和信息化部。其中,数字经济政策文本数据来源于北大法宝网站,经手工收集获得。数字普惠金融指数由北京大学数字金融研究中心和蚂蚁金服集团共同编制得到(郭峰等,2020)。所有价格变量均采用相应平减指数以2012年为基期以消除价格因素的干扰。为剔除异常值的干扰,对连续变量均进行上下各1%的缩尾处理。在实证中剔除变量数据缺失严重、被ST和ST*标记的制造业上市企业样本,共得到9597个公司的年数据。

二、基准回归结果分析

（一）特征性事实

在实证分析开始之前，首先对本章的核心解释变量（Dige）与被解释变量（R&D）之间的特征事实进行简单刻画，以明晰二者之间的关系。本书主要从数字经济发展与研发投入水平之间的时序特征与空间格局两方面进行分析[①]。

（1）时序特征。在图4-2中，实线表示研发投入水平在样本期间内的变化趋势，虚线表示各省份数字经济发展水平的变化趋势。二者在样本区内均呈现增长趋势，这表明，数字经济发展与研发投入水平在2013—2018年均得到了显著提升。数字经济发展水平均值从2013年的0.1648增长至2018年的0.3282，制造业上市企业的研发投入均值相应从2013年的0.4191增长至2018年的0.4787。通过时序特征的分析，初步验证了数字经济发展与制造业研发投入水平之间存在正相关关系。

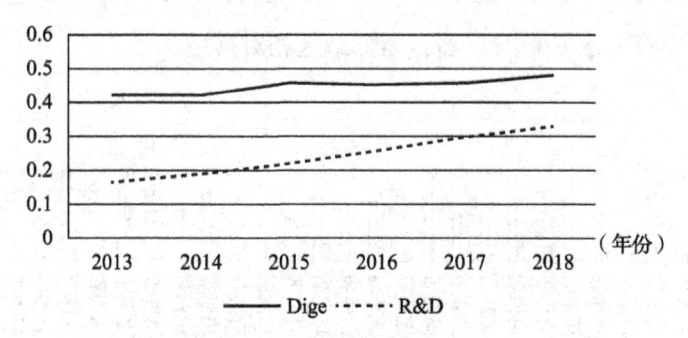

图4-2 数字经济发展与研发投入水平的时序特征

（2）空间格局。图4-3反映了我国2013—2018年各省、区、市的数字经济发展水平与研发投入水平的均值。首先观察各省、区、市的研发投

---

① 在绘图时，研发投入水平的均值根据数字经济发展水平的均值进行倍数调整，使其能够在图中清晰展示。

入水平均值。可以发现，研发投入水平均值较高的省市有陕西省、北京市、湖北省、海南省、天津市及广东省等。这意味着上述省市在样本期间内对研发投入较为重视，研发投入强度较高。需要注意的是，由于本书以企业研发投入与营业收入之比表征研发投入水平，刻画的是相对投入而非绝对投入。因此，虽然海南省的研发投入绝对数值在全国范围内较低，但相对于其省份的收入而言，海南省的研发投入强度较高。这在一定程度上也与事实相符。数据显示，海南省的研发经费增长了 7.15 倍，增速高居全国第一。[①] 研发投入水平均值较低的省、区、市有宁夏回族自治区、青海省、广西壮族自治区和甘肃省等。上述省、区、市均位于我国西部地区，我国西部地区的企业由于受地理位置和要素禀赋等因素的限制，一方面，企业面临的市场竞争强度相对较低，开展研发活动的动力不足；另一方面，由于营商环境相对恶劣，致使企业进行研发创新活动的要素投入较为匮乏，不足以支撑高强度研发项目的开展。此外，从图 4-3 还可发现，数字经济发展与研发投入水平都相对较高的省市主要有广东省、北京市、上海市、江苏省和浙江省。上述省市均处于我国东部地区，并且属于我国经济较发达的省市。以上空间格局的分析表明，我国东部地区的数字经济发展与研发投入水平相对较高，西部地区相对落后。

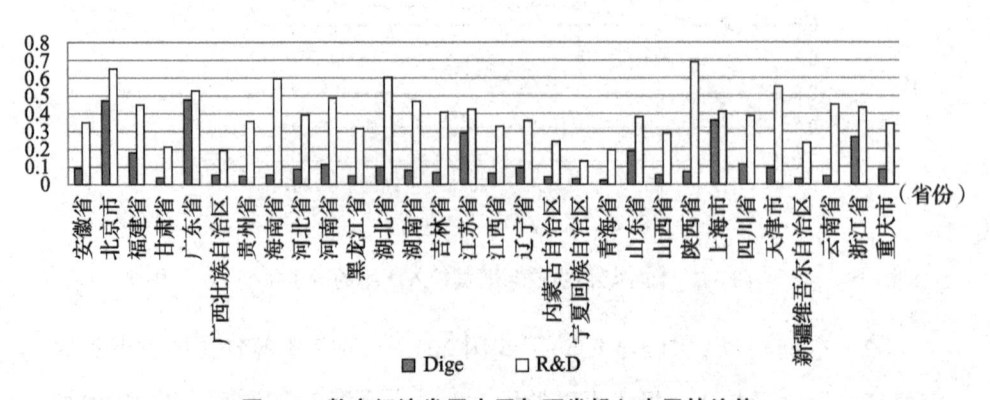

图 4-3 数字经济发展水平与研发投入水平的均值

---

① 数据基于国家统计局的数据计算得到。

（二）基准回归分析[①]

表 4-3 采用逐步回归方法给出了数字经济发展影响制造业企业研发投入水平的基准回归结果。第（1）列为未纳入任何控制变量和固定效应的回归估计结果。数字经济发展 Dige 的回归系数估计值为 3.3751，在 1%（t=10.8499）的水平上显著，表明数字经济发展对企业研发投入水平具有显著的正向促进作用。第（2）列在第（1）列的基础上纳入省份层面的控制变量、省份固定效应和年份固定效应。数字经济发展 Dige 的回归系数估计值为 1.7847，在 1%（t=2.8478）的水平下显著。在第（2）列的基础上，第（3）列进一步控制企业层面的控制变量和企业固定效应，数字经济发展 Dige 的回归系数估计值为 1.6175，在 1%（t=2.8069）的水平下显著。第（4）列是控制条件最为严格的回归估计结果。考虑到行业特征及行业层面随时间改变的因素对回归估计结果的干扰，本书在第（4）列中控制行业固定效应、行业与年份交互固定效应。第（4）列中数字经济发展 Dige 的回归系数估计值为 1.7025，依然在 1%（t=2.6802）的水平下显著。这说明在最严格的控制条件下，数字经济发展依然能显著促进企业研发投入水平的提升。

表 4-3 基准回归结果

变量	（1）R&D	（2）R&D	（3）R&D	（4）R&D
Dige	3.3751***	1.7847***	1.6175***	1.7025***
	(10.8499)	(2.8478)	(2.8069)	(2.6802)
Asset	—	—	0.0440	0.0148
			(0.4316)	(0.1444)
Labor	—	—	0.0004	0.0108
			(0.0038)	(0.1077)
Age			-2.0832***	-1.6037**
			(-3.0723)	(-2.2567)

[①] 表 4-3 中基准回归结果中样本量不一致的原因在于：在控制多维固定效应进行回归时软件自动剔除了单例数据。自动剔除的样本比例较低，不影响回归结果。

续表

变量	(1) R&D	(2) R&D	(3) R&D	(4) R&D
Roa	—	—	−3.4893***	−3.5012***
			(−13.2826)	(−12.9201)
Lev	—	—	−1.8653***	−1.7459***
			(−5.5529)	(−5.4740)
TobinQ	—	—	−0.0121	−0.0147
			(−0.4320)	(−0.5180)
Tangibility	—	—	0.7172*	0.7506**
			(1.9243)	(2.0687)
Realpergdp	—	1.6806	−0.9350	−1.2274
		(1.5507)	(−0.8233)	(−1.1181)
Ex	—	0.1527	0.0968	0.1550
		(0.6200)	(0.3710)	(0.5745)
Fisc	—	−2.8906*	−4.1138**	−3.8714**
		(−1.7346)	(−2.5801)	(−2.3986)
Industry	—	3.2211**	4.6599***	4.5619***
		(2.0388)	(3.3331)	(3.3011)
常数项	3.4890***	−15.9823	18.6703	20.9846
	(37.5204)	(−1.3128)	(1.4212)	(1.6420)
观测值	9597	9597	9485	9482
R^2	0.0270	0.0648	0.8717	0.8754
企业固定效应	未控制	未控制	控制	控制
年份固定效应	未控制	控制	控制	控制
省份固定效应	未控制	控制	控制	控制
行业固定效应	未控制	未控制	未控制	控制
行业×年份固定效应	未控制	未控制	未控制	控制

注：*、**、***分别表示在10%、5%和1%的水平下显著，使用"省份—年份"维度聚类调整得到聚类稳健标准误，括号内为t值。

观察第（4）列中控制变量的回归估计结果，在省份层面的控制变量中，政府干预（Fisc）的回归系数估计值为−3.8714，在5%（t=−2.3986）的水平下显著。这表明，政府干预显著抑制制造业上市企业研发投入水平的提升。这可能是由于：当一个地区的政府财政支出占GDP比重越高时，代表这一地区较依赖于政府对市场的调控作用。而由于政府的调控作用难以完全取代市场的"看不见的手",因此,可以认为,该地区良性的市场竞争机制尚未达到较为成熟的阶段,难以激发企业的创新意愿。此外,政府财政支出的调控力度过大可能引发资源错配,从而降低企业研发投入水平。产业结构(Industry)的回归系数估计值为4.5619,在1%(t=3.3011)的水平下显著。这表明第三产业占GDP比重的增加有利于促进制造业企业研发投入水平的提升。这可能是由于服务业规模的扩张为制造业发展提供了良好的创新环境,尤其是生产性服务业。通过为制造业提供高质量的中间品供给,为制造业专注于研发创新活动提供了条件保障。

观察企业层面控制变量的估计结果。从表4-3第(4)列中的结果可知,企业年龄(Age)、净资产收益率(Roa)及资产负债率(Lev)的回归系数估计值均为负值,并且都至少在5%的水平下显著。这表明,企业年龄、净资产收益率和资产负债率都显著抑制了制造业企业研发投入水平的提升。由于数字经济发展迅猛,市场环境瞬息万变,企业年龄越大,企业进行转型升级需要突破的桎梏越多,越会阻碍研发创新活动的进行。资产负债率越高,表明其面临较高的融资约束,难以支撑高水平的研发投入。净资产收益率的回归系数估计值显著为负,本书认为这可能是由于企业净资产收益率的创新激励效应存在时滞(林洲钰和林汉川,2013)。企业的固定资产占比(Tangibility)的回归系数估计值显著为正。企业进行研发创新活动的融资往往需要将企业的固定资产作为抵押,因此,在企业的资本结构中,固定资产占比越高,越有利于企业研发创新活动的开展。

三、附加性检验

(一)内生性问题

本书探究的核心问题是省份层面的数字经济发展对企业层面的研发投入水平的影响。这样的面板数据结构虽然能够相对缓解模型中可能存在的内生性的干扰，但为稳健起见，本书通过采用工具变量法和反向因果检验的方式，尽量排除基准回归模型中可能存在的内生性问题对实证结果的干扰。

（1）工具变量法。表4-4给出了运用工具变量法检验得到的回归估计结果。首先，借鉴黄群慧等（2019）的研究，将1984年各地区单位人口拥有的邮局数目与全国范围内上一年的互联网投资额的交互项（Intpost）作为数字经济发展的工具变量。这样选取的依据在于：各地区早期（1984年）的人均邮局数目对当期的制造业上市企业的研发投入水平的影响正在消失，并且人均邮局数目反映了地区的数字化初始禀赋，与当期的数字经济发展关系紧密。为了构造随时间变化的工具变量，将其与全国上一年的互联网投资额进行交互。因此，Intpost满足了工具变量的外生性及与解释变量Dige具有强相关性的要求，可以认为交互项Intpost是有效的工具变量。根据两阶段最小二乘法的回归估计结果，从第（1）列中可以看到，Wald F统计量的值为634.239，远远大于10，表明工具变量与核心解释变量Dige具有强关联性。数字经济发展水平Dige的系数估计值为6.5350，在5%（t=2.1220）的水平下显著。这表明，在缓解了基准回归模型内生性问题的基础上，数字经济发展依然显著促进研发投入水平提升。其次，表4-4中第（2）列是以滞后一期的数字经济发展水平（LDige）为工具变量的两阶段最小二乘法的估计结果。数字经济发展水平的系数估计值为3.5311，在1%（t=2.6640）的水平下显著。再次，本书还借鉴陈诗一和陈登科（2018）的研究思路，选取省级《政府工作报告》中数字经济关键词的词频占比（zfgz）[①]作为数字经济发展的工具变量。选取其作为工具变量的理由如下：一方面，在省级《政府工作报告》中，数字经济关键词的出现频率能够在一定程度上衡量各地区对数字经济发展的重视程度，政

[①] 通过研读历年省级《政府工作报告》，根据数字经济的定义，经由人工筛选得到数字经济的相关词汇，主要包含"智慧+""智能+""数据+""数字+""云平台""区块链""物联网"等208个相关词语。

府政策的干预能够显著影响地区数字经济发展，因此，词频占比与数字经济发展水平具有强相关性；另一方面，省级《政府工作报告》一般于年初制定，模型中的变量均为年末指标，存在反向因果干扰的可能性较低。因此，本书认为数字经济的关键词词频占比能够作为数字经济发展的有效工具变量。表4-4第（3）列中展示了以LDige与zfgz同时作为工具变量的两阶段最小二乘法估计结果。Hansen J统计量的结果表明，工具变量的外生性得到了满足。Wald F统计量的值为2155.251，说明工具变量不是弱工具变量。数字经济发展水平的系数估计值为3.4395，在5%（t=2.5677）的水平下显著。综合以上分析，本书在采用多种工具变量缓解模型可能存在的内生性问题后，基准回归估计结果依然成立。

表 4-4 工具变量法检验

变量	（1）R&D	（2）R&D	（3）R&D
Dige	6.5350** (2.1220)	3.5311*** (2.6640)	3.4395** (2.5677)
Asset	−0.0137 (−0.1256)	−0.0210 (−0.1443)	−0.0204 (−0.1402)
Labor	0.0003 (0.0027)	0.1477 (1.2582)	0.1479 (1.2596)
Age	−1.5201** (−2.0194)	−1.6401* (−1.9240)	−1.6405* (−1.9241)
Roa	−3.4543*** (−12.2442)	−3.4990*** (−11.5913)	−3.4998*** (−11.5942)
Lev	−1.7603*** (−5.5146)	−1.8208*** (−4.3533)	−1.8208*** (−4.3534)
TobinQ	−0.0222 (−0.7862)	−0.0107 (−0.2994)	−0.0106 (−0.2968)
Tangibility	0.7515** (2.0619)	0.8349* (1.8410)	0.8344* (1.8409)
Realpergdp	−1.5577 (−1.3159)	0.2668 (0.1934)	0.2639 (0.1913)
Ex	0.9004 (1.2983)	0.6105 (1.5133)	0.5952 (1.4754)

续表

变量	（1）R&D	（2）R&D	（3）R&D
Fisc	−4.3166** (−2.1531)	−4.8713** (−2.5472)	−4.8802** (−2.5596)
Industry	5.6076*** (3.1757)	7.6225*** (3.9697)	7.6164*** (3.9738)
Hansen J	—	—	0.3390 （0.5606）
Wald F	634.239	4090.643	2155.251
观测值	9482	6762	6762
R^2	0.0402	0.0542	0.0542
企业固定效应	控制	控制	控制
年份固定效应	控制	控制	控制
省份固定效应	控制	控制	控制
行业固定效应	控制	控制	控制
行业×年份固定效应	控制	控制	控制

注：*、**、*** 分别表示在 10%、5% 和 1% 的水平下显著，使用"省份—年份"维度聚类调整得到聚类稳健标准误，括号内为 t 值。

（2）反向回归法。虽然上文已用工具变量法在一定程度上缓解了反向因果与遗漏变量问题带来的内生性干扰，但为稳健起见，本书进一步借鉴 Jiang 等（2016）的做法，通过式（4-19）探究研发投入水平提升是否可以引起地区数字经济发展水平的显著变化。

$$\Delta Dige_t = \beta_0 + \beta_1 R\&D_{t-1} + \beta_2 Realpergdp_{t-1} + \beta_3 Ex_{t-1} + \beta_4 Fisc_{t-1} + \beta_5 Industry_{t-1} + \mu_t + \mu_p + \varepsilon \quad (4\text{-}19)$$

其中，$\Delta Dige_t$ 为各地区数字经济发展水平的变化量；$R\&D_{t-1}$ 为 t−1 期的研发投入水平，采用该地区制造业企业研发投入水平的平均值（$R\&D_{t-1}^{Mean}$）及中位数（$R\&D_{t-1}^{Median}$）进行衡量；其余变量均为 t−1 期基准回归中地区层面的控制变量。μ_t 为年份固定效应，μ_p 为省份固定效应。这一检验的研究样本依然为基准回归中所用的样本，但需将基准回归中省份与企业匹配得到的样本转换为省份层面的样本，得到省份层面上市企业研发投入水平的平均值（$R\&D_{t-1}^{Mean}$）及中位数（$R\&D_{t-1}^{Median}$）。这一检验的逻辑在于：

如果研发投入水平对数字经济发展水平的变化无显著影响，那么在回归结果中应观测到R&D的回归系数估计值未通过显著性水平的检验，这也就缓解了基准回归结果的内生性干扰。反向因果内生性检验如表 4-5 所示。

表 4-5 反向因果内生性检验

变量	（1）Dige	（2）Dige
$R\&D_{-1}^{Mean}$	−0.0042 （−1.5560）	—
$R\&D_{-1}^{Median}$	—	0.0014 （0.7282）
$Realpergdp_{-1}$	−0.1011 （−1.5751）	−0.1048* （−1.7435）
Ex_{-1}	0.0236* （1.9832）	0.0222* （2.0110）
$Fisc_{-1}$	0.0185 （0.2594）	0.0279 （0.4347）
$Industry_{-1}$	−0.1033 （−1.4014）	−0.1048 （−1.4161）
常数项	1.1655 （1.6031）	1.1846* （1.7390）
观测值	150	150
R^2	0.6291	0.6218
省份、年份固定效应	控制	控制

注：*、**、*** 分别表示在10%、5%和1%的显著性水平下显著，使用省份维度聚类调整得到聚类稳健标准误，括号内为 t 值。

表 4-5 中第（1）列给出的是 $R\&D_{t-1}^{Mean}$ 对数字经济发展水平变化的回归估计结果。$R\&D_{t-1}^{Mean}$ 的回归系数估计值为 −0.0042，t 值为 −1.5560，未通过显著性水平检验。第（2）列给出了 $R\&D_{t-1}^{Median}$ 对数字经济发展水平变化的回归估计结果。$R\&D_{t-1}^{Median}$ 的回归系数估计值同样未通过显著性水平检验。以上结果表明，研发投入水平的提升并不能预测地区的数字经济发展水平。这意味着数字经济发展对制造业企业研发投入水平的提升效应并不是由反向因果的内生性问题引起的。

（二）稳健性检验

为了保证基准回归结果的可信度，本书采用多种方式，对其进行稳健性检验，如表4-6所示。

表4-6 稳健性检验

变量	（1）R&D	（2）R&D	（3）R&D	（4）R&D
Dige2	2.2713** (2.4807)	—	—	—
$Dige_{-1}$	—	1.8912** (2.4990)	—	—
Dige	—	—	2.3344*** (3.2646)	2.2921*** (3.0155)
Asset	0.0193 (0.1886)	−0.0065 (−0.0448)	0.0761 (0.6697)	−0.0870 (−0.7432)
Labor	0.0120 (0.1195)	0.1488 (1.2680)	0.0776 (0.7406)	0.0552 (0.5035)
Age	−1.6410** (−2.3135)	−1.6523* (−1.9306)	−0.2365 (−0.3288)	−0.7769 (−0.9903)
Roa	−3.5177*** (−12.9542)	−3.5095*** (−11.5863)	−3.0438*** (−6.4738)	−3.3575*** (−12.4252)
Lev	−1.7447*** (−5.4750)	−1.8396*** (−4.3962)	−0.8393* (−1.7814)	−1.4869*** (−4.8776)
TobinQ	−0.0139 (−0.4896)	−0.0083 (−0.2333)	−0.0022 (−0.0538)	0.0074 (0.2658)
Tangibility	0.7537** (2.0835)	0.8315* (1.8263)	0.9272** (2.2925)	0.4261 (1.2319)
Cr	—	—	0.1232*** (4.0984)	—
Kz	—	—	−0.0012 (−0.0312)	—
Realpergdp	−1.6903 (−1.5221)	0.1437 (0.1047)	−0.7643 (−0.7486)	−0.4032 (−0.3177)
Ex	−0.1876 (−0.6758)	0.3546 (0.9430)	0.5266* (1.8147)	0.2088 (0.5241)

续表

变量	(1) R&D	(2) R&D	(3) R&D	(4) R&D
Fisc	−3.4449** (−2.1656)	−5.0495*** (−2.6500)	−2.8728* (−1.7018)	−4.2716*** (−2.6620)
Industry	3.8841*** (2.8427)	7.6352*** (4.0909)	4.0421** (2.0982)	4.8007*** (3.1677)
常数项	25.6126** (1.9972)	3.8670 (0.2447)	8.7107 (0.7223)	11.0105 (0.7542)
观测值	9482	6762	6236	8028
R^2	0.8754	0.8941	0.8764	0.8772
企业、年份固定效应	控制	控制	控制	控制
省份、行业固定效应	控制	控制	控制	控制
行业×年份固定效应	控制	控制	控制	控制

注：*、**、*** 分别表示在 10%、5% 和 1% 的水平下显著，使用"省份—年份"维度聚类调整得到聚类稳健标准误，括号内为 t 值。

具体做法如下。

（1）更换核心解释变量的衡量方式。更改基准回归中合成数字经济发展综合指数的方法，采用熵权—灰色关联—Topsis 方法，重新测算得到数字经济发展水平，并进行回归估计。表 4-6 第（1）列展示了回归估计结果。Dige2 的回归系数估计值为 2.2713，在 5%（t=2.4807）的水平下显著，说明在更换核心解释变量衡量方式的情况下，基准回归结果依然稳健。

（2）考虑数字经济发展的滞后效应。基准回归中未考虑数字经济发展对研发投入水平的滞后影响。企业进行研发决策调整可能具有时滞。因此，将滞后一期的数字经济发展水平替换当期数字经济发展水平，分析其滞后影响效应。表 4-6 第（2）列展示了回归估计结果。$Dige_{-1}$ 的回归估计系数为 1.8912，在 5%（t=2.4990）的水平下显著，说明数字经济发展不仅促进了当期研发投入水平的提升，而且还存在滞后激励效应。

（3）纳入更多控制变量。虽然基准回归模型在借鉴以往研究的基础上，纳入了主要的控制变量及非常严格的固定效应，但为稳健起见，继续在基准模型的基础上，纳入更多控制变量。新纳入的控制变量分别为：企业的流动性比率（Cr），采用企业流动资产与流动负债之比衡量；融资约束程度（Kz），借鉴魏志华等（2014）的研究，构建 Kz 指数衡量。表 4-6 中第（3）列展示了回归估计结果。在纳入更多控制变量后，核心解释变量 Dige 的回归系数估计值为 2.3344，在 1%（t=3.2646）的水平下显著，依然支持基准回归所得结论。

（4）剔除直辖市样本。由于中国直辖市所具有的要素禀赋和政策支持条件的特殊性，为了保证基准回归结论更具一般性，本书剔除直辖市样本，重新进行回归估计。结果如表 4-6 中第（4）列所示。核心解释变量 Dige 的回归系数估计值为 2.2921，在 1%（t=3.0155）的水平下显著，表明基准回归结论不受特殊样本的干扰，具有一般性特征。以上多种方式的稳健性检验结果表明，数字经济发展促进研发投入水平提升这一基准回归结论具有一定的可信度与稳健性。

（三）城市层面分析

上述分析均是基于省份与企业层面匹配得到的数据，为进一步加强回归结论的可信度，本书还采用精度更高的城市数据与制造业上市企业的微观数据进行匹配，探究城市层面的数字经济发展是否依然能够促进制造业上市企业研发投入水平的提升。需要说明的是，限于城市层面数据的可得性与指标选取的科学性，本书选用人均互联网宽带接入用户数、人均移动电话用户数、人均电信业务总量、数字普惠金融指数及数字经济政策供给强度 5 个指标，采用熵权—Topsis 方法合成城市层面的数字经济发展指数。考虑到数字经济发展水平的创新激励效应可能具有时滞，因此，本部分采用滞后一期的数字经济发展水平（$Dige_{-1}$）作为核心解释变量。被解释变量依然为研发投入水平。考虑到数据的可得性，城市层面的控制变量包括：经济发展水平（Realpergdp_c），采用以 2012 年为基期的城市实际人均 GDP 衡量；财政自给率（Fisb_c），采用地方一般公共预算收入与支出之比衡量；金融发展水平（Finance_c），采用金融机构存贷款余额与GDP之比衡量。其他变量与基准回归模型中一致。此外，本书不仅对城市、年份、省份和行业固定效应进行控制，而且还控制了行业与年份、省份与年份交互固定效应，尽可能地排除不可观测因素对回归结果的干扰。城市层面分析如表4-7所示。

表4-7　城市层面分析

变量	（1）R&D	（2）R&D	（3）R&D
$Dige_{-1}$	0.0153** (2.3310)	0.0167** (2.2708)	0.0169** (2.3358)
Asset	—	0.0003 (0.2813)	0.0003 (0.2810)
Labor	—	−0.0027*** (−3.1953)	−0.0027*** (−3.2016)
Age	—	−0.0117*** (−6.1825)	−0.0117*** (−6.1855)
Roa	—	−0.0282*** (−5.3035)	−0.0282*** (−5.3018)
Lev	—	−0.0274*** (−9.6525)	−0.0275*** (−9.6528)
TobinQ	—	0.0027*** (4.2715)	0.0027*** (4.2556)
Tangibility	—	−0.0088** (−2.1865)	−0.0087** (−2.1743)
Realpergdp_c	—	—	0.0144 (1.4762)
Fisb_c	—	—	−0.0017 (−0.2302)
Finance_c	—	—	−0.0012 (−0.9739)
常数项	0.0397*** (23.8947)	0.0978*** (5.0381)	−0.0569 (−0.5140)
观测值	4673	4673	4673
R^2	0.3467	0.4084	0.4085

续表

变量	（1）R&D	（2）R&D	（3）R&D
城市、年份固定效应	控制	控制	控制
省份、行业固定效应	控制	控制	控制
行业×年份固定效应	控制	控制	控制
省份×年份固定效应	控制	控制	控制

注：*、**、***分别表示在10%、5%和1%的水平下显著，使用"城市—年份"维度聚类调整得到聚类稳健标准误，括号内为t值。

表4-7中第（1）列为仅控制固定效应的回归估计结果。第（2）列在第（1）列的基础上纳入企业层面的控制变量，核心解释变量$Dige_{-1}$的回归系数估计值均通过了显著性检验，且为正值。在第（2）列的基础上，第（3）列进一步控制城市层面的控制变量。核心解释变量（$Dige_{-1}$）的回归系数估计值为0.0169，在5%（t=2.3358）的水平下显著。回归结果再次验证了数字经济发展对制造业企业研发投入水平的提升作用。

此外，为巩固以上回归结果，本书还对其展开了稳健性检验。城市层面的稳健性与内生性检验如表4-8所示。

表4-8 城市层面的稳健性与内生性检验

变量	（1）R&D	（2）R&D	（3）R&D
$Dige_{-1}$	0.0161** (2.0435)	—	0.0157** (2.1279)
$Dige2_{-1}$	—	0.0159** (2.2385)	—
Asset	0.0002 (0.2131)	0.0003 (0.3122)	0.0012 (1.0104)
Labor	−0.0017* (−1.8730)	−0.0027*** (−3.3059)	−0.0029*** (−2.9682)
Age	−0.0081*** (−3.4850)	−0.0116*** (−6.0799)	−0.0138*** (−6.8244)
Roa	−0.0346*** (−3.8838)	−0.0277*** (−5.1546)	−0.0246*** (−4.4631)
Lev	−0.0179*** (−2.9950)	−0.0272*** (−9.5685)	−0.0237*** (−7.8425)

续表

变量	（1）R&D	（2）R&D	（3）R&D
TobinQ	0.0025*** (4.0136)	0.0027*** (4.1904)	0.0033*** (4.6919)
Tangibility	−0.0119*** (−2.9065)	−0.0082** (−2.0461)	−0.0048 (−1.0532)
Soe	−0.0077*** (−4.3834)	—	—
Cr	0.0002 (0.3290)	—	—
Kz	−0.0012 (−1.6441)	—	—
Realpergdp_c	0.0192* (1.8193)	0.0158 (1.6293)	0.0166* (1.6781)
Fisb_c	0.0015 (0.1926)	−0.0033 (−0.4474)	−0.0022 (−0.3039)
Finance_c	0.0012 (0.9183)	−0.0008 (−0.6143)	−0.0013 (−1.1091)
Infrastructure_c	0.0218** (2.1292)	—	—
常数项	−0.1418 (−1.1976)	−0.0720 (−0.6546)	—
观测值	3391	4638	3897
R^2	0.4424	0.4081	0.0929
城市、年份固定效应	控制	控制	控制
省份、行业固定效应	控制	控制	控制
行业×年份固定效应	控制	控制	控制
省份×年份固定效应	控制	控制	控制

注：*、**、*** 分别表示在10%、5%和1%的水平下显著，使用"城市—年份"维度聚类调整得到聚类稳健标准误，括号内为t值。

具体做法如下。

（1）纳入更多控制变量。在城市层面的基准回归模型中，纳入更多控制变量，包括企业所有权性质（Soe）、流动比率（Cr）、融资约束程度（Kz）和基础设施水平（Infrastructure_c）。其中，Cr和Kz的衡量方式与上文相同，Soe 采用是否属于国有企业这一虚拟变量表示；Infrastructure_c 采用人均公路货运量表示。表 4-8 中第（1）列的回归估计结果显示，核心解释变量 $Dige_{-1}$ 的回归估计系数为 0.0161，在 5%（t=2.0435）的水平下显著。

（2）更换数字经济发展指标。为排除由于数字经济发展指数的衡量指标选取的不全面给实证分析结果造成的偏误，同时考虑到城市数据的可得性，在城市层面的数字经济发展衡量指标体系中纳入人均固定电话数和人均邮政业务数变量，重新采用熵权—Topsis 方法合成。根据表 4-8 中第（2）列的回归结果可知，核心解释变量 $Dige2_{-1}$ 的系数估计值为 0.0159，在 5%（t=2.2385）的水平下显著，再次验证了城市层面基准回归结果的稳健性。

（3）工具变量法内生性检验。借鉴叶德珠等（2021）的研究，采用滞后一期的同省份内其他地级市的数字经济发展水平的平均值（$Dige\_mean_{-1}$）作为核心解释变量 $Dige_{-1}$ 的工具变量，运用两阶段最小二乘法估计得到的回归估计结果如表 4-8 中的第（3）列。核心解释变量 $Dige_{-1}$ 的系数估计值为 0.0157，在 5%（t=2.1279）的水平下显著，表明在缓解内生性问题后，依然支持数字经济发展能显著提升研发投入水平这一结论。

第三节　异质性分析

上述分析估计的是数字经济发展对研发投入水平的平均影响效应，但忽视了不同企业中可能存在的异质性影响。本节分别从企业所有权性质、政府补助和知识产权保护三个方面，对数字经济发展提升研发投入水平的异质性影响展开分析。

一、企业所有权性质

根据企业所有权性质，将样本企业划分为国有企业样本组和非国有企业样本组，分别对其进行分组回归，企业所有权异质性影响效应如表4-9所示。表4-9中第（1）列为国有企业样本组，第（2）列为非国有企业样本组。在第（1）列中，核心解释变量Dige的系数估计值为1.1505，但并未通过显著性水平检验。在第（2）列中，核心解释变量Dige系数估计值显著为正。以上结果表明，仅在非国有企业样本中，数字经济发展对制造业企业研发投入水平提升具有显著的促进效应。这可能是由于：大多数国有企业分布在垄断程度较高的行业中，由于市场化竞争程度较低，企业进行研发创新活动的驱动力不足；在非国有企业中，由于数字经济发展极大地加速了市场信息的传递，提升了信息匹配效率，使市场竞争加剧，企业唯有选择提升研发投入水平，才能在激烈的市场竞争中维持并扩大其市场份额。

表4-9 企业所有权异质性影响效应

变量	（1）R&D 国有企业	（2）R&D 非国有企业
Dige	1.1505 （1.0731）	2.3157*** （2.6706）
Asset	−0.4225** （−2.2522）	0.0871 （0.6371）
Labor	0.3252* （1.8868）	0.0088 （0.0741）
Age	1.0744 （0.4999）	−2.3053*** （−2.6988）
Roa	−1.5915*** （−3.5520）	−4.9214*** （−13.8294）
Lev	−1.2516** （−2.0581）	−1.8460*** （−5.1484）
TobinQ	−0.0423 （−0.9744）	−0.0031 （−0.0883）
Tangibility	1.8701*** （3.7113）	0.0637 （0.1355）
Realpergdp	0.7176 （0.7889）	−2.4440 （−1.2392）

续表

变量	（1）R&D 国有企业	（2）R&D 非国有企业
Ex	-0.1712 （-0.4303）	0.5985 （1.5161）
Fisc	-2.1306 （-1.2939）	-4.6999** （-2.0553）
Industry	1.3576 （0.8089）	5.8038*** （3.0118）
常数项	-0.9855 （-0.0744）	34.6932 （1.5212）
观测值	2439	6994
R^2	0.8895	0.8738
企业、年份、省份、行业固定效应	控制	控制
行业×年份固定效应	控制	控制

注：*、**、***分别表示在10%、5%和1%的水平下显著，使用"省份—年份"维度聚类调整得到聚类稳健标准误，括号内为t值。

二、政府补助

表4-10给出了政府补助异质性影响效应。按照企业所获政府补助的中位数，将样本企业划分为高政府补助企业和低政府补助企业。在第（1）列中，核心解释变量Dige的系数估计值为2.6402，通过了1%的显著性水平检验。在第（2）列中，核心解释变量Dige的系数估计值为1.7226，并未通过显著性水平检验。以上结果说明，获得较高政府补助的企业，数字经济发展对其研发投入水平提升具有激励效应，而对于政府补助较少的企业来说，数字经济发展的影响不显著。这可能是由于：对于获得高政府补助的企业而言，其可用于研发创新活动的资金增多，强化了数字经济发展对研发投入水平的提升效应；对于获得较低政府补助的企业而言，尽管数字经济发展对企业研发投入提升表现出正向作用，但受限于企业资金不

足,难以支撑创新活动,因此数字经济发展对研发投入水平的提升效应在低政府补助的企业中并不显著。

表 4-10 政府补助异质性影响效应

变量	(1) R&D 高政府补助企业	(2) R&D 低政府补助企业
Dige	2.6402*** (2.8611)	1.7226 (1.3482)
Asset	−0.1894 (−1.2713)	−0.0442 (−0.2629)
Labor	0.2163 (1.6482)	−0.0617 (−0.4493)
Age	−0.9393 (−0.6850)	−3.0869** (−2.3578)
Roa	−2.1351*** (−6.7129)	−4.8553*** (−9.7712)
Lev	−1.5521*** (−2.8347)	−1.3719*** (−3.4115)
TobinQ	0.0234 (0.4819)	−0.0187 (−0.4526)
Tangibility	1.1395** (2.0834)	0.1869 (0.3194)
Realpergdp	−0.2174 (−0.1660)	−0.9924 (−0.3956)
Ex	−0.3361 (−0.9071)	0.1271 (0.2373)
Fisc	−3.8327* (−1.7180)	−3.6675 (−1.0960)
Industry	5.2295* (1.9490)	4.3978 (1.6050)
常数项	10.0729 (0.6008)	24.5069 (0.8848)
观测值	4456	4485
R^2	0.9083	0.8765
企业、年份、省份、行业固定效应	控制	控制
行业×年份固定效应	控制	控制

注:*、**、*** 分别表示在10%、5%和1%的水平下显著,使用"省份—年份"维度聚类调整得到聚类稳健标准误,括号内为t值。

三、知识产权保护

表4-11展示了知识产权保护异质性的回归估计结果。本书采用专利纠纷结案率衡量地区的知识产权保护程度，并将其按中位数划分为高知识产权保护度样本组和低知识产权保护度样本组。从表4-11中第（1）列的结果可知，核心解释变量Dige的系数估计值为3.6347，在1%的水平下显著。在第（2）列中，核心解释变量Dige的系数估计值为2.8109，仅在10%的水平下显著。结合以上结果可知，在知识产权保护度较高的地区，数字经济发展对研发投入水平的提升作用更显著。这是由于：数字经济具有共享性特征，一个地区倘若缺乏有效的知识产权保护措施，势必助长企业在市场创新活动中的"搭便车"行为。这种"搭便车"行为不仅抑制了地区创新型企业的研发热情，而且容易导致数字经济发展的灰色地带野蛮扩张，不利于制造业企业实现创新驱动发展。相反，一个地区倘若具有较高的知识产权保护度，则能够在一定程度上补偿创新型企业在数字经济发展环境中的"正外部性"，激发市场创新热情。

表4-11 知识产权保护异质性的回归估计结果

变量	（1）R&D 高知识产权保护度	（2）R&D 低知识产权保护度
Dige	3.6347*** （2.9227）	2.8109* （1.9619）
Asset	0.3897* （1.6978）	−0.4448*** （−3.2827）
Labor	−0.2427 （−1.1717）	0.1551 （1.4576）
Age	−3.0041*** （−2.6858）	−2.6603 （−1.6464）
Roa	−3.9590*** （−10.5204）	−3.0733*** （−6.4094）

续表

变量	（1）R&D 高知识产权保护度	（2）R&D 低知识产权保护度
Lev	−2.0219*** （−3.8925）	−1.1978** （−2.2677）
TobinQ	−0.0197 （−0.3188）	−0.0494 （−1.2961）
Tangibility	1.2334* （1.7619）	0.5242 （1.0383）
Realpergdp	−0.2876 （−0.1531）	−0.8200 （−0.5897）
Ex	−0.3566 （−0.4277）	0.2765 （0.7670）
Fisc	−1.8438 （−0.7658）	−2.3214 （−1.0566）
Industry	4.7511* （1.7760）	3.4620* （1.8662）
常数项	7.5849 （0.3405）	28.3369* （1.8007）
观测值	4305	4388
R^2	0.9025	0.8971
企业、年份、省份、行业固定效应	控制	控制
行业×年份固定效应	控制	控制

注：*、**、*** 分别表示在10%、5%和1%的水平下显著，使用"省份—年份"维度聚类调整得到聚类稳健标准误，括号内为 t 值。

第四节　进一步分析

一、分位数回归

上文深入剖析了数字经济发展对研发投入水平提升的促进作用在不同

企业中的异质性，但忽略了自身研发投入水平如何影响数字经济的创新激励效应的发挥。诸多研究认为，企业的创新能力和意愿受到其初始创新水平的影响（李静等，2017）。因此，本书采用分位数回归估计方法，探究研发投入水平处于不同分位点时数字经济发展水平对研发投入水平的提升效应。分位数回归估计可分为条件分位数回归和无条件分位数回归两类估计方法。由于前者涉及过多甚至是不必要的个体特征，所得结论相对不具有一般性，因此在适用性与解释度方面均具有一定的局限性，而无条件分位数估计能够较好解决以上问题。因此，本书采用无条件分位数方法进行估计，并对省份和年份固定效应进行控制。回归估计结果如表 4-12 和表 4-13 所示。

表 4-12 展示了未加入控制变量时，数字经济发展对研发投入水平的无条件分位数回归估计结果。从表 4-12 中可发现，当企业研发投入处于较低水平（0.1 分位点和 0.2 分位点）时，数字经济发展的系数估计值虽为正值，但均未通过显著性水平检验。这可能是由于在低分位点，企业研发基础薄弱，数字经济发展对企业研发投入水平的提升效应需要一个循序渐进的积累过程，不可一蹴而就。随着研发投入水平从 0.3 分位点提升至 0.8 分位点，数字经济发展对研发投入水平提升的促进效应在总体上呈增长趋势。这表明，当研发投入水平处于 0.3～0.8 分位点时，初始研发投入水平越高的样本企业，数字经济发展对其的促进效应越强，在这一区间内表现为"强者越强"效应。但当研发投入水平的分位点达到 0.9 及以上时，数字经济发展对研发投入水平的提升效应不再显著，甚至在 0.95 的分位点上表现出微弱的抑制效应。这似乎与直觉不符。本书认为，这可能是由于：随着数字经济发展至较高阶段，高强度的网络效应为数字平台和头部厂商提供了实施垄断的便利条件，使"赢者通吃"局面加剧，可能将降低企业的创新动力。

表 4-12　无条件分位数回归分析（无控制变量）

变量	（1）R&D Q=0.10	（2）R&D Q=0.20	（3）R&D Q=0.30	（4）R&D Q=0.40	（5）R&D Q=0.50
Dige	0.2755 (0.1791)	0.9879 (0.8361)	1.2431** (2.3713)	2.4393*** (4.6571)	2.5947*** (3.6162)
变量	（6）R&D Q=0.60	（7）R&D Q=0.70	（8）R&D Q=0.80	（9）R&D Q=0.90	（10）R&D Q=0.95
Dige	2.7907*** (3.7941)	2.5120*** (2.7591)	3.1358** (2.5031)	4.1255 (0.7131)	−9.0616* (−1.8757)

注：*、**、*** 分别表示在 10%、5% 和 1% 的水平下显著，括号内为 t 值。

表 4-13 给出了加入控制变量时，数字经济发展对研发投入水平的无条件分位数回归估计结果。从表 4-13 中可发现，数字经济发展 Dige 对企业研发投入水平的分位数回归结果与表 4-12 中的结果基本一致，验证了无条件分位数回归结果的稳健性。

表 4-13　无条件分位数回归分析（有控制变量）

变量	（1）R&D Q=0.10	（2）R&D Q=0.25	（3）R&D Q=0.50	（4）R&D Q=0.75	（5）R&D Q=0.90
Dige	0.3675 (0.3470)	2.2149** (2.2650)	2.6082*** (3.4889)	0.9274 (1.0123)	1.4911 (0.2973)
Asset	−0.3263*** (−3.7830)	−0.2569** (−2.2025)	−0.0469 (−0.8617)	0.2069 (1.6633)	1.0172*** (3.4259)
Labor	0.0677 (0.7817)	−0.1893* (−1.7001)	−0.0841 (−1.1717)	−0.3374** (−2.2607)	−1.0848*** (−3.1875)
Age	−0.8669** (−2.5665)	−1.2805*** (−4.9626)	−0.8300*** (−7.0883)	−1.6294*** (−7.6874)	−3.6459*** (−7.2975)
Roa	−0.3031 (−0.6073)	0.0172 (0.0247)	−0.9865** (−2.5181)	−4.4680*** (−5.6289)	−12.0506*** (−7.6830)
Lev	−1.0121*** (−2.7866)	−1.9404*** (−4.8711)	−1.3734*** (−5.3026)	−2.5668*** (−11.7105)	−7.1249*** (−8.8057)
TobinQ	−0.0744 (−1.3911)	0.0512 (0.7401)	0.1466*** (4.4713)	0.4753*** (6.1906)	1.3742*** (7.0888)
Tangibility	−1.7412*** (−3.2833)	−1.4457** (−2.3168)	−1.8733*** (−7.1681)	−4.2152*** (−8.8304)	−10.6829*** (−4.9188)

续表

变量	(1) R&D Q=0.10	(2) R&D Q=0.25	(3) R&D Q=0.50	(4) R&D Q=0.75	(5) R&D Q=0.90
Realpergdp	4.0632** (2.2420)	1.2454 (0.6877)	1.4445 (1.6259)	0.4522 (0.2593)	−6.6586 (−1.4790)
Ex	0.4366 (0.8984)	0.0075 (0.0198)	0.0090 (0.0455)	−1.2662** (−2.7400)	−4.5528* (−1.7761)
Fisc	2.1592 (0.8112)	3.1928 (1.0932)	−1.7212 (−0.8453)	−0.6299 (−0.2069)	−11.7097 (−1.2088)
Industry	−0.0695 (−0.0335)	0.2578 (0.1115)	−0.2726 (−0.1943)	2.9502 (1.3195)	10.1371 (1.1509)

注：*、**、*** 分别表示在10%、5%和1%的水平下显著，括号内为t值。

此外，从控制变量的分位数回归结果来看，企业规模（Asset）的系数估计值在研发投入的低分位点上显著为负，在高分位点上，显著为正。这可能是由于：当企业研发投入的初始水平较低时，企业的创新能力有限，随着企业规模的扩张，短期内无法形成创新驱动的规模效应，反而加剧了企业的管理难度，抑制研发投入水平提升；当企业具备一定的研发能力时，随着企业规模扩张，市场份额增大，激励企业进一步提升研发投入水平。员工人数（Labor）、企业年龄（Age）和资产负债率（Lev）的回归系数估计值在研发投入水平的各分位点基本为负。这与直觉相符。净资产收益率（Roa）和固定资产比例（Tangibility）也基本表现为抑制效应。基准回归结果中解释了净资产收益率（Roa）抑制研发投入水平提升的原因。固定资产比例（Tangibility）在分位数回归中的抑制效应可能是由于：固定资产比例可能存在一个最优的促进研发创新活动的区间。固定资产占比过高可能导致企业调整成本的增大，影响企业研发决策；固定资产占比过低可能导致融资受限，难以支撑企业研发创新活动。

二、研发投入费用化与资本化

企业对研发阶段的投入进行费用化处理，能够在一定程度上显现企业的探索式创新能力。研发投入资本化率较高表明企业具有相对较强的开发式创新能力。本部分进一步探究数字经济发展如何影响研发投入的费用化与资本化,从而深入分析数字经济发展对研发要素在不同研发阶段的配置的异质性影响,如表4-14所示。

表4-14 研发投入费用化与资本化

变量	(1)研发投入费用化	(2)研发投入资本化
Dige	−0.4250 (−0.0996)	1.8982** (2.1747)
Asset	0.5043 (0.8814)	−0.1367** (−2.0249)
Labor	1.3060** (2.3199)	0.1228** (2.0392)
Age	−10.4682** (−2.0992)	−0.9519* (−1.8308)
Roa	−1.7071 (−0.9550)	−0.5966*** (−3.4088)
Lev	−1.9749 (−1.5716)	0.2591 (1.2264)
TobinQ	0.2091 (0.8199)	−0.0151 (−0.8445)
Tangibility	1.5859 (1.0739)	0.0063 (0.0266)
Realpergdp	−1.3336 (−0.2247)	−0.4413 (−0.3256)
Ex	−2.3482 (−0.8783)	1.0312*** (3.2666)
Fisc	0.5907 (0.0492)	3.1216 (1.5140)
Industry	−4.6363 (−0.4942)	−0.9860 (−0.6217)
常数项	33.0629 (0.5133)	9.0555 (0.5891)
观测值	7122	7122
R^2	0.4692	0.5145
企业、年份、省份、行业固定效应	控制	控制
行业×年份固定效应	控制	控制

注:*、**、***分别表示在10%、5%和1%的水平下显著,使用"省份—年份"维度聚类调整得到聚类稳健标准误,括号内为t值。

表4-14第（1）列中Dige的系数估计值为-0.4250，未通过显著性水平检验；第（2）列中，Dige的系数估计值为1.8982，在5%的水平下显著。以上结果表明，与研发投入费用化相比较，数字经济发展对研发投入资本化的促进作用更显著。本书针对这一现象给出的解释是：企业对研发投入进行资本化处理能够避免对研发资金投入期的利润造成很大削减，同时，由于企业研发投入资本化衡量了企业对研发投入资金的转化能力，能够向市场传递企业研发成功的利好信号，因此，企业在数字经济构筑的强大信息网络中，倾向于对研发投入资本化处理，以进一步为研发创新活动吸引投资资金（顾海峰和卞雨晨，2020）。此外，研发投入资本化率越高，代表企业对企业现有知识、产品和功能进行高效整合的能力越强，实现开发式创新的概率越大。数字经济的发展通过提升信息匹配效率与降低信息搜寻成本等方式提升了企业对知识的整合能力。

以上分析是针对全样本的分析，为厘清数字经济发展对不同企业的研发投入资本化的异质性影响，本书继续将样本企业按照企业所有权性质、政府补助中位数及知识产权保护度中位数进行分组，回归结果分别如表4-15、表4-16和表4-17所示。

表4-15 研发投入资本化：企业所有权异质性

变量	（1）国有企业	（2）非国有企业
Dige	0.9066 （0.6325）	2.8499** （2.2293）
Asset	-0.2037 （-1.3570）	-0.0771 （-1.3116）
Labor	0.0620 （0.4948）	0.1633** （2.5441）
Age	1.1165 （0.8118）	-1.3739* （-1.8774）
Roa	-0.4654* （-1.6549）	-0.8327** （-2.5673）
Lev	0.3350 （0.7979）	0.2041 （0.8412）

续表

变量	（1）国有企业	（2）非国有企业
TobinQ	−0.0348 （−0.7640）	0.0036 （0.1720）
Tangibility	0.4402 （0.9238）	−0.2572 （−0.9336）
Realpergdp	−0.8528 （−0.6636）	0.1118 （0.0589）
Ex	0.9624** （2.3755）	1.3606*** （2.9285）
Fisc	4.2449 （1.5569）	2.7566 （1.0340）
Industry	−1.9093 （−0.9248）	−0.9770 （−0.4511）
常数项	9.8154 （0.6587）	2.1673 （0.0990）
观测值	1951	5127
R^2	0.4828	0.5413
企业、年份、省份、行业固定效应	控制	控制
行业×年份固定效应	控制	控制

注：*、**、***分别表示在10%、5%和1%的水平下显著，使用"省份—年份"维度聚类调整得到聚类稳健标准误，括号内为t值。

表 4-16　研发投入资本化：政府补助异质性

变量	（1）高政府补助	（2）低政府补助
Dige	2.6037 （1.5471）	2.7690** （2.2018）
Asset	−0.1005 （−0.7758）	−0.3148*** （−3.2112）
Labor	−0.0289 （−0.2731）	0.3596*** （3.6999）
Age	0.1026 （0.1222）	−0.9559 （−0.9408）
Roa	−0.6178** （−2.1425）	−0.7054* （−1.9310）

续表

变量	（1）高政府补助	（2）低政府补助
Lev	0.0461 （0.1227）	0.2531 （1.0988）
TobinQ	−0.0198 （−0.4651）	−0.0052 （−0.2431）
Tangibility	−0.1637 （−0.3859）	0.2276 （0.7411）
Realpergdp	−0.5676 （−0.4628）	0.4485 （0.1859）
Ex	0.5754 （1.1925）	1.6225*** （4.0755）
Fisc	−0.1249 （−0.0595）	5.9407* （1.8686）
Industry	1.9806 （1.0515）	−2.6145 （−1.0156）
常数项	7.1764 （0.4851）	0.9296 （0.0343）
观测值	3301	3271
R^2	0.5517	0.5553
企业、年份、省份、行业固定效应	控制	控制
行业×年份固定效应	控制	控制

注：*、**、***分别表示在10%、5%和1%的水平下显著，使用"省份—年份"维度聚类调整得到聚类稳健标准误，括号内为t值。

表4-17 研发投入资本化：知识产权保护异质性

变量	（1）高知识产权保护	（2）低知识产权保护
Dige	3.2389* （1.9539）	0.6289 （0.4947）
Asset	0.0379 （0.3410）	−0.3645*** （−3.5290）
Labor	0.0963 （0.7066）	0.2415*** （2.6979）
Age	−2.1268* （−1.9724）	−0.2804 （−0.2743）

续表

变量	（1）高知识产权保护	（2）低知识产权保护
Roa	−0.8461*** （−3.2999）	−0.3946 （−1.4412）
Lev	−0.1178 （−0.2699）	0.5481 （1.6168）
TobinQ	0.0283 （0.9179）	−0.0365 （−1.4350）
Tangibility	0.4369 （1.0336）	−0.2893 （−0.9255）
Realpergdp	1.6034 （0.6815）	−1.1751 （−0.9624）
Ex	1.4200* （1.9364）	0.5751* （1.7384）
Fisc	5.8307* （1.7123）	0.1767 （0.0540）
Industry	0.2306 （0.1147）	1.6282 （0.8907）
常数项	−16.0146 （−0.5856）	19.1024 （1.3359）
观测值	3028	3165
R^2	0.4928	0.6077
企业、年份、省份、行业固定效应	控制	控制
行业×年份固定效应	控制	控制

注：*、**、*** 分别表示在 10%、5% 和 1% 的水平下显著，使用"省份—年份"维度聚类调整得到聚类稳健标准误，括号内为 t 值。

从表 4-15 的结果可知，数字经济发展 Dige 的系数估计值仅在非国有企业样本中通过了 5% 的显著性水平检验。这说明数字经济发展对企业研发投入水平的提升作用主要体现在促进非国有企业的研发投入资本化，研发投入费用化并未显著增加。这是由于：对于非国有上市企业而言，在数字经济高速发展的时代，其面临激烈的市场竞争，资本化研发投入能够作为其向市场传递研发成功信号的重要手段，因此，非国有企业会更注重对研发投入进行资本化处理。

表 4-16 给出了基于政府补助中位数进行分组回归的估计结果。从

表 4-16 中的结果可知，数字经济发展 Dige 的系数估计值仅在获得较低政府补助的样本企业中通过了 5% 的显著性水平检验，在获得较高政府补助的样本企业中，数字经济发展 Dige 的系数估计值为 2.6037，但未通过显著性水平检验。这表明，数字经济发展对研发投入资本化的促进作用在获得较低政府补助的企业中更显著。这是由于：企业研发投入资本化具有信号传递功能，当企业当期所获得的政府补助较低时，企业为了在未来获得更多政府对其的研发补助，会提升当期研发投入的资本化水平，向政府传递自身具有较强的研发投入转化能力这一信息。

表 4-17 给出了基于知识产权保护度的中位数进行分组回归的估计结果。从表 4-17 中的结果可知，数字经济发展 Dige 的系数估计值仅在知识产权保护度较高的样本企业中通过 10% 的显著性水平检验，在知识产权保护度较低的样本企业中，数字经济发展 Dige 的系数估计值未通过显著性水平检验。这表明，数字经济发展对研发投入资本化的促进作用在知识产权保护度较高的企业中更显著。这是由于：知识产权保护度越高，意味着该地区的企业对研发投入进行转化的动力越强。研发投入资本化强度代表企业对研发投入的转化能力，研发投入一旦转化为无形资产，便面临知识产权的界定与保护问题，需要地方立法和执法机构为其提供稳定的保护创新成果的环境，尤其在数字经济飞速发展的时代。数字经济发展为企业之间的沟通与交流建立了高效、便捷及智能的平台，企业的信息、技术及管理方式在市场中越来越透明公开，因此，企业在资本化研发投入的过程中对地方知识产权保护体系的建立与完善提出了更高的要求。

第五节　本章小结

本章分析了数字经济发展提升制造业企业研发投入水平的作用机制。在理论分析中，首先归纳了数字经济发展提升制造业研发投入水平的作用路径，然后将制造业企业划分为数字化转型企业和未进行数字化转型的企业，构建异质性企业技术选择模型，探究数字经济通过提升知识交流与知识吸收的效率从而降低制造业企业的研发边际成本，进而提升研发投入水平的作用机理。在对数字经济发展提升研发投入水平这一基准研究问题进行理论分析后，本书从企业所有权性质、政府补助及知识产权保护三个方面，从理论上分析了数字经济发展对研发投入水平提升的异质性影响，并且对理论分析所得结论进行了实证检验。实证分析的具体步骤如下：在确定数字经济发展的指标体系后，运用熵权—Topsis方法测算得到中国各省份的数字经济发展综合指数，并对数字经济发展与研发投入水平的特征性事实进行分析；通过设立基准回归模型，检验数字经济发展对研发投入水平的提升作用，并对基准回归结论进行一系列稳健性检验和内生性探讨；运用分组回归方法，从企业所有权性质、政府补助及知识产权保护度三个方面，对二者之间的促进效应进行了异质性检验；在进一步分析中，采用无条件分位数回归方法，对数字经济发展影响研发投入水平的分位数效应进行了回归分析。另外，将研发投入划分为研发投入费用化与研发投入资本化，检验数字经济发展对研发投入费用化与资本化的影响，并在此基础上，进一步探究企业所有权性质、政府补助及知识产权保护三个方面的异质性影响。研究结论如下。

（1）数字经济发展显著促进了地区制造业上市企业研发投入水平的提升，在经过一系列稳健性检验和内生性探讨后，这一基本结论依然显著成立。

（2）数字经济发展对企业研发投入水平的提升作用在非国有企业、所获政府补助较高的企业及知识产权保护度较高的企业中更显著。这是由于非国有企业具有相对更高的研发创新热情；所获政府补助较高的企业具有更多的资金支持，并能够通过政府隐性担保的信号机制获得更多的融资支持；有效的知识产权保护能够保护企业创新成果，提升企业开展研发创新的动力，同时较高的知识产权保护力度也能够鼓励企业更多地披露其研发信息，以获取更多的研发资金支持。以上路径均有效强化了数字经济发展对研发投入水平的提升效应。

（3）无条件分位数回归分析发现，在研发投入水平较低和较高的分位点，数字经济发展对研发投入水平提升的提升效应不显著；在研发投入水平的其他分位点，数字经济发展对研发投入水平的提升效应显著，并且提升效应随着研发投入分位点的提高而增强。

（4）相较于研发投入费用化，数字经济发展对研发投入资本化的提升效应更显著，说明数字经济的发展激励企业进行开发式创新。这种激励效应在非国有企业、政府补助较低及知识产权保护度较高的样本中更显著。

第五章

数据要素增强研发产出质量的作用机制

本书第四章基于研发要素视角，从提升研发投入水平的角度探究了数字经济发展对创新要素配置的优化作用，结果显示，数字经济发展显著地促进了研发投入水平的提升。但研发投入水平的提升不一定代表研发产出质量的提升，这是由于研发创新活动具有长周期、高风险及高投入等特征，能否研发成功具有较高的不确定性。而高质量的研发产出是实现创新驱动和高质量发展的要求。因此，有必要深入分析数字经济对研发产出质量增强的作用机制。与第四章聚焦于数字经济发展水平不同，考虑到数据要素是数字经济的核心要素，数据价值化是数字经济发展的基础，是数字经济内涵的重要方面。因此，依据本书第二章对数据价值化的理解，本章聚焦数据价值化这一数字经济内涵，尝试从数据要素与人力创新要素形成新要素组合，从而增强研发产出质量的角度刻画数据要素的价值实现过程。人力创新要素是知识和创意产生的源泉，其通过与数据要素形成要素组合，能够进一步提升企业的洞察能力和新知识的发现概率，从而提升研发产出质量。

第一节 理论分析

一、数据要素对研发产出质量的作用路径

（一）数据要素与人力创新要素匹配的必要性

自 2014 年以来，在《政府工作报告》中连续六年出现"大数据"这

一关键词。2020年4月，国务院发布《关于构建更加完善的要素市场化配置体制机制的意见》，将"数据"作为一种新的生产要素，并提出"加快培育数据要素市场"。目前，我国各地均如火如荼地推进大数据发展，数据中心如雨后春笋般建立起来。事实上，2015年和2016年，全国已有十多家数据交易中心成立。但2017年后，各地基本不再新建数据交易中心，直至2020年4月《关于构建更加完善的要素市场化配置体制机制的意见》的出台，数字基础设施又开始焕发新的活力。之所以出现这种现象，数据交易合法性的不确定性是原因之一。除此之外，可能也源于数据本身对经济增长和企业发展的价值有限，如果企业缺乏能够对数据进行进一步分析和处理的能力，缺乏对数字化信息的洞察力和运用数据进行知识生产的创意，数据效能就难以得到发挥，数字基础设施则可能沦为"数字盆景"。

通过文献梳理可知，现有研究对数据要素的概念界定尚未形成统一认识。本书认为数据要素是数字化的信息，数据要素经济效益的发挥不仅取决于数据要素本身。数据要素的价值实现依赖于数据要素与其他生产要素的结合，形成新的要素组合，实现生产模式的再调整（刘启雷等，2022；王建冬等，2022；Jones和Tonetti，2020）。这是由于数据要素作为数字化的信息，只有附着于其他生产要素之上，才能够推动其价值实现和增值。刘启雷等（2022）研究表明，数据要素与其他生产要素在供给侧和需求侧的联动赋能是促进企业创新的必要条件。本书认为，在以提升研发产出质量为目标时，数据要素与人力创新要素的匹配有其必要性。这是由于，数据要素与人力创新要素匹配，能够发挥巨大乘数效应，将其本身的价值转移到研发活动中，形成数据生产力，从而提升制造业研发产出质量（庄子银，2020）。数据要素需要与人力创新要素特有的隐性知识、创意及敏锐的洞察力相结合，才能释放其创新红利。只有通过人对数据要素所运载的丰富信息进行不断思考，通过人力创新要素的知识交流，并结合企业现实生产条件，产生可执行的创意和灵感，才能为企业研发产出质量的持续提升提供现实保障。产生技术创新壁垒的往往是企业中极富创造力的隐性知识。这类知识不可编码，即便在数字经济蓬勃发展的当下，有许多隐性知识仍然只有通过人面对面的交流，才可促进知识的传递、交流和吸收。因此，新知识的产生仅依赖数据共享是难以实现的。人力创新要素通过对数据要素的理解和洞察形成隐性知识，再通过交流和学习，不断吸收他人对数据要素的思考，如此循环往复，极大地提升了新知识的发现概率，为制造业企业创新注入新动能。此外，人力创新要素也需要通过数据要素的赋能，提升自身技能水平和知识密度（俞伯阳和丛屹，2021），进一步强化其洞察能力，从而提升研发产出质量。由此可见，在以提升研发产出质量为目标时，数据要素与人力创新要素匹配是推动数据要素价值实现和增值的必要条件。

（二）直接作用路径

数据要素作为新的生产要素能否提升研发产出质量引起了学术界的关注，但得出的结论并不一致。这可能是由于目前学术界对于如何衡量数据要素尚未形成统一认识，同时忽视了数据要素通过对人力创新要素赋能从而实现数据要素价值的重要路径。数据要素由于具有非稀缺性和非竞争性等特质，使数据要素相比其他要素更易于获取和流动。但单独的数据要素创造的价值有限，其通过赋能人力创新要素，能够提升洞察能力和新知识的发现概率，从而实现数据要素的价值化。熊彼特认为创新并非单纯的技术进步，而是建立一个新的生产函数，能够将生产要素重新组合形成"突变"。因此，关注数据要素与其他生产要素融合产生的创新激励效应是一个解决目前研究结论不一致的思路。部分研究已关注到数据对研发产出影响的局限，发现数据并未显著提升研发绩效，开始探讨数据驱动的分析能力及洞察力等对创新的影响（Wu 等，2020；Ghasemaghaei 和 Calic，2020）。此外，Veldkamp 和 Chung（2019）建立理论模型后发现，数据要素与劳动力结合才能发挥其规模报酬递增的特性。基于以上分析，本书认为，数据要素只有通过与人力创新要素形成新的要素组合，实现数据要素的价值化,才能更大限度地提升研发产出质量,释放创新红利。

第一,数据要素与人力创新要素匹配进一步强化了人力创新要素的洞察能力,从而提升企业研发产出质量。随着数字经济时代的到来,制造业企业的营销模式正逐步由以产品为核心转向以消费为核心。消费者需求所产生的数据能够激发企业创意,这一数据联动的逆向传播路径开始主导企业的生产。数字经济的发展使企业能够通过绘制消费者画像,及时捕捉大量消费者的需求数据,从而生成能够参与企业生产的数据要素。而人力创新要素通过对数据要素所蕴含的产品需求信息进行思考,并将其与自身经验进行交互,能够提升人力创新要素的知识密度并拓展其知识宽度,提升其洞察能力。

第二,数据要素与人力创新要素的结合加速了知识的流动与吸收,提高了新知识的发现率,从而提升了企业研发产出质量(Agrawal 等,2018)。如 Nonaka 和 Takeuchi(2007)的研究所述,企业知识的生产和加工可以被描述为隐性知识和编码知识之间的连续螺旋运动。知识的传递、吸收和使用总是受到隐性知识的限制,因此,人力创新要素之间的沟通必不可少。数据要素本身具有较强的流动性,是数字化的信息,人力创新要素通过对数据要素蕴含的信息进行思考而形成的隐性知识难以通过数据共享高效传递。数据要素参与生产的过程尤其是技术创新的重要环节,均需要以人力创新要素为隐性知识传递、交流及吸收的重要载体,从而提升企业内部新知识的发现率,多元和复杂性的知识结构有助于启发创新灵感,降低研发风险并提升制造业企业研发产出质量。综上所述,数据要素与人力创新要素匹配不仅使洞察能力得到提升,为数据要素指导产品生产提供新的洞见和创意,而且能够通过促进隐性知识的吸收、为新知识的产生提供加速度等方式直接促进制造业企业研发产出质量提升。数据要素提升研发产出质量的直接作用路径如图 5-1 所示。

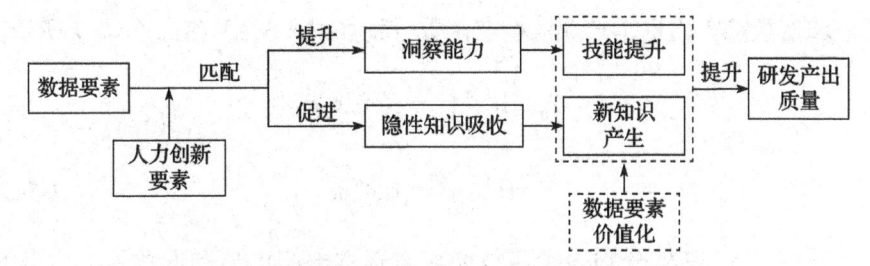

图 5-1　数据要素提升研发产出质量的直接作用路径

二、数据要素提升研发产出质量的机理解析

由于高技能人力资本产业相对具有更熟练的劳动力技能，掌握了相对更前沿的技术操作知识，与低技能人力资本产业的研发产出相比较，高技能人力资本产业的研发产出具有更高的知识密度，是相对高质量的研发产出。因此，本书将高技能人力资本产业所对应的研发产出界定为相对高质量的研发产出，将低技能人力资本产业所对应的研发产出界定为相对低质量的研发产出。本书将数据要素纳入企业的研发部门，构建包含生产厂商部门、中间产品部门、研发部门及家庭部门的四部门一般均衡模型。通过均衡求解可知，随着数据要素与人力创新要素匹配程度的提升，相对于低技能人力资本产业的研发产出，高技能人力资本产业的研发产出得到更大程度的提升，以此来反映数据要素与人力创新要素匹配提升研发产出质量的作用机理，为下文的实证计量分析提供理论基础。

（一）模型假设与设定

假定企业的高技能人力资本部门的研发产出属于高质量研发产出，低技能人力资本部门的研发产出属于低质量研发产出。整个经济系统的最终品产出由低技能人力资本产业的产品和高技能人力资本产业的产品构成。

（1）生产厂商部门。借鉴 Dixit 和 Stiglitz（1977）的研究，为简便起见，生产函数中不考虑资本要素，这并不影响结论。设定高技能人力资本产业和低技能人力资本产业的生产函数分别如式（5-1）和式（5-2）所示。

$$Y_h = H_h^{1-\alpha} \int_0^{N_h} x_h(\omega)^\alpha d\omega \qquad (5\text{-}1)$$

$$Y_l = H_l^{1-\alpha} \int_0^{N_l} x_l(\omega)^\alpha d\omega \qquad (5\text{-}2)$$

其中，Y_h 和 Y_l 分别表示高技能人力资本部门产出和低技能人力资本部门产出；H_h 和 H_l 分别表示高技能人力资本投入水平和低技能人力资本投入水平；N_h 和 N_l 分别表示高技能人力资本产业的中间品种类和低技能人力资本产业的中间品种类。借鉴学术界的一般做法，运用中间品种类来刻画研发产出水平。

将生产厂商部门的利润最大化问题刻画为如式（5-3）和式（5-4）所示。

$$\max \pi_h = Y_h - w_h H_h - \int_0^{N_h} P_{x_h} x_h(\omega) d\omega \qquad (5\text{-}3)$$

$$\max \pi_l = Y_l - w_l H_l - \int_0^{N_l} P_{x_l} x_l(\omega) d\omega \qquad (5\text{-}4)$$

由最优一阶条件，可得到式（5-5）和式（5-6）。

$$P_{x_h} = \alpha H_h^{1-\alpha} x_h(\omega)^{\alpha-1} \qquad (5\text{-}5)$$

$$P_{x_l} = \alpha H_l^{1-\alpha} x_l(\omega)^{\alpha-1} \qquad (5\text{-}6)$$

（2）中间品部门。为简化模型，假设单位中间品的成本为1，从而可得到中间厂商的利润最大化问题的表达式，如式（5-7）和式（5-8）所示。

$$\max \pi(\omega)_h = P_{x_h} x_h - x_h \qquad (5\text{-}7)$$

$$\max \pi(\omega)_l = P_{x_l} x_l - x_l \qquad (5\text{-}8)$$

由最优一阶条件，可得到式（5-9）和式（5-10）。

$$x_h = \alpha^{\frac{2}{1-\alpha}} H_h \qquad (5\text{-}9)$$

$$x_1 = \alpha^{\frac{2}{1-\alpha}} H_1 \tag{5-10}$$

将式（5-9）和式（5-10）代入式（5-1）和式（5-2）中，可以分别得到高技能人力资本产业的最终产出和低技能人力资本产业的最终产出，如式（5-11）和式（5-12）所示。

$$Y_h = \alpha^{2\alpha/1-\alpha} N_h H_h \tag{5-11}$$

$$Y_l = \alpha^{2\alpha/1-\alpha} N_l H_l \tag{5-12}$$

（3）研发部门。由于本书着重于探究数据要素与人力创新要素匹配对研发产出质量的影响效应，为简便起见，在对研发部门的创新可能性前沿进行设定时，为了使模型简化，这里不再讨论一般化的研发资本的作用，也可以将数据要素理解为数据化资本。假设数据要素进入研发部门，作为研发部门的投入。依据李静等（2017）的思路，本书认为产业的创新可能性前沿是由数据要素投入、产业的初始技术创新能力及人力资本共同决定的。因此，设定产业的创新可能性前沿满足式（5-13）和式（5-14）。

$$\dot{N}_h = \bar{K}_{sjh} K_{sjh} + \bar{\lambda}_h N_h^{1/\beta} H_h^{\beta} \tag{5-13}$$

$$\dot{N}_l = \bar{K}_{sjl} K_{sjl} + \bar{\lambda}_l N_l^{1/\beta} H_l^{\beta} \tag{5-14}$$

其中，K_{sjh} 表示高技能人力资本产业中数据要素在研发部门的投入，数据要素可以理解为数字化的信息，而信息对现代研发部门的创新过程具有十分重要的作用。$\bar{K}_{sjh}$ 表示高技能人力资本产业仅依赖数据要素所获取的边际技术进步。$\bar{\lambda}_h$ 表示高技能人力资本产业在满足一定数据要素投入的条件下，高技能人力资本与数据要素相匹配所带来的边际技术进步，也可对应于前文作用路径分析中所述的新知识发现概率。β 表示创新可能性的临界值，其经济含义为：β 增大，表示研发过程对初始技术创新能力的路径依赖减小，人力资本在其中发挥的作用增大。本书假定 $\beta > 1$。同理，对于低技能人力资本产业而言，变量含义与高技能人力资本产业基本一致。

（4）家庭部门。设定家庭部门的效用函数如式（5-15）所示。

$$U = \int_0^\infty e^{-\rho t} C^{1-\theta} / (1-\theta) dt \qquad (5\text{-}15)$$

其中，ρ 为消费者的时间偏好率；θ 为消费者跨期替代弹性的倒数。

（二）模型均衡分析

由于假定整个经济系统由低技能人力资本产业和高技能人力资本产业构成，因此，整个经济系统的资源约束可用式（5-16）表示。

$$C + X + K \leq Y_h + Y_l \qquad (5\text{-}16)$$

其中，C 表示家庭消费支出，X 表示中间品投入量，K 表示研发创新过程中的数据要素投入。因此，整个经济系统最优问题的汉密尔顿函数形式如式（5-17）所示。

$$H = \frac{C^{1-\theta}-1}{1-\theta} + \lambda_1(\bar{K}_{sjh}K_{sjh} + \bar{\lambda}_h N_h^{1/\beta} H_h^\beta) + \lambda_2(\bar{K}_{sjl}K_{sjl} + \bar{\lambda}_l N_l^{1/\beta} H_l^\beta) + \\ \lambda_3(\alpha^{2\alpha/1-\alpha} N_h H_h + \alpha^{2\alpha/1-\alpha} N_l H_l - C - K_{sjh} - K_{sjl}) \qquad (5\text{-}17)$$

其中，λ_1、λ_2 和 λ_3 分别为高技能人力资本产业创新可能性前沿的影子价格、低技能人力资本产业的创新可能性前沿的影子价格及资源约束方程的影子价格。

通过对式（5-17）求一阶导，可以得到式（5-18）至式（5-24）所示的最优化条件。

$$H'_c = C^{-\theta} - \lambda_3 = 0 \qquad (5\text{-}18)$$

$$H'_{K_{sjh}} = \lambda_1 \bar{K}_{sjh} - \lambda_3 = 0 \qquad (5\text{-}19)$$

$$H'_{K_{sjl}} = \lambda_2 \bar{K}_{sjl} - \lambda_3 = 0 \qquad (5\text{-}20)$$

$$H'_{H_h} = \lambda_1 \bar{\lambda}_h \beta N_h^{1/\beta} H_h^{\beta-1} + \lambda_3 \alpha^{2\alpha/1-\alpha} N_h = 0 \qquad (5\text{-}21)$$

$$H'_{H_l} = \lambda_2 \bar{\lambda}_l \beta N_l^{1/\beta} H_l^{\beta-1} + \lambda_3 \alpha^{2\alpha/1-\alpha} N_l = 0 \qquad (5\text{-}22)$$

$$H'_{N_h} = \lambda_1 \bar{\lambda}_h \frac{1}{\beta} N_h^{(1-\beta)/\beta} H_h^{\beta} + \lambda_3 \alpha^{2\alpha/1-\alpha} H_h = 0 \quad (5\text{-}23)$$

$$H'_{N_l} = \lambda_2 \bar{\lambda}_l \frac{1}{\beta} N_l^{(1-\beta)/\beta} H_l^{\beta} + \lambda_3 \alpha^{2\alpha/1-\alpha} H_l = 0 \quad (5\text{-}24)$$

根据以上最优化条件公式，可得到式（5-25）。

$$\frac{N_h}{N_l} = \left(\frac{\bar{K}_{sjl}}{\bar{K}_{sjh}}\right)^{\frac{\beta}{\beta-1}} \left(\frac{\bar{\lambda}_h}{\bar{\lambda}_l}\right)^{\frac{\beta}{\beta-1}} \left(\frac{H_h}{H_l}\right)^{\beta} \quad (5\text{-}25)$$

为了考察数据要素与人力创新要素匹配对研发产出质量的影响，通过对式（5-25）进行微分，可以得到式（5-26）。

$$\partial\left(\frac{N_h}{N_l}\right) \Big/ \partial\left(\frac{\bar{\lambda}_h}{\bar{\lambda}_l}\right) = \left(\frac{\beta}{\beta-1}\right) \left(\frac{\bar{\lambda}_h}{\bar{\lambda}_l}\right)^{1/\beta-1} \left(\frac{\bar{K}_{sjl}}{\bar{K}_{sjh}}\right)^{\frac{\beta}{\beta-1}} \left(\frac{H_h}{H_l}\right)^{\beta} > 0 \quad (5\text{-}26)$$

式（5-26）的经济含义为：当高技能人力资本产业部门的数据要素与人力资本匹配相对于低技能人力资本产业部门二者匹配所带来的技术进步水平提升时，高技能人力资本产业部门的研发产出相对于低技能人力资本产业部门的研发产出提升更多。一般而言，高技能人力资本产业部门的研发产出由于其知识含量及创意的比重高于低技能人力资本产业部门，因此本书认为，N_h/N_l 比重的增大在一定程度上可以代表经济系统中研发产出质量得到提升。同时，由于低技能人力资本向高技能人力资本升级需要一定周期，是一个缓慢转化的过程，因此，可以认为，低技能人力资本产业部门的数据要素与人力资本匹配所带来的技术进步水平在短期内提升速度缓慢，高技能人力资本产业部门的数据要素、人力资本匹配与低技能人力资本产业部门二者匹配所带来的相对技术进步水平提升，意味着数据要素与人力创新要素匹配程度的提升。

基于此，本书认为，数据要素与人力创新要素匹配能够提升制造业企业研发产出质量。

三、数据要素提升研发产出质量的中介作用渠道

以上分析认为数据要素与人力创新要素匹配能够显著提升制造业企业研发产出质量,那么,值得进一步探讨的是,二者之间的间接作用路径是什么?已有研究表明,制造业企业研发产出质量的提升依赖于企业流动性资金储备的提升、市场需求的扩张及供应链效率的提升。这是由于:流动资金能够为企业开展研发活动提供源动力,保证研发活动的连续性和稳定性;市场需求的扩大能够倒逼制造业企业提升研发产出质量;供应链效率的提升能够使企业具有快速适应市场环境变化的能力,在节省库存管理成本的同时降低制造业的研发风险。而企业面临的流动性资金供给不足、市场需求低迷和供应链效率不高均能够通过数据要素与人力创新要素的匹配得到改善。因此,本部分在前述理论分析的基础上,分别系统分析数据要素与人力创新要素通过匹配形成资金蓄水池效应、市场需求挖掘效应及供应链柔性响应效应,从而提升研发产出质量的原理。数据要素提升研发产出质量的间接作用路径如图 5-2 所示。

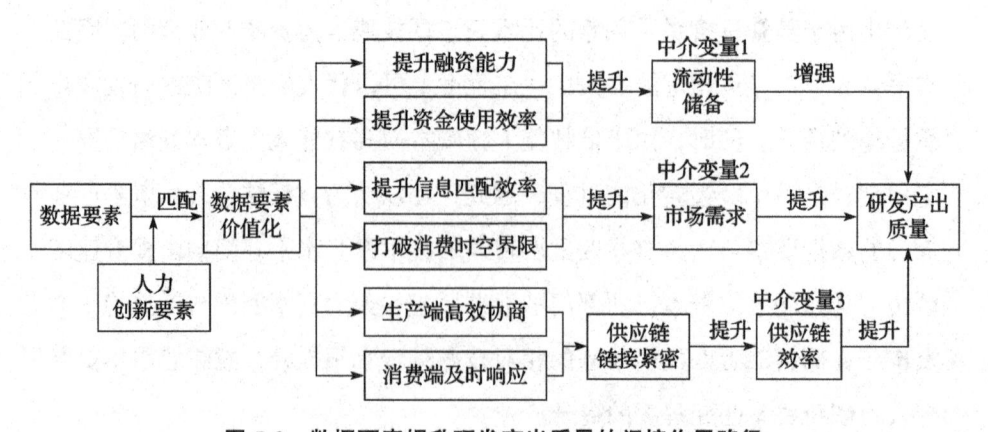

图 5-2 数据要素提升研发产出质量的间接作用路径

(1)流动性储备。与传统工业经济时代不同,现在以数据要素为核心的数字经济引领的工业革命发生了根本性变革。数据要素通过与人力创新

要素组合，改善制造业企业发展的外部环境及内部效率，为提升制造业研发产出质量提供助力。

第一，数据要素与人力创新要素匹配有助于提升制造业企业的融资能力（Laeven等，2015），从而促进其流动性资金储备增加。依据前文分析可知，当数据要素与人力创新要素相匹配时，数据要素通过对人力创新要素赋能，能够提升人力创新要素的洞察能力。人力创新要素洞察能力的提升能够帮助放贷方更精准地识别高成长性企业，提高处于成长期企业贷款成功的概率，为企业融资难问题提供解决思路。同时，数据要素与人力创新要素的匹配能够提升人力创新要素的工作效率，从而缩减银行等放贷方进行授信审批的时间，有效提升银行等金融机构的审批效率，缩减企业融资时间，从而提升资金流向制造业企业的效率。

第二，数据要素与人力创新要素匹配提升制造业企业对货币资金的使用效率。对于制造业企业而言，数据要素与人力创新要素相匹配，使人力创新要素能够灵活调整其参与生产的模式，从而促进企业由"串行生产"的线性分工向"并行制造"的网络分工转型。人力创新要素以"并行制造"模式参与生产，能够通过知识流的高效流转，缩短其参与项目的周期，加快项目资金回笼。资金回笼周期缩短有效提升了企业的资金使用效率。融资能力与资金使用效率的提升共同促进了企业流动性供给的增加，形成了企业资金蓄水池。充足的货币资金能够为持续和稳定的研发投入提供保障，当企业遇到更多具有成长潜力的研发项目时，充足的流动性资金储备提高了企业的创新意愿和抗风险能力，从而使企业更愿意尝试难度较高和周期较长的实质性创新，提升企业研发产出质量（段军山和庄旭东，2021）。

基于此，本书认为，数据要素与人力创新要素匹配通过提升企业流动性储备从而提升制造业企业研发产出质量。

（2）市场需求。如前文所述，人力创新要素与数据要素匹配不仅能够进一步提升其洞察能力，以数据要素的流动性加速人力创新要素的知识吸收，以此降低制造业厂商与消费者之间的信息不对称性，提升消费信息匹配效率，而且还能够简化生产者与消费者的交易流程，打破消费的时空界限。消费信息匹配效率的提升和消费时空界限的破除有利于刺激消费需求。而市场需求的扩大能够通过激发市场竞争，倒逼制造业企业创新，多样化和定制化的需求增多要求制造业企业专注于核心技术的研发。

第一，数据要素通过与人力创新要素匹配，极大地提升了消费信息匹配效率。数据要素能够精准地捕捉消费者对产品的偏好程度，而人力创新要素通过数据要素赋能，其研发洞察能力得到大幅提升，有利于激发人力创新要素产生新创意和灵感，从而瞄准市场机会，以创意化和个性化的产品设计激发潜在市场需求。此外，通过数字化网络平台的交易数据，制造厂商能够通过用户消费轨迹和偏好精准推送产品信息，而消费者能够通过线上消费平台反馈产品使用感受与未来改进方向。制造企业与消费者的双向互动有利于降低制造业厂商与消费者之间的信息不对称性，提升消费信息匹配效率（马玥，2021）。数据要素与人力创新要素匹配不仅拓宽了制造厂商的销售渠道，而且提升了用户消费满足感，有利于刺激消费需求的产生。

第二，数据要素与人力创新要素匹配能够打破消费的时空界限，激发市场潜能。数字化网络交易平台为消费者提供了新的消费渠道，通过数据要素赋能人力创新要素，不仅使其洞察能力得到提升，能够整合和捕捉不同地区的网络消费需求，从而针对市场需求进行定制化生产，刺激市场需求扩大，而且加速了人力创新要素生成隐性知识和创意的过程，能够在产品设计中融入更多知识；同时，在改进营销方式时汇集更多的创意和想法，通过数字化网络，打破消费的时空界限，刺激消费需求扩大。市场需求的扩大能够促进产品市场竞争，激烈的竞争环境倒逼制造业企业提高研发产出质量（Negassi 和 Hung，2014；Cao 等，2020）。

基于此，本书认为，数据要素与人力创新要素匹配通过刺激需求扩大从而提高制造业企业研发产出质量。

（3）供应链效率。供应链效率的提高意味着供应商与制造业厂商之间能够及时和有效地沟通。同时，也要求制造业企业能够根据市场需求对产品进行改造或研发新产品，融入更多的创新元素，减少库存积压。洞察能力及知识的流动对制造业企业提高供应链效率具有至关重要的作用。而供应链效率的提升能够为企业创造更好的环境，降低企业的研发风险，从而提高企业研发产出质量（Choi 等，2018）。

第一，在供应端，数据要素与人力创新要素匹配有利于制造业企业与上游供应商建立更紧密的联系。一方面，通过数据要素赋能，人力创新要素的技能水平和知识密度得到大幅提升，其洞察能力也得到进一步强化，能够精准判断和预测未来对上游供应产品数量和种类的需求，依靠数字化网络，上游供应商也能够及时响应。另一方面，借助数据要素的即时性等特性，制造业企业能够与上游供应商形成高效的数据传输网络，缩短产品制造和双方协商的时间，提高供应链效率。此外，人力创新要素通过对数据要素的理解和洞察能够生成隐性知识，再通过人力创新要素之间的交流，加速供应链之间隐性知识的吸收，促进供应链上游企业与制造业企业之间的知识整合，形成更有效的沟通模式，提升双方默契度，从而缩短供货协商时间，提升供应链效率。

第二，在消费端，数据要素与人力创新要素匹配能够帮助制造业企业快速响应市场需求的变化，降低由于消费者不确定性导致的库存积压，敏锐捕捉产品销售渠道，形成符合市场的价格调整机制。洞察能力的进一步提升能够对多样化和多元化的消费者需求进行精准预测，通过数据要素赋能，提升人力创新要素的知识密度，激发其产生新的创意和灵感，帮助制造业企业进行定制化产品的设计和生产，提升产品销量，减少库存堆积，从而提升供应链效率。供应链效率的提升为制造业企业进行研发创新提供了条件保障，库存产品的减少和及时响应的原材料供给能够降低企业进行研发创新活动的风险，提升制造业企业研发产出质量。

基于此，本书认为，数据要素与人力创新要素匹配通过提升供应链效率从而提高制造业企业研发产出质量。

第二节 实证分析

一、模型设定与变量定义

(一) 模型设定

为实证检验数据要素与人力创新要素匹配对制造业创新质量的影响效应,本书建立了如式(5-27)所示的基准回归模型。

$$FM\_ratio_{it} = \beta_0 + \beta_1 D_{it} + \beta_2 controls_{it} + u_i + \mu_t + \mu_p + \mu_{ind} + \mu_{ind} \times \mu_t + \varepsilon_{it} \quad (5\text{-}27)$$

其中,i为企业,t为年份。FM_ratio_{it}为企业发明专利占比。核心解释变量D为各省份数据要素与人力创新要素的匹配程度,用二者耦合协调度衡量。Controls为企业和省份层面控制变量的集合,μ_i、μ_t、μ_p和μ_{ind}分别表示企业、年份、省份和行业固定效应,以避免相关不可观测因素对实证结果的干扰。此外,本书还进行更严格的固定效应控制,$\mu_{ind} \times \mu_t$为行业与年份交互固定效应,以控制随年份变化的行业层面的因素对企业创新的影响,ε为随机扰动项。

(二) 变量定义

(1) 被解释变量。本书的被解释变量为制造业企业研发产出质量。值得说明的是,本书在前文机理解析中,通过高技能人力资本产业部门与低技能人力资本产业部门的研发产出之比体现研发产出质量,由于缺乏上市制造业企业高技能研发产出与低技能研发产出的具体数据,因此在实证分析中,依据数据的可得性与科学性,借鉴齐绍洲等(2018)的研究,采用上市公司独立与联合申请的发明专利数量占总专利申请数量的比重（FM_ratio$_{it}$）衡量。之所以用发明专利占比是由于发明专利占比的提高能够反映企业创新活动向高质量和高技术的方向进步。同时，采用占比的形式衡量能够消除企业绝对规模的影响，也有利于排除其他不可观测因素对实证结果的干扰（齐绍洲等，2018；Popp，2002，2006）。选择专利申请数量而不是授权数量的原因在于专利从申请至授权存在一定时滞，而专利从申请日起可能已经对企业的经营产生了实质性影响，并且专利从申请至授权过程受制于检测、年费缴纳及市场环境等因素的影响，存在诸多的不稳定性（黎文靖和郑曼妮，2016）。

（2）核心解释变量。本书的核心解释变量为数据要素与人力创新要素的匹配度，从数据价值化这一数字经济内涵出发，尝试以二者匹配刻画数据要素的价值实现过程。这是由于数据要素与人力创新要素匹配能够形成生产要素组合，提升洞察能力并促进隐性知识的吸收，提升新知识发现概率，从而形成数据生产力，实现数据要素价值化。诸多学者运用耦合协调度衡量两个变量（系统）之间的匹配程度，如王煌等（2020）采用地区人力资本与产业结构的耦合协调度体现人力资本与产业结构的匹配程度。本书借鉴这一思路，采用数据要素与人力创新要素的耦合协调度（D）衡量二者的匹配情况。值得说明的是，本书未运用交互项方式的原因在于：交互项的形式在含义上较为模糊，可能造成二者之间匹配信息的损失（叶德珠等，2021），且难以直观反映并横向比较各省份数据要素与人力创新要素的匹配程度。此外，本书与诸多研究的观点一致，认为单独的数据要素难以充分释放其创新红利。本书认为，在以提升研发产出质量为目标时，单独的数据要素需要与人力创新要素特有的隐性知识、创意和灵感相结合，才能释放其创新红利。同时，在尚不完善的市场环境中，单独的人力创新要素也需要数据要素的赋能，通过不断提升自身知识密度与技能水平，才能充分激发其创新活力，从而实现研发产出质量的提升。因此，本书认为，当以提升研发产出质量为目标时，在数据要素与人力创新要素参与研发生产的过程中，二者具有相互依赖的关联关系，采用耦合协调度模型对其进行测度是合理的。一是构建数据要素与人力创新要素评价指标体系。二是运用熵权—Topsis方法对其进行指数合成，运用耦合协调度模型测算数据要素与人力资本的耦合协调度。耦合协调度模型的测算方法见本书第三章。

首先，构建数据要素指标体系。数据要素是数字经济的关键要素，受限于数据可得性，本书衡量数据要素的指标内嵌于数字经济发展的指标体系之中。在借鉴陶长琪和徐茉（2021）研究的基础上，本书分别从数据要素来源、数据要素处理与维护、数据要素发展保障、数据要素应用与效益四个方面选取指标对数据要素的指标体系进行衡量。

一是数据要素来源。数据要素来源用数据生成与采集的能力衡量。由于依托于电子商务与互联网，消费者能产生大量的互联网足迹和偏好，平台和企业能够借此收集大量消费者数据。因此，有电子商务交易活动的企业占比越多，能够在一定程度上代表该地区数据生成和采集的能力就越高。借鉴陈小辉和张红伟（2021）的研究，采用有电子商务交易活动的企业占比、互联网宽带接入用户数及网站数、网页数和域名数衡量资料要素来源。

二是数据要素处理与维护。借鉴孙早和侯玉琳（2019）的研究，从数据处理与存储、信息平台维护等方面衡量数据要素处理与维护。

三是数据要素发展保障。数据要素发展保障以数字经济政策供给强度来衡量[①]。随着数字技术的兴起和蓬勃发展，激发数据要素活力对数字化生态系统的建设也提出了更高的要求。人工智能、工业互联网、物联网及云计算等数字技术的推广和发展是保障地区数据要素"质"和"量"双重提升的重要途径。

四是数据要素应用与效益。数据要素应用与效益包括金融服务数据应用与效益、供销过程数据应用与效益、工业数据应用与效益。借鉴郭峰等

---

① "数字经济政策供给强度"的度量和处理过程见本书第三章。

(2020)、陈小辉和张红伟(2021)的研究，分别采用数字普惠金融指数、电子商务采购额和电子商务销售额衡量金融服务及供销过程数据应用与效益。此外，近年来人工智能迎来了发展的新高潮，而作为人工智能最重要的应用之一，工业机器人开始越来越多地在生产中投入使用。因此，采用工业机器人安装量和保有量衡量工业数据应用与效益。与数字经济评价指标体系的不同之处在于：本书的数据要素评价指标内嵌于数字经济发展指标体系，但关注点明显不同。本书构建的数据要素评价指标体系更聚焦于数据要素从采集到处理并进行生产应用的整个处理流程。数字经济评价指标体系则侧重于从数字产业化、产业数字化和数字化治理等更为宏观和宽泛的视角展开，刻画的是数字经济作为一种新兴经济形态的特征。

其次，数据要素评价指标体系中的部分指标（如数据处理与存储）是由数字经济发展水平综合指标体系中"软件业务收入"中的分项指标经过处理与计算得到的，是相较于评价数字经济发展更精细化的数据。数据要素指标体系如表 5-1 所示。

表 5-1　数据要素指标体系

一级指标	二级指标	具体测算指标
数据要素来源	数据生成与采集	有电子商务交易活动的企业占比
		互联网宽带接入用户数
		网站数、网页数、域名数
数据要素处理与维护	数据处理与存储	信息技术咨询服务收入、数据处理和运营服务收入占生产总值的比重
	信息平台维护	信息系统集成业务、平台服务和运营维护服务收入占生产总值的比重
数据要素发展保障	数字经济政策供给强度	各地区实施的促进和保障数字化转型的法规文本数量
数据要素应用与效益	金融服务数据应用与效益	数字普惠金融指数
	供销过程数据应用与效益	电子商务采购额、电子商务销售额
	工业数据应用与效益	工业机器人保有量、工业机器人安装量

最后，构建人力创新要素指标体系。本章人力创新要素评价指标体系与本书第三章中构建的人力创新要素指标体系一致。具体测算指标如表 3-2 所示。

（3）其他变量。为控制企业与省份层面相关因素的干扰，本书还设置了一系列控制变量。企业层面控制变量包括企业规模（Asset）、员工人数（Labor）、企业成立年龄（Age）、净资产收益率（Roa）、资产负债率（Lev）、托宾 Q 值（TobinQ）及固定资产比例（Tangibility）。省份层面控制变量包括人均实际 GDP（Realpergdp）、对外贸易依存度（Ex）、产业结构（Industry）及政府干预程度（Fisc）。控制变量的选取与衡量方式均与第四章中相同。

（三）样本选择与数据来源

本书的样本范围为 2013—2018 年省份与制造业上市企业组成的面板数据。选取 2012 年作为基期。理由如下：第一，2012 年以后行业分类发生变化，选取 2012 年为基期，方便将工业机器人行业数据与中国国民行业分类代码匹配。具体步骤为：经过对比中国国民经济行业（2017）与国际标准行业分类（ISIC Rev4.0），将中国国民经济制造业行业归纳为 15 个三位数行业。第二，本书在构建数字经济发展水平的指标体系时，聚焦数字化的制度变革对数字经济发展的环境保障。何帆和刘红霞（2019）归纳了中国数字经济政策的演进阶段，认为 2012—2014 年为数字经济政策发展的萌芽期；2015—2016 年为发展期；2017 年至今，数字经济政策发展进入升华期。值得注意的是，同样在 2012 年，中国的移动端上网用户首次超过 IP 端上网人数。此时，互联网模式创新开始大幅涌现，数字技术开始蓬勃发展，产业数字化转型开始崭露头角，这标志着中国数字经济发展进入新阶段。

综合以上考虑，选取 2012 年作为本书的基期，对所有价格变量采用相应的平减指数进行平减。本书的省份层面数据来源于《中国统计年鉴》、

《中国科技统计年鉴》、《中国电子信息产业统计年鉴》、各省统计年鉴、国家统计局网站、国际机器人联合会（IFR）、Wind 数据库、国泰安数据库、中经网数据库及北大法宝网站。由于《中国电子信息产业统计年鉴》2017 年部分数据缺失，本书根据 2010—2016 年及 2018 年的数据，通过插值法将其补齐[①]。数字普惠金融指数由北京大学数字金融研究中心和蚂蚁金服集团共同编制得到（郭峰等，2020）。企业层面数据来源于国泰安数据库（CSMAR）、Wind 数据库及中国研究数据服务平台（CNRDS）。

二、基准回归结果分析

（一）特征性事实

（1）时序特征。图 5-3 刻画了数据要素与人力创新要素耦合协调度的时序特征。由图 5-3 可以发现，2013—2018 年，耦合协调度逐年增长，但数值最大也仅为 0.4 左右，尚未超过 0.45。数据要素综合序参量和人力创新要素综合序参量也呈逐年增长的趋势。还可以发现，在 2016 年以前，人力创新要素综合序参量均大于数据要素综合序参量，但二者的差距在逐年缩小。2017 年以后，数据要素综合序参量反超人力创新要素综合序参量。这说明近年来，我国的数据要素得到了大力培育和发展，在数字经济发展的浪潮下，数据要素的存量大幅提升，而人力创新要素的积累增速缓慢。从二者的增长趋势来看，随着数字经济如火如荼地推进，未来人力创新要素存量对应于数据要素将存在较大的缺口。虽然数据要素与人力创新

[①] 在后文的稳健性检验中，采用剔除缺失值的样本回归，所得结论与基准回归结论基本一致。此外，观察往期数据可以发现：信息技术服务合计 - 集成设计收入 = 数据处理能力的收入 + 信息平台维护的收入。因此，通过将"信息技术服务合计 - 集成设计收入"得到的样本，与使用插值法估计得到的样本进行相关性检验和配对样本 t 检验，便可检验插值法计算数据是否可靠。相关性检验表明，两个样本之间在 1% 的水平上高度相关，相关系数达 0.9943。配对样本 t 检验显示，p 值为 0.2703，表明两个样本之间不存在显著差异。以上检验均表明采用插值法补齐得到的数据较为可靠。

要素的耦合协调度逐年增长，但二者的存量水平均未处于高位，导致二者的耦合协调度的数值较低。因此，如何在数字经济发展的同时，注重对人力创新要素的培养，是地方政府发挥生产要素组合效应、实现经济发展弯道超车的重要途径。

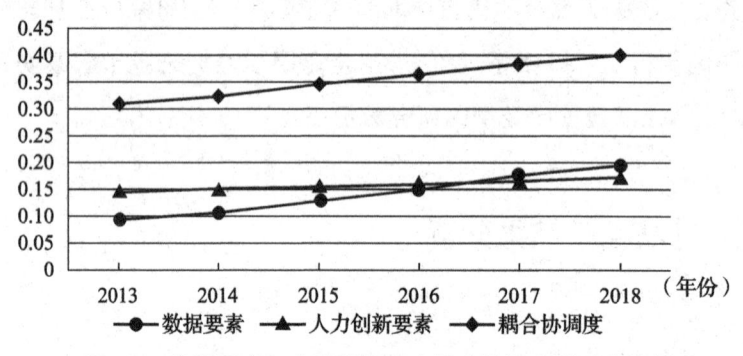

图 5-3　数据要素与人力创新要素耦合协调度的时序特征

（2）空间特征。图 5-4 刻画了数据要素与人力创新要素耦合协调度的空间特征。从数据要素与人力创新要素的耦合协调度的空间分布可以发现，耦合协调度值较高的省份分别是北京市（0.7558）、广东省（0.6506）、江苏省（0.5569）、上海市（0.5339）及浙江省（0.5268）。说明这五个省市的数据要素和人力创新要素实现了相对较高质量的协调，这与直觉相符。以上五个省市由于其对高技能劳动力具有较强的吸收能力，同时数字经济发展基础较好，因此其数据要素与人力创新要素的匹配度相对较高。此外，耦合协调度相对较高的省份还有山东省（0.4977）、四川省（0.4314）、福建省（0.4004）和辽宁省（0.3990）。数据要素与人力创新要素的耦合协调度数值较低的地区主要有：宁夏回族自治区（0.1807）、青海省（0.1843）、新疆维吾尔自治区（0.1948）、内蒙古自治区（0.2102）和甘肃省（0.2221）等。可以发现，上述省份均属于中国的西部地区。由于地理环境的限制及生产要素的匮乏，以上省、区、市均具有较低的人力创新要素综合序参量。同时，由于数字经济发展的基础环境和条件的限制，其数据要素综合序参量也相对较低。此外，从图 5-4 还可以发现，若省、区、市具有相似的人力创新要素综合序参量，但二者的数据要素综合序参量具有较显著的差异，将使数据要素与人力创新要素的耦合协调度产生较大差异。这意味着对于具有相似水平的人力创新要素的地区而言，充分发挥人力创新要素与数据要素协同作用的关键在于快速提升地区的数据要素积累。同时也能发现，当数据要素发展到一定阶段时，若缺少人力创新要素的匹配，耦合协调度的差距会被拉大。这说明，当数据要素积累到一定程度时，应该注重与数据要素相适宜的人力创新要素的培育，二者协同发展是激发要素组合正面经济效应的重要渠道。

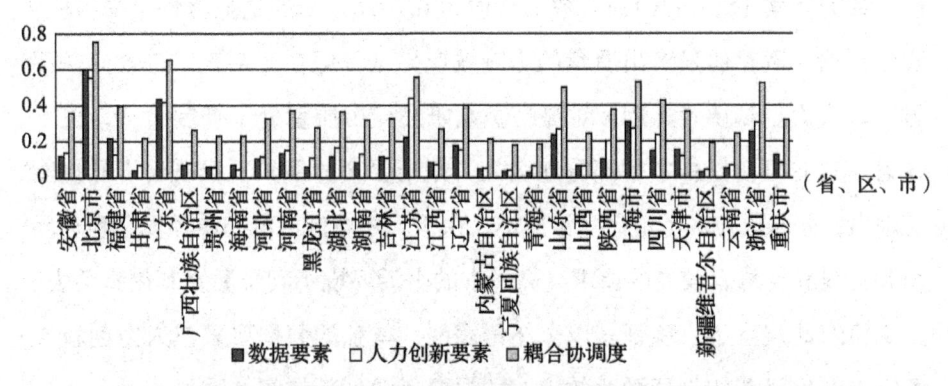

图 5-4 数据要素与人力创新要素耦合协调度的空间特征

（二）基准回归

表 5-2 为数据要素与人力创新要素匹配影响制造业企业研发产出质量的基准回归结果。表 5-2 第（1）列为仅控制企业、年份和省份固定效应的回归结果。由表 5-2 第（1）列的估计结果可知，数据要素与人力创新要素耦合协调度的系数估计值为 0.3876，在 10% 的水平下显著为正。第（2）列在第（1）列的模型基础上，加入地区层面的控制变量，耦合协调度 D 的系数估计值为 0.4663，依然在 10% 的水平下显著。第（3）列在第（2）列的基础上，加入企业层面的控制变量，并控制行业固定效应及行业×年份交互固定效应。在控制条件最为严格的第（3）列中，耦合协调度 D

的系数估计值为 0.5093，在 5% 的水平下显著为正。说明数据要素与人力创新要素匹配显著提升了企业发明专利占比，增强了制造业企业的研发产出质量。

本书强调数据要素需要与人力创新要素形成要素组合效应，才能最大限度地释放其创新红利，仅依赖任一单独的生产要素，其对制造业企业研发产出质量的影响显著小于要素组合的作用。因此，本书进一步分析单独的数据要素（人力创新要素）对制造业企业研发产出质量的影响效应。实证结果如表 5-2 第（4）列和第（5）列所示。从表 5-2 第（4）列可以发现，数据要素（Sj）的回归系数估计值为 0.1616，未通过显著性水平检验，表明数据要素对研发产出质量的影响效应为正，但在当期该促进效应并不显著。人力创新要素（Rl）对提高企业研发产出质量处于抑制阶段，但不显著。这有可能是样本中部分地区人力创新要素的积累不仅挤出了低技能劳动力，同时也拉高了地区生活成本。由于人才对生活的物质环境、精神环境和自我满足感有较高的追求，高成本的生活环境不利于激发其创新活力。后文将对此观点进行验证。以上结论表明，单独的数据要素或人力创新要素难以产生显著的创新激励效应，数据要素的创新红利的释放依赖于其与人力创新要素的要素组合效应。这一研究结论对于各地区推进数字经济发展与新旧动能转换具有重要的现实意义。地方政府在大力推动数字基础设施和数字化改革的同时，必须认识到人力创新要素的重要作用，不可偏废一方，实现数据要素与人力创新要素的协同发展才能充分释放其创新红利。

表 5-2 基准回归结果

变量	（1）FM_ratio	（2）FM_ratio	（3）FM_ratio	（4）FM_ratio	（5）FM_ratio
D	0.3876* (1.7447)	0.4663* (1.8646)	0.5093** (1.9854)	—	—
Sj	—	—	—	0.1616 (1.0471)	—
Rl	—	—	—	—	−0.0625 (−0.4065)

续表

变量	(1) FM_ratio	(2) FM_ratio	(3) FM_ratio	(4) FM_ratio	(5) FM_ratio
Asset	—	—	0.0379** (2.5778)	0.0384*** (2.6344)	0.0391*** (2.6774)
Labor	—	—	−0.0466*** (−3.1996)	−0.0469*** (−3.2117)	−0.0467*** (−3.1857)
Age	—	—	−0.0663 (−0.5296)	−0.0653 (−0.5234)	−0.0629 (−0.5008)
Roa	—	—	−0.0243 (−0.6051)	−0.0252 (−0.6263)	−0.0257 (−0.6402)
Lev	—	—	0.0344 (0.9398)	0.0358 (0.9750)	0.0360 (0.9812)
TobinQ	—	—	−0.0009 (−0.1887)	−0.0007 (−0.1543)	−0.0007 (−0.1580)
Tangibility	—	—	−0.0200 (−0.3364)	−0.0202 (−0.3417)	−0.0209 (−0.3537)
Realpergdp	—	0.1033 (0.5845)	0.0859 (0.4658)	0.1288 (0.6621)	0.1604 (0.8192)
Ex	—	0.0528 (0.9977)	0.1012* (1.6927)	0.1096 (1.2523)	0.0426 (0.7306)
Fisc	—	−0.2037 (−0.5908)	−0.1309 (−0.3471)	−0.2260 (−0.5976)	−0.2326 (−0.6096)
Industry	—	0.1123 (0.4124)	0.1462 (0.5237)	0.2062 (0.6947)	0.1677 (0.5756)
常数项	0.2840** (2.5741)	−0.9496 (−0.4906)	−1.1119 (−0.5316)	−1.4087 (−0.6429)	−1.6721 (−0.7495)
观测值	7023	7023	7021	7021	7021
R^2	0.7184	0.7186	0.7320	0.7318	0.7318
企业、年份、省份固定效应	控制	控制	控制	控制	控制
行业固定效应	未控制	未控制	控制	控制	控制
行业×年份固定效应	未控制	未控制	控制	控制	控制

注：*、**、***分别表示在10%、5%和1%的水平下显著，使用"省份—年份"维度聚类调整得到聚类稳健标准误，括号内为t值。

(三) 稳健性与内生性检验

为了检验基准回归结果的可信度，本书采取多种方式进行稳健性检验，表 5-3 给出了稳健性检验的回归估计结果。具体做法如下：①纳入更多控制变量。表 5-3 第（1）列给出了在模型 1 的基础上进一步控制企业研发投入水平 R&D（研发费用与营业收入的比值）、流动比率 Cr（企业流动资产与流动负债的比值）、企业所有制 Soe（是否属于国有企业虚拟变量）及地区创业精神变量 Cy（私营企业就业与个体就业人员之和与就业人数的比值）的回归估计结果。在表 5-3 第（1）列中，数据要素与人力创新要素耦合协调度 D 的系数估计值为 0.5153，在 5% 的水平下显著为正，说明在控制更为严格的条件下，二者匹配度的提升依然能够显著提高制造业企业的研发产出质量。②替换核心变量。首先，将人力创新要素指标体系中的 R&D 人员指标项仅运用其二级指标"研究与开发机构 R&D 人员全时当量"衡量。重新采用熵权—Topsis 方法测算数据要素与人力创新要素的耦合协调度（D2）后，进行回归分析。表 5-3 第（2）列给出了回归结果，再次验证了基准回归的稳健性。其次，基准回归中发明专利占比采用的是上市企业独立与联合申请的发明专利之和占总专利申请数的比例衡量。虽然联合申请专利能够在一定程度上反映上市企业的协作创新能力，但独立申请专利更能体现企业自身的创新能力。因此，表 5-3 第（3）列将被解释变量替换成企业独立申请的发明专利占专利申请总数的比例（FM_ratio2），结果与基准回归基本一致。最后，本书还使用发明专利未来两年平均引用率作为被解释变量。表 5-3 第（4）列给出了回归估计结果，可以看到，耦合协调度的回归系数估计值为 1.5109，在 5% 的水平下显著为正，再次验证了本书基准回归结果的可信度和稳健性。③删除 2017 年的样本。由于数据要素指标体系的二级指标变量"数据处理与存储"及"信息平台维护"在 2017 年存在缺失值，在基准回归中采用插值法进行补齐。虽然在数据要素指标体系 13 个变量指标中，这两个指标的权重不大，但为排除补齐样本给实证结果造成的干扰，本书剔除了 2017 年的样本，采用熵权—Topsis 方法和耦合协调度模型对其重新测算，得到耦合协调度 D3。表 5-3 第（5）列展示了回归估计结果。可以看到，耦合协调度的系数估计值为 0.5742，在 5% 的水平下显著。以上稳健性检验均验证了基准回归结论的可信度。

表 5-3　稳健性检验

变量	（1）FM_ratio	（2）FM_ratio	（3）FM_ratio2	（4）Cite	（5）FM_ratio2
D	0.5153** (1.9831)	—	0.6332** (2.5109)	—	—
D2	—	0.5444* (1.8545)	—	1.5109** (2.2984)	—
D3	—	—	—	—	0.5742** (2.3961)
Asset	0.0373** (2.5171)	0.0384*** (2.6280)	0.0441*** (3.1266)	0.0438 (1.2315)	0.0482*** (2.7965)
Labor	−0.0452*** (−3.0619)	−0.0470*** (−3.2374)	−0.0454*** (−3.1438)	−0.0568* (−1.8128)	−0.0530*** (−2.9270)
Age	−0.0570 (−0.4584)	−0.0664 (−0.5313)	−0.1550 (−1.0008)	−0.1599 (−0.4732)	−0.1747 (−1.0430)
Roa	−0.0182 (−0.4425)	−0.0252 (−0.6270)	−0.0339 (−0.7793)	−0.0495 (−0.5737)	−0.0100 (−0.2012)
Lev	0.0584 (1.4364)	0.0351 (0.9571)	0.0219 (0.5938)	0.2258** (2.1221)	0.0688* (1.6556)
TobinQ	−0.0007 (−0.1559)	−0.0008 (−0.1663)	0.0009 (0.1904)	−0.0127 (−1.1548)	−0.0008 (−0.1525)
Tangibility	−0.0140 (−0.2347)	−0.0203 (−0.3424)	0.0401 (0.7743)	−0.2033 (−1.4387)	−0.0006 (−0.0109)
Cr	0.0028 (1.0696)	—	—	—	—
Soe	0.0130 (0.3071)	—	—	—	—
R&D	0.0753 (0.3851)	—	—	—	—

续表

变量	（1） FM_ratio	（2） FM_ratio	（3） FM_ratio2	（4） Cite	（5） FM_ratio2
Realpergdp	0.1037 (0.5543)	0.1088 (0.5954)	−0.0365 (−0.2155)	0.1037 (0.2268)	0.0062 (0.0360)
Ex	0.0846 (1.2922)	0.1158* (1.7438)	0.0531 (0.8389)	0.5494*** (2.8245)	0.0384 (0.5867)
Fisc	−0.0683 (−0.1752)	−0.1587 (−0.4230)	−0.2477 (−0.6807)	1.3678 (1.2602)	−0.3513 (−0.9115)
Industry	0.0478 (0.1481)	0.1443 (0.5009)	0.0968 (0.3568)	−0.7828 (−1.3038)	0.0933 (0.3105)
Cy	−0.0578 (−0.7467)	—	—	—	—
观测值	7021	7021	6575	4193	4968
R^2	0.7321	0.7320	0.7272	0.6197	0.7339
企业、年份 固定效应	控制	控制	控制	控制	控制
省份、行业 固定效应	控制	控制	控制	控制	控制
行业×年份 固定效应	控制	控制	控制	控制	控制

注：*、**、*** 分别表示在 10%、5% 和 1% 的水平下显著，使用"省份—年份"维度聚类调整得到聚类稳健标准误，括号内为 t 值。

本书不仅采用以上多种方式对基准回归模型的稳健性进行了检验，而且还尝试对基准回归模型中可能存在的内生性问题进行了探讨。由于本书探究的问题是省份层面的数据要素与人力创新要素匹配对制造业微观企业的研发产出质量的影响，一般而言，微观企业的经济活动难以直接影响一个地区数据要素与人力创新要素的匹配水平，存在反向因果的可能性较低。在基准回归中，也控制了较为严格的固定效应，尽可能地排除遗漏变量造成的干扰。但为稳健起见，本书尝试使用工具变量法和反向回归方法缓解基准回归模型中可能存在的内生性问题。回归结果分别如表 5-4 和表 5-5 所示。

表 5-4 工具变量法检验

变量	(1) FM_ratio	(2) FM_ratio	(3) FM_ratio
D	3.7028*** (2.6882)	3.1784*** (2.6811)	3.5620*** (2.7968)
Asset	0.0316* (1.7458)	0.0327* (1.8398)	0.0319* (1.7673)
Labor	−0.0467*** (−3.2137)	−0.0467*** (−3.2312)	−0.0467*** (−3.2183)
Age	−0.0869 (−0.7406)	−0.0835 (−0.7139)	−0.0860 (−0.7330)
Roa	−0.0199 (−0.5017)	−0.0206 (−0.5271)	−0.0201 (−0.5095)
Lev	0.0264 (0.6170)	0.0277 (0.6479)	0.0267 (0.6196)
TobinQ	−0.0014 (−0.3134)	−0.0013 (−0.2975)	−0.0014 (−0.3094)
Tangibility	−0.0136 (−0.2407)	−0.0146 (−0.2618)	−0.0139 (−0.2473)
Realpergdp	−0.4070* (−1.7049)	−0.3260 (−1.5340)	−0.3852* (−1.6667)
Ex	0.4415*** (2.7187)	0.3856*** (2.6927)	0.4265*** (3.0565)
Fisc	0.4117 (0.9530)	0.3226 (0.7886)	0.3878 (0.9809)
Industry	0.0203 (0.0740)	0.0409 (0.1519)	0.0258 (0.0979)
Hansen J statistic	—	0.7120 (0.3986)	0.0500 (0.8232)
Wald F statistic	168.0810	122.0590	115.8310
观测值	7021	7021	7021
企业、年份固定效应	控制	控制	控制
省份、行业固定效应	控制	控制	控制
行业×年份固定效应	控制	控制	控制

注：*、**、*** 分别表示在 10%、5% 和 1% 的水平下显著，使用"省份—年份"维度聚类调整得到聚类稳健标准误，括号内为 t 值。

（1）工具变量法。工具变量法检验结果如表 5-4 所示。具体做法如下：首先，借鉴黄群慧等（2019）的研究，构造各地区 1984 年人均固定电话数量（与个体变化有关）与上一年全国互联网投资额（与时间有关）的交互项（tele×int），作为地区数据要素的工具变量。其次，借鉴陈诗一和陈登科（2018）的研究思路，选取各省份《政府工作报告》中数字经济的词频占比（zfgz）作为数据要素的工具变量。由于近年来数据要素发展迅猛，对人力创新要素禀赋具有赶超态势。因此，以数据要素的工具变量对耦合协调度进行两阶段最小二乘检验。表 5-4 中第（1）列是以交互项（tele×int）作为工具变量的估计结果。第（2）列则是以交互项（tele×int）与各省份《政府工作报告》中数字经济词频占比（zfgz）共同作为工具变量的估计结果。最后，由于数据要素与人力创新要素耦合协调度的数值大小还取决于地区人力创新要素初始禀赋和当期存量，因此，本书借鉴陈斌开和张川川（2016）的研究，以 1998 年各省份高等院校数目和滞后 4 期全国高校扩招规模的交互项（cu×enro）作为人力创新要素的工具变量。分别将 tele×int 与 cu×enro 作为耦合协调度的工具变量，回归结果如表 5-4 第（3）列所示。

从表 5-4 的结果可知，无论采用何种工具变量，耦合协调度 D 的估计系数均在 1% 的水平下显著为正，并且 Wald-F 统计量的值均远远大于 10，说明不存在弱工具变量问题。第（2）列和第（3）列中 Hansen J 统计量未通过显著性检验，说明工具变量是外生有效的，也说明无论采用何种工具变量进行内生性检验，都能在一定程度上缓解模型中可能存在的内生性问题，基准回归结果仍然保持不变。

（2）反向回归法。虽然上文已用工具变量法在一定程度上缓解了反向因果与遗漏变量问题带来的内生性干扰，但为稳健起见，本书进一步借鉴 Jiang 等（2016）的做法，通过式（5-28）探究制造业企业发明专利占比的提升是否可以影响地区数据要素与人力创新要素的耦合协调发展。

$$\Delta D_t = \beta_0 + \beta_1 FM\_ratio_{t-1} + \beta_2 Sj_{t-1} + \beta_3 Rl_{t-1} + \beta_4 Realpergdp_{t-1} + \beta_5 ex_{t-1} +$$
$$\beta_6 fisc_{t-1} + \beta_7 Industry_{t-1} + \mu_t + \mu_p + \varepsilon \quad (5-28)$$

其中，ΔD_t 为各地区 t 年度数据要素与人力创新要素耦合协调度的变化量；FM_ratio_{t-1} 为 t−1 期的发明专利申请占比水平，采用该地区所有制造业上市企业发明专利占比的平均值（$FM\_ratio_{t-1}^{Mean}$）及中位数（$FM\_ratio_{t-1}^{Median}$）进行衡量；Sj_{t-1} 为 t−1 期地区的数据要素水平；Rl_{t-1} 为 t−1 期地区的人力创新要素水平；其余变量均为 t−1 期的基准回归中地区层面的控制变量。μ_t 为年份固定效应，μ_p 为省份固定效应。反向因果内生性检验如表 5-5 所示。如果地区层面的发明专利占比数量能够显著地影响地区数据要素与人力创新要素的积累，从而对其耦合协调度产生影响，那么在回归结果中应观测到 $FM\_ratio_{t-1}^{Mean}$ 和 $FM\_ratio_{t-1}^{Median}$ 的回归系数估计值通过了显著性水平检验。表 5-5 第（1）列为 $FM\_ratio_{t-1}^{Mean}$ 对 ΔD_t 的回归结果，第（2）列为 $FM\_ratio_{t-1}^{Median}$ 对 ΔD_t 的回归结果。可以发现，$FM\_ratio_{t-1}^{Mean}$ 和 $FM\_ratio_{t-1}^{Median}$ 的系数估计值均不显著，说明发明专利占比的提升并不能预测地区数据要素与人力创新要素的耦合协调发展情况。这意味着数据要素与人力创新要素匹配对制造业企业研发产出质量的增强效应并不是由反向因果的内生性问题引起的。此外，注意到滞后期的数据要素积累对耦合协调度的变化呈显著的抑制效应，本书认为这可能是由于随着数据要素积累程度的提升，其与人力创新要素的耦合协调度的增量具有边际效应递减趋势，即在数据要素发展初期，数据要素的微小增量就能较大幅度地改善耦合协调度，而当数据要素发展至一定阶段，人力创新要素积累速度缓慢，耦合协调度随着数据要素积累而发生改善的幅度减小。

表 5-5 反向因果内生性检验

变量	（1）ΔD_t	（2）ΔD_t
$FM\_ratio_{t-1}^{Mean}$	−0.0063 （−0.6893）	—

续表

变量	(1) ΔD_t	(2) ΔD_t
$FM\_ratio_{t-1}^{Median}$	—	-0.0063 (-0.7273)
Sj_{t-1}	-0.3133*** (-3.9143)	-0.3131*** (-3.9194)
Rl_{t-1}	0.0105 (0.0786)	0.0134 (0.0999)
$Realpergdp_{t-1}$	0.0969** (2.0587)	0.0972** (2.0521)
Ex_{t-1}	-0.0682* (-2.0321)	-0.0671* (-2.0084)
$Fisc_{t-1}$	0.0549 (0.5015)	0.0549 (0.4945)
$Industry_{t-1}$	-0.1609* (-2.0402)	-0.1626* (-2.0239)
常数项	-0.9122* (-1.8452)	-0.9154* (-1.8431)
观测值	150	150
R^2	0.5511	0.5516
省份、年份固定效应	控制	控制

注：*、**、*** 分别表示在10%、5%和1%的水平下显著，使用省份维度聚类调整得到聚类稳健标准误，括号内为t值。

三、异质性分析

总体而言，数据要素与人力创新要素匹配能够提高制造业企业研发产出质量，但由于中国各地区的经济发展环境与禀赋差异、行业要素密集度差异及企业面临的金融约束程度差异都对企业的研发产出质量有重要的影响，因此，有必要从企业所处区域、行业要素密集程度及企业金融约束程度三个方面探究数据要素与人力创新要素耦合协调发展对提高企业研发产出质量的异质性效应。

（1）企业所处区域。表5-6给出了区域异质性分析的结果。数据要素与人力创新要素匹配对中部地区企业的研发产出质量具有显著的增强效应。本书认为，这可能是由于：虽然东部地区具备良好的产业基础和营商环境，但由于东部地区在完成人力创新要素积累的同时，挤出了城市部分低技能劳动力，使部分高技能劳动力只能从事低技能劳动力岗位的工作，抬高了城市的生活成本，提高了面对面交流的难度，不利于隐性知识的流动和新知识的产生。因此，数据要素与人力创新要素匹配对东部地区企业的研发产出质量不具有显著的增强效应。本书在进一步的分析中对此猜想进行了检验。与西部地区相比，中部地区企业具备一定的产业基础和人力资本禀赋。随着中部地区各省份对数据要素积累的重视程度日益提高，在样本区间内，数据要素积累水平提升迅速，其与人力创新要素匹配对研发产出质量产生的增强效应开始显现。而西部地区和东北部地区由于地理位置的约束，其对人力资本的吸引力不足，人力创新要素积累水平较低。虽然数据要素日益丰富，但人力创新要素的积累需要较长的时间，受限于人力创新要素存量的约束，单独的数据要素难以提升企业研发产出质量。以上结果意味着中部地区各省份若能抓住数字经济发展的契机，重视人力创新要素的积累，促进数据要素与人力创新要素的耦合协调发展，就有机会充分释放创新红利，实现中部地区的弯道超车和崛起。

表5-6 区域异质性分析

变量	(1) FM_ratio 东部地区	(2) FM_ratio 中部地区	(3) FM_ratio 西部地区	(4) FM_ratio 东北部地区
D	0.0085 (0.0408)	1.2942* (1.9784)	−1.4661 (−1.1496)	−1.5471 (−0.4474)
Asset	0.0506*** (3.0582)	0.0037 (0.0707)	0.0532 (1.0458)	0.0086 (0.0563)
Labor	−0.0646*** (−4.1492)	−0.0105 (−0.2215)	−0.0460 (−0.6315)	−0.0675 (−0.5441)

续表

变量	(1) FM_ratio 东部地区	(2) FM_ratio 中部地区	(3) FM_ratio 西部地区	(4) FM_ratio 东北部地区
Age	0.0368	0.0909	−1.4382***	2.7897**
	(0.2861)	(0.2403)	(−3.4909)	(2.6743)
Roa	−0.0577	−0.0970	0.1343	0.0168
	(−1.3547)	(−0.6752)	(1.3975)	(0.0414)
Lev	−0.0058	0.2476**	0.1476	−0.2768
	(−0.1328)	(2.5893)	(1.3999)	(−0.6399)
TobinQ	−0.0048	−0.0084	0.0292*	0.0070
	(−0.8416)	(−0.7101)	(1.9336)	(0.2659)
Tangibility	−0.0179	−0.0334	−0.0358	0.0442
	(−0.2468)	(−0.2090)	(−0.1946)	(0.0688)
Realpergdp	−0.6626*	−2.3985***	−0.1471	0.8201
	(−1.9469)	(−4.3382)	(−0.4553)	(0.2664)
Ex	0.1113	−2.0017	0.6925*	−1.3346
	(1.5858)	(−1.4854)	(1.9817)	(−0.4765)
Fisc	0.2467	0.1786	−2.2497**	2.0222
	(0.5509)	(0.1430)	(−2.4925)	(1.7213)
Industry	−0.0902	−0.7393	0.6602	−1.8641
	(−0.1727)	(−0.9520)	(1.1413)	(−0.7367)
常数项	7.2128*	25.7587***	6.0702	−15.1770
	(1.8329)	(4.2409)	(1.6044)	(−0.4313)
观测值	4923	1029	788	207
R^2	0.7351	0.7749	0.7665	0.8394
企业、年份固定效应	控制	控制	控制	控制
省份、行业固定效应	控制	控制	控制	控制
行业×年份固定效应	控制	控制	控制	控制

注：*、**、***分别表示在10%、5%和1%的水平下显著，使用"省份—年份"维度聚类调整得到聚类稳健标准误，括号内为t值。

（2）行业要素密集程度。表 5-7 给出了按照制造业行业要素密集度分组的回归结果。可以发现，仅在劳动密集型企业中，数据要素与人力创新要素匹配能够显著提高制造业企业研发产出质量。这意味着二者耦合协调发展有利于促进劳动密集型企业向技术密集型转型升级。本书认为这可能是由于劳动密集型企业的研发要素匮乏，地区数据要素与人力创新要素匹配所产生的高效流动的新知识能够大幅改善其研发环境，从而显著地提高其研发产出质量。而技术密集型企业和资本密集型企业本身具备一定的研发创新实力和基础，在短期内实现研发产出质量的提高需要突破式创新能力的积累，因此，在当期，数据要素与人力创新要素匹配对其研发产出质量的增强效应未能显现。

表 5-7 行业异质性分析

变量	（1）FM_ratio 技术密集型	（2）FM_ratio 资本密集型	（3）FM_ratio 劳动密集型
D	0.2530	0.4555	2.6222**
	(0.9547)	(1.0399)	(2.3909)
Asset	0.0517***	0.0450	−0.0488
	(2.9352)	(1.2894)	(−1.2231)
Labor	−0.0572***	−0.0411	−0.0483
	(−3.8318)	(−1.2148)	(−0.9901)
Age	0.0820	−0.2473	−0.5921
	(0.5635)	(−0.8509)	(−1.0687)
Roa	−0.0483	−0.0382	0.2131
	(−0.9704)	(−0.5107)	(1.3277)
Lev	0.0588	−0.0686	0.1472
	(1.3391)	(−0.8269)	(1.2435)
TobinQ	−0.0023	0.0030	−0.0072
	(−0.4691)	(0.2534)	(−0.4715)
Tangibility	0.0429	−0.0932	0.0841
	(0.5609)	(−0.9129)	(0.4728)

续表

变量	（1）FM_ratio 技术密集型	（2）FM_ratio 资本密集型	（3）FM_ratio 劳动密集型
Realpergdp	0.1750	−0.0900	−0.1968
	(0.7553)	(−0.3137)	(−0.2787)
Ex	0.1074	−0.1112	0.7679***
	(1.4062)	(−0.9908)	(3.0236)
Fisc	0.1296	−0.6577	−0.2065
	(0.2924)	(−0.9906)	(−0.1425)
Industry	0.1700	0.3175	−1.0197
	(0.4908)	(0.6860)	(−0.9294)
常数项	−2.7503	1.4618	4.6135
	(−1.0409)	(0.4234)	(0.5919)
观测值	4281	2002	720
R^2	0.7298	0.7164	0.7259
企业、年份固定效应	控制	控制	控制
省份、行业固定效应	控制	控制	控制
行业×年份固定效应	控制	控制	控制

注：*、**、***分别表示在10%、5%和1%的水平下显著，使用"省份—年份"维度聚类调整得到聚类稳健标准误，括号内为t值。

（3）企业金融约束程度。表5-8给出了按照企业金融约束程度中位数分组的回归结果。采用（应收账款－应付账款＋存货＋现金持有量）与总资产的比值作为企业金融约束的反向代理变量。根据回归结果可以发现，在金融约束程度低的样本中，数据要素与人力创新要素匹配能够显著提升制造业企业研发产出质量；在金融约束程度高的样本中，数据要素与人力创新要素匹配对企业研发产出质量的影响不显著。这说明，企业金融约束程度越低，越有利于强化数据要素与人力创新要素匹配对制造业企业研发产出质量的增强效应。这是由于金融约束程度低意味着企业能够获得更多用于研发的资源，当数据要素与人力创新要素匹配形成有利于推进研发进程的新知识和新洞见时，企业具有充分的资源调度空间，能够整合资源以维持创新活动的连续性，从而提升研发产出质量。

表5-8 企业异质性分析

变量	（1）FM_ratio 金融约束低	（2）FM_ratio 金融约束高
D	1.1559***	−0.3370
	(3.4333)	(−0.6668)
Asset	−0.0024	0.0912***
	(−0.0853)	(3.0055)
Labor	0.0146	−0.0963***
	(0.5979)	(−3.3881)
Age	0.0774	0.0319
	(0.3479)	(0.1114)
Roa	−0.1052	−0.0337
	(−1.1663)	(−0.4377)
Lev	0.0378	0.1012
	(0.6307)	(1.3278)
TobinQ	0.0044	0.0063
	(0.7302)	(0.7648)
Tangibility	−0.0598	0.0077
	(−0.4784)	(0.0892)
Realpergdp	0.2932	0.0992
	(1.2827)	(0.2451)
Ex	0.2246**	−0.1628*
	(2.3985)	(−1.8585)
Fisc	0.2166	0.0943
	(0.4423)	(0.1478)
Industry	0.3022	−0.1447
	(0.8589)	(−0.2565)
常数项	−3.9312	−1.7363
	(−1.5288)	(−0.3714)

续表

变量	（1）FM_ratio 金融约束低	（2）FM_ratio 金融约束高
观测值	2602	2662
R^2	0.7843	0.7621
企业、年份固定效应	控制	控制
省份、行业固定效应	控制	控制
行业×年份固定效应	控制	控制

注：*、**、***分别表示在10%、5%和1%的水平下显著，使用"省份—年份"维度聚类调整得到聚类稳健标准误，括号内为t值。

第三节 中介效应分析

在理论分析中，本书认为数据要素与人力创新要素匹配通过资金蓄水池效应、市场需求挖掘效应及供应链柔性响应效应提高制造业企业研发产出质量。为验证以上可能存在的中介作用渠道，本书构建如式（5-29）和式（5-30）所示的中介效应检验模型。式（5-29）检验数据要素与人力创新要素匹配对企业流动性储备、市场需求及供应链效率的影响效应，M代表以上机制变量。式（5-30）将数据要素与人力创新要素的耦合协调度D和M纳入同一模型中，检验在控制数据要素与人力创新要素耦合协调度D对提升企业研发产出质量的直接效应后，中介机制变量M对企业研发产出质量的影响。

$$M_{it} = \alpha_0 + \alpha_1 D_{it} + \alpha_2 controls_{it} + \mu_i + \mu_t + \mu_p + \mu_{ind} + \mu_{ind} \times \mu_t + \varepsilon_{it} \quad (5\text{-}29)$$

$$FM\_ratio_{it} = c_0 + c_1 D_{it} + c_2 M_{it} + c_3 controls_{it} + \mu_i + \mu_t + \mu_p + \mu_{ind} + \mu_{ind} \times \mu_t + \varepsilon_{it} \quad (5\text{-}30)$$

一、资金蓄水池效应

表5-9给出了资金蓄水池效应的检验结果。本书采用货币资金与总资

产的比值衡量企业流动性供给水平（Ocf）。第（1）列为式（5-27）的估计结果，前文已经给出，即数据要素与人力创新要素匹配能够提升制造业研发产出质量。在此基础上，验证数据要素与人力创新要素匹配对企业流动性供给的影响效应。第（2）列为式（5-29）的估计结果。第（2）列中耦合协调度 D 的系数估计值为 0.1336，在 10% 的水平下显著，说明数据要素与人力创新要素匹配提升了制造业企业的流动性供给水平，有利于企业形成资金蓄水池。第（3）列为式（5-30）的回归估计结果。流动性供给 Ocf 的回归系数估计值为 0.1008，在 5% 的水平下显著，说明企业的流动性储备增多显著提升了制造业企业研发产出质量。结合以上回归结果，可以验证数据要素与人力创新要素匹配通过形成资金蓄水池效应从而拓宽制造业企业研发产出质量提升的中介渠道。

表 5-9　渠道检验：流动性供给

变量	（1）FM_ratio	（2）Ocf	（3）FM_ratio
D	0.5093**	0.1336*	0.4958*
	(1.9854)	(1.8445)	(1.9215)
Ocf	—	—	0.1008**
			(2.3178)
Asset	0.0379**	0.0199***	0.0359**
	(2.5778)	(2.7729)	(2.3747)
Labor	−0.0466***	−0.0414***	−0.0425***
	(−3.1996)	(−6.2993)	(−2.7940)
Age	−0.0663	−0.1664***	−0.0495
	(−0.5296)	(−2.6659)	(−0.4091)
Roa	−0.0243	0.0357***	−0.0279
	(−0.6051)	(2.7473)	(−0.6925)
Lev	0.0344	−0.1648***	0.0510
	(0.9398)	(−9.0675)	(1.3803)
TobinQ	−0.0009	−0.0036**	−0.0005
	(−0.1887)	(−2.1710)	(−0.1095)
Tangibility	−0.0200	−0.2779***	0.0080
	(−0.3364)	(−12.0401)	(0.1345)

续表

变量	(1) FM_ratio	(2) Ocf	(3) FM_ratio
Realpergdp	0.0859	-0.1059**	0.0966
	(0.4658)	(-1.9977)	(0.5252)
Ex	0.1012*	0.0525***	0.0959
	(1.6927)	(2.6268)	(1.5924)
Fisc	-0.1309	-0.0976	-0.1211
	(-0.3471)	(-0.8751)	(-0.3223)
Industry	0.1462	-0.0130	0.1475
	(0.5237)	(-0.1475)	(0.5309)
常数项	-1.1119	1.7884***	-1.2922
	(-0.5316)	(2.9459)	(-0.6216)
观测值	7021	7021	7021
R^2	0.7320	0.7322	0.7324
企业、年份固定效应	控制	控制	控制
省份、行业固定效应	控制	控制	控制
行业×年份固定效应	控制	控制	控制

注：*、**、*** 分别表示在 10%、5% 和 1% 的水平下显著，使用"省份—年份"维度聚类调整得到聚类稳健标准误，括号内为 t 值。

二、市场需求挖掘效应

表 5-10 给出了市场需求挖掘效应的检验结果。本书通过（企业销售收入 - 应收账款）与工业总产值[①]的比值衡量市场需求（Demand）。

表 5-10 渠道检验：市场需求

变量	(1) FM_ratio	(2) Demand	(3) FM_ratio
D	0.4663*	0.2086***	0.4516*
	(1.7465)	(2.6163)	(1.7075)
Demand	—	—	0.0705*
			(1.7049)

---

① 工业总产值用（主营业务收入 + 期末产成品库存 - 期初产成品库存）衡量。

续表

变量	（1）FM_ratio	（2）Demand	（3）FM_ratio
Asset	0.0417***	−0.0300***	0.0438***
	(2.7283)	(−3.4072)	(2.8756)
Labor	−0.0513***	0.0130*	−0.0522***
	(−3.4298)	(1.6960)	(−3.5325)
Age	−0.0682	−0.0164	−0.0670
	(−0.5399)	(−0.3185)	(−0.5311)
Roa	−0.0295	0.1251***	−0.0383
	(−0.7340)	(6.2913)	(−0.9486)
Lev	0.0276	−0.0530**	0.0313
	(0.7316)	(−2.4958)	(0.8390)
TobinQ	−0.0008	0.0032**	−0.0010
	(−0.1635)	(2.0896)	(−0.2122)
Tangibility	−0.0112	0.0593**	−0.0154
	(−0.1867)	(2.5950)	(−0.2578)
Realpergdp	0.0411	0.0264	0.0392
	(0.2256)	(0.5292)	(0.2152)
Ex	0.0823	0.0290	0.0803
	(1.3319)	(1.0747)	(1.3108)
Fisc	−0.1528	0.3969***	−0.1808
	(−0.3986)	(3.6799)	(−0.4740)
Industry	0.2642	−0.2114*	0.2792
	(0.9311)	(−1.9314)	(0.9817)
常数项	−0.6768	0.9423	−0.7432
	(−0.3264)	(1.5507)	(−0.3584)
观测值	6851	6851	6851
R^2	0.7338	0.9041	0.7340
企业、年份固定效应	控制	控制	控制
省份、行业固定效应	控制	控制	控制
行业×年份固定效应	控制	控制	控制

注：*、**、***分别表示在10%、5%和1%的水平下显著，使用"省份—年份"维度聚类调整得到聚类稳健标准误，括号内为t值。

表 5-10 中第（1）列为式（5-27）的回归估计结果，验证该样本中数据要素与人力创新要素匹配对研发产出质量的增强效应。第（2）列为式（5-29）的估计结果。耦合协调度 D 的系数估计值为 0.2086，在 1% 的水平下显著，说明数据要素与人力创新要素匹配显著提升了企业产品和服务的市场需求。第（3）列为式（5-30）的回归估计结果。可以发现，市场需求（Demand）的系数估计值为 0.0705，在 10% 的水平下显著，说明市场需求的扩大有助于提升企业研发产出质量。结合以上回归结果，可以验证数据要素与人力创新要素匹配通过形成需求挖掘效应从而拓宽制造业企业研发产出质量提升的中介渠道。

三、供应链柔性响应效应

表 5-11 给出了供应链柔性响应效应的检验结果。借鉴段文奇和景光正（2021）的思路，本书采用未产成品库存作为供应链效率的反向代理变量。这是由于产成品库存更能反映企业管理者实时的经营决策及供应链的实时响应速度。产成品库存积压得越多，说明供应链越难根据需求端的变化及时响应，供应链效率越低。第（1）列是式（5-27）的估计结果，验证了该样本中数据要素与人力创新要素匹配对研发产出质量的增强效应。第（2）列为式（5-29）的估计结果，耦合协调度 D 的系数估计值为 −0.9163，在 5% 的水平下显著，说明数据要素与人力创新要素匹配显著降低了企业的产成品存货，提升了供应链效率。第（3）列为式（5-30）的估计结果。产成品存货（Inventory）的回归系数估计值为 −0.0175，在 5% 的水平下显著。说明产成品存货的增加显著抑制制造业企业研发产出质量的提升。结合以上估计结果，可以验证数据要素与人力创新要素匹配通过形成供应链柔性响应效应从而拓宽制造业企业研发产出质量提升的中介渠道。

表 5-11 渠道检验：供应链效率

变量	（1）FM_ratio	（2）Inventory	（3）FM_ratio
D	0.4869*	−0.9163**	0.4709*
	(1.8825)	(−2.5649)	(1.8101)
Inventory	—	—	−0.0175**
			(−2.2492)
Asset	0.0385***	0.5630***	0.0483***
	(2.6207)	(14.3719)	(3.1649)
Labor	−0.0466***	0.2882***	−0.0416***
	(−3.1329)	(6.8755)	(−2.7271)
Age	−0.0607	0.3512*	−0.0546
	(−0.4820)	(1.6786)	(−0.4359)
Roa	−0.0217	0.2548***	−0.0172
	(−0.5226)	(2.7866)	(−0.4152)
Lev	0.0325	0.6397***	0.0437
	(0.8704)	(5.8704)	(1.1616)
TobinQ	−0.0006	0.0079	−0.0004
	(−0.1195)	(1.2322)	(−0.0904)
Tangibility	−0.0154	0.2429**	−0.0112
	(−0.2572)	(2.0493)	(−0.1858)
Realpergdp	0.0898	0.3753	0.0963
	(0.4844)	(1.3623)	(0.5225)
Ex	0.0975	−0.2227**	0.0936
	(1.6151)	(−2.5718)	(1.5586)
Fisc	−0.1486	0.3486	−0.1426
	(−0.3931)	(0.7376)	(−0.3776)
Industry	0.1433	0.8772**	0.1586
	(0.5116)	(2.2433)	(0.5682)
常数项	−1.1665	−0.9725	−1.1835
	(−0.5555)	(−0.3052)	(−0.5654)
观测值	6963	6963	6963

续表

变量	（1）FM_ratio	（2）Inventory	（3）FM_ratio
R^2	0.7309	0.9622	0.7311
企业、年份固定效应	控制	控制	控制
省份、行业固定效应	控制	控制	控制
行业×年份固定效应	控制	控制	控制

注：*、**、***分别表示在10%、5%和1%的水平下显著，使用"省份—年份"维度聚类调整得到聚类稳健标准误，括号内为t值。

第四节 进一步分析

一、倒"U"形关系检验

虽上文已验证数据要素与人力创新要素匹配对制造业研发产出质量的增强效应，但注意到表5-2第（5）列的实证结果，发现人力创新要素对研发产出质量的影响效应表现为抑制，但不显著。基于此，值得思考的是，数据要素与人力创新要素匹配是否对制造业企业研发产出质量提升具有非线性影响？因此，本书在式（5-27）的基础上纳入耦合协调度的平方项，表5-12给出了回归估计结果。第（1）列为耦合协调度（D）与其平方项（D2）对研发产出质量（FM_ratio）的系数估计结果。可以发现，第（1）列中耦合协调度与制造业企业研发产出质量呈倒"U"形关系。这表明当耦合协调度提升至一定阶段时，其对研发产出质量开始呈现抑制效应。为进一步厘清这一作用关系背后的深层原因，可通过D和D×D的估计系数，计算出样本企业中倒"U"形曲线拐点的数值。本书发现第（1）列中的拐点位于D=0.7999[①]，经过观察样本发现，在倒"U"形

---

① 拐点由表中数据计算得来：1.2899÷(2×0.8063)=0.7999。

曲线的下降阶段中仅包含部分年份的北京市样本。经过观察样本发现，D>0.7999 的样本仅占总样本的 2.4% 左右，97.6% 左右的样本体现了数据要素与人力创新要素匹配对研发产出质量的增强效应，与基准回归中线性模型反映的平均效应并不矛盾。

表 5-12　非线性影响效应

变量	（1）FM_ratio	（2）FM_ratio2
D	1.2899***	1.3032***
	(2.7941)	(3.0296)
D×D	-0.8063**	-0.6981*
	(-2.2818)	(-1.8908)
Asset	0.0393***	0.0455***
	(2.6728)	(3.2465)
Labor	-0.0467***	-0.0454***
	(-3.2010)	(-3.1410)
Aage	-0.0625	-0.1515
	(-0.4978)	(-0.9720)
Roa	-0.0274	-0.0365
	(-0.6817)	(-0.8367)
Lev	0.0342	0.0221
	(0.9311)	(0.5980)
TobinQ	-0.0009	0.0009
	(-0.1830)	(0.1974)
Tangibility	-0.0181	0.0422
	(-0.3050)	(0.8197)
Realpergdp	0.0425	-0.0765
	(0.2389)	(-0.4603)
Ex	0.0097	-0.0263
	(0.1233)	(-0.3051)
Fisc	-0.0957	-0.2157
	(-0.2720)	(-0.6331)
Industry	0.0096	-0.0244
	(0.0364)	(-0.0952)

续表

变量	（1）FM_ratio	（2）FM_ratio2
常数项	−0.7380	0.6947
	(−0.3706)	(0.3636)
观测值	7021	6575
R^2	0.7322	0.7274
企业、年份、省份、行业固定效应	控制	控制
行业×年份固定效应	控制	控制

注：*、**、***分别表示在10%、5%和1%的水平下显著，使用"省份—年份"维度聚类调整得到聚类稳健标准误，括号内为t值。

此外，为稳健起见，在表5-12第（2）列中将第（1）列的被解释变量"独立和联合申请发明专利占比"（FM_ratio）更换为"独立申请发明专利占比"（FM_ratio2）。通过计算其拐点发现，所有样本均位于拐点 D=0.9334左侧区间，即所有样本的耦合协调度均小于0.9334。在样本区间内，数据要素与人力创新要素的耦合协调度对研发产出质量的影响均处于倒"U"形曲线的上升阶段。因此，有充分的理由相信，线性计量模型的设定并不影响本书的核心结论。那么，在第（1）列中，为何数据要素与人力创新要素的耦合协调度提升对部分样本具有创新抑制效应？后文将针对这一现象提出可能的解释并进行实证检验。

二、生活成本的创新挤出效应

上文发现，数据要素与人力创新要素匹配在部分样本中对企业研发产出质量呈现抑制效应。那么，究竟是什么原因导致这一结果？是否存在可能的解释：综合上文中的特征性事实的分析，北京市在样本区间的平均人力创新要素积累最为丰富，但丰富的高技能劳动力对低技能劳动力具有挤出效应，从而抬高了地区生活成本，而高昂的生活成本不利于激发创新人才的活力，人力创新要素所特有的创意、洞见及隐性知识都需要其发挥主观能动性。在这种情况下，尽管数据要素与人力创新要素匹配度有所提升，但人力创新要素难以产生新知识和新洞见，而且挤占了企业的研发资源，从而抑制制造业研发产出质量的提升。联系现实世界的创新发展情况，不难深入理解这一逻辑关系。从世界范围来看，有学者指出，伦敦都市圈的企业创新存在"三低一缺"特征，"三低"指的是开展创新活动企业占比低、企业内部研发支出低及产品创新收入占总销售收入比重低[①]，"一缺"指的是本土科技龙头企业缺乏。根据相关数据显示，伦敦地区在 2017 年开展创新活动企业的占比为 46.9%，低于英国同期的平均水平，同时从事产品创新、流程创新的企业比例和产品创新创意收入占企业总营业额的比例，也只在英国各地区处于中游水平。这表明经济发达城市出现创新挤出效应并非偶然。高昂的生产生活成本有可能是该现象的重要成因。因此，为验证以上猜想，本书借鉴陈飞和苏章杰（2021）的思路，采用地区最低工资标准的对数衡量生活成本（Living_cost）。通过在基准回归中纳入耦合协调度与生活成本的交互项（D×Living_cost），探究生活成本如何影响数据要素与人力创新要素匹配的创新红利。生活成本的创新挤出效应如表 5-13 所示。由于基准回归已验证数据要素与人力创新要素匹配对制造业企业研发产出质量提升的促进效应，因此，若交互项 D×Living_cost 的回归系数估计值显著为负，则认为当数据要素与人力创新要素的耦合协调度提升时，生活成本较为高昂的地区挤出了二者匹配所释放的创新红利，不利于制造业企业研发产出质量的提升。

表 5-13　生活成本的创新挤出效应

变量	（1）FM_ratio	（2）FM_ratio2
D×Living_cost	−0.3515**	−0.2982*
	(−2.0182)	(−1.7896)
D	3.0331**	2.7436**
	(2.3573)	(2.3105)

---

① 资料来源于北京大学政府管理学院陆军在"国际都市圈经验与中国都市圈发展论坛"上的讲话。

续表

变量	（1）FM_ratio	（2）FM_ratio2
Living_cost	0.1568	0.1843*
	(1.5323)	(1.7517)
Asset	0.0386***	0.0452***
	(2.6186)	(3.2082)
Labor	−0.0460***	−0.0451***
	(−3.1467)	(−3.1231)
Age	−0.0624	−0.1498
	(−0.4966)	(−0.9594)
Roa	−0.0274	−0.0361
	(−0.6841)	(−0.8268)
Lev	0.0328	0.0208
	(0.8913)	(0.5640)
TobinQ	−0.0009	0.0010
	(−0.1944)	(0.2110)
Tangibility	−0.0178	0.0423
	(−0.3001)	(0.8212)
Realpergdp	0.1031	−0.0263
	(0.5795)	(−0.1590)
Ex	0.0267	−0.0146
	(0.3560)	(−0.1783)
Fisc	−0.0083	−0.1550
	(−0.0224)	(−0.4499)
Industry	0.0016	−0.0034
	(0.0060)	(−0.0133)
常数项	−2.3698	−1.0473
	(−1.0580)	(−0.4774)
观测值	7021	6575
R^2	0.7322	0.7274
企业、年份、省份、行业固定效应	控制	控制
行业×年份固定效应	控制	控制

注：*、**、***分别表示在10%、5%和1%的水平下显著，使用"省份—年份"维度聚类调整得到聚类稳健标准误，括号内为t值。

从表 5-13 中的实证结果可发现，第（1）列和第（2）列中交互项 D×Living_cost 的系数估计值分别为 −0.3515 和 −0.2982，分别在 5% 和 10% 的水平下显著，验证了生活成本高昂确实是数据要素与人力创新要素耦合协调发展至一定阶段时，抑制制造业企业研发产出质量提升的重要原因。这一结论的政策启示是：地方政府尤其是人力创新要素禀赋较高的地区，在培育和吸引人才的同时，应该配套以完善的住房制度改革措施，加快推进教育制度和医疗制度改革，推动教育和医疗向公平化、便利化发展。数据要素能否有效转化为创新动能，不仅依赖于人才供给的数量，如何配置公共服务、降低城市生活成本及营造有利于创新人才工作和生活的环境，也是发达地区挖掘创新动能的关键。

第五节 本章小结

本章详细、系统地分析了数据要素与人力创新要素匹配对研发产出质量提升的作用机制。在理论分析中，本章首先系统归纳了数据要素与人力创新要素匹配的必要性，并分析了数据要素与人力创新要素匹配提升研发产出质量的直接作用路径；其次通过构建包含生产厂商、中间产品部门、研发部门及家庭部门的四部门一般均衡模型对数据要素与人力创新要素匹配提升研发产出质量的作用机理进行解析；最后分析了数据要素与人力创新要素匹配提升研发产出质量的中介作用渠道。

在理论分析的基础上，本章通过实证分析对理论分析所得结论进行了检验。具体的实证分析步骤如下：首先，基于本书第三章构建的数字经济发展与创新要素配置指标体系，对数据要素与人力创新要素评价指标体系的衡量指标进行选取，测度两个系统的耦合协调发展程度，以此衡量二者的匹配度，并简要分析了数据要素与人力创新要素匹配的时序特征与空间格局；其次，通过建立固定效应模型，探究二者匹配对研发产出质量的影响效应，并对基准回归结果进行了一系列稳健性检验和内生性问题的探讨；

再次，运用分组回归方法，从企业所属区域、所属行业密集度及企业金融约束程度三个方面，探究了数据要素与人力创新要素匹配提升研发产出质量的异质性影响，并运用中介效应模型，对二者匹配影响研发产出质量提升的中介作用渠道进行实证检验；最后，在进一步分析中，就二者匹配对提升研发产出质量的非线性影响进行了实证分析，并尝试解释呈现非线性影响的可能原因。

研究结果表明：

（1）我国数据要素与人力创新要素的匹配度逐年提升，并且人力创新要素的积累逐渐呈现落后于数据要素积累水平的趋势，匹配度呈"东高西低"的特征。

（2）数据要素与人力创新要素匹配显著提升了制造业企业研发产出质量，单独的数据要素或人力创新要素对制造业企业研发产出质量提升的影响不显著。只有当二者耦合协调发展时，数据要素的创新红利才得以释放。说明在数字经济时代，促进数据要素与人力创新要素的匹配，是充分发挥数据效能，从而提升研发产出质量的有效途径。在经过一系列稳健性和内生性检验后，基准回归结论依然成立。

（3）异质性分析表明，数据要素与人力创新要素匹配仅对处于中部地区企业、劳动密集型企业及低金融约束程度企业的研发产出质量具有增强效应。

（4）机制检验表明，数据要素与人力创新要素匹配通过形成资金蓄水池效应、市场需求挖掘效应及供应链柔性响应效应提升制造业企业研发产出质量。具体而言，二者匹配提升了企业的流动性资金储备、刺激了市场需求及提升了企业供应链效率。

（5）进一步分析表明，数据要素与人力创新要素匹配对制造业企业研发产出质量具有倒"U"形的非线性影响，但处于倒"U"形曲线下降区间的样本仅占总样本的2.4%左右，97.6%左右的样本反映数据要素与人力创新要素匹配对制造业企业研发产出质量的增强效应，与基准回归中线性模型反映的平均效应并不矛盾。经过检验发现，生活成本的创新挤出效应可能是二者匹配抑制研发产出质量提升的重要原因。

第六章

数字经济发展提升研发效率的作用机制

通过本书第四章、第五章的分析可知，基于研发要素视角，数字经济能够从提升研发投入水平与研发产出质量两个方面优化创新要素配置。虽然研发投入水平和研发产出质量的提升均反映了创新要素配置水平的提升，但单独剖析数字经济对二者的作用机制，难以反映数字经济对创新要素配置效益的影响。由于研发效率提升意味着研发投入与研发产出之间的配置状态向最佳状态靠拢，属于创新要素配置的效益指标。因此，基于研发要素视角，本章以研发效率提升刻画创新要素配置的优化，进一步探究数字经济发展对创新要素配置的作用机制。本章在对二者之间的作用路径与作用机理进行详细分析的基础上，考虑到数字经济发展对研发效率的改善程度往往受到地区其他经济变量的影响，从而表现出一定的门槛特征，因此本章对二者之间的门槛效应展开深入剖析。此外，由于数字经济发展和研发效率这两个变量均具有显著的空间关联影响，本章对数字经济发展提升研发效率的空间溢出效应展开分析。值得说明的是，我国各上市制造业企业不同年份的研发投入数据存在大量缺失现象，导致难以对其进行存量估算，这将影响研发效率的准确测算。因此，本章选取省份层面的面板数据进行实证检验。但由于我国各省份制造业企业的研发投入与研发产出数据也存在严重缺失，本章将样本范围拓展至规模以上工业企业。规模以上工业企业是我国主要的创新主体，因此，运用该数据所得结论依然具有较强的可信度与代表性。

第一节　理论分析

一、数字经济发展对研发效率的作用路径

近年来，我国大力推进创新驱动发展，但研发效率的提升依然面临诸多问题。而数字经济的迅猛发展为研发效率的改善提供了良好的契机。具体而言，研发效率的提升不仅依赖于研发投入自身附着和掌握的知识，而且受到社会资源分配和研发环境的影响。伴随互联互通、高效智能及实时传输的强大数字化网络的发展，区域研发创新活动所面临的要素市场扭曲得到大幅缓解，社会资源对研发创新的支持也变得更为精准与高效，为研发效率改善提供了良好的市场发展环境。本书将详细分析数字经济发展通过缓解研发资本市场扭曲问题和研发人员市场扭曲问题从而提升区域研发效率的作用机制。

（1）数字经济发展缓解了研发资本的市场扭曲问题。

第一，数字经济发展提高了政府部门对企业研发补助的瞄准性。近年来，政府对研发创新活动的支持力度大幅提升，但由于政府无法全面掌握市场需求变化和企业经营信息，同时现实社会中存在大量寻租活动，造成政府部门难以代替市场这只"看不见的手"对资源进行高效配置。政府对研发创新的支持资金受到信息不对称和虚假信号的干扰，往往难以分配到真正有创新需求且研发产出质量较高的企业中。数字经济依靠其强大的数字化网络，能够对具有强烈的研发创新需求且同时具有研发实力的企业进行甄别，降低了政府对市场信息掌握不完全引致的错误决策的概率。受益于一站化和共享式的数字化信息平台，政府对企业的经营数据及相关信息的获取更为直观和便捷，降低了企业释放的虚假研发信号对政府部门的干

扰。因此，数字经济的发展大幅提升了政府创新补助政策的瞄准性，使政府补助资金能够流向真正进行研发创新活动的企业，从而将市场中的一般资本转化为资本创新要素，在一定程度上解决了市场中资金难以流向成长性高和研发需求强烈企业的难题。

第二，数字经济发展为金融机构服务实体部门提供了较为准确的企业信息，降低了金融服务部门的信息风险和信用风险，从而提升了资金流向实体研发部门的概率与速度（盛思思和徐展，2022）。除政府研发补助外，银行等金融机构是企业资金来源的重要渠道。如前文所述，数字经济发展尤其是数字普惠金融的发展，为成长性高但规模较小的企业提供了获取流转资金的机会，这是数字经济发展通过降低信息风险所带来的正向经济效应。此外，数字化技术的发展及数字平台的共享性，使企业面临的监管更为严格，企业债务违约的可能性降低，这大幅降低了银行面临的信用风险，从而降低了银行的坏账率，大幅提高了经济运行中资金的流动性。同时，银行等金融机构内部数字化系统的建立与完善，也提高了金融机构的业务审批效率，这使企业的申请借款周期明显缩短，资金的快速落地提高了企业在研发竞争中获胜的概率。

综上所述，社会生产对研发活动的资本供给逐渐满足于企业资金需求的过程，能够一定程度上缓解研发资本的市场扭曲问题。数字经济发展通过加强政府创新研发补助政策的瞄准性和银行等金融机构服务实体经济的瞄准性，从而缓解了研发资本的市场扭曲问题。

（2）数字经济发展缓解了研发人员的市场扭曲问题。

第一，数字经济发展促进了研发人员的自由流动，在一定程度上破除了其自由流动的时空壁垒（Kuhn 和 Skuterud，2004）。例如，过去我国各省份之间的医疗保险等公共服务存在跨省割裂现象，但近年来，随着数字经济的发展，"数字化＋医保"的跨省转接及"一网通办"模式得到逐步实施并完善，大大便利了人民生活，为研发人员的跨省自由流动解决了一个后顾之忧。研发人员的自由流动缓解了地域分割导致的需求与供给不匹配的现象，从而缓解了研发人员的市场扭曲问题。

第二，数字经济发展缩短了研发人员搜寻与之相适应的研发岗位的时间，提高了研发人员与岗位之间的匹配效率。如前文所述，数字经济发展能够实现企业与研发人员之间供需信息的实时匹配，从而减少部分地区、行业或企业的研发岗位空置与研发人员摩擦性失业的现象。这种研发人员错配的现象导致研发人员的报酬产生明显的市场扭曲。

第三，数字经济发展营造的创新环境极大地提高了研发人员的市场需求，提升了研发人员的市场价格，缓解了我国过去研发要素价格低于市场竞争均衡水平的扭曲状态（叶胥，2021）。数字经济发展激发了人们的研发热情，意味着市场对研发人员的需求大幅提升，逐步将人口红利转化为人才红利。

综上所述，数字经济发展通过促进研发人员自由流动、提升岗位匹配效率及提升研发人员市场需求三条路径改善了我国研发人员的市场扭曲现象。研发要素市场扭曲的缓解意味着研发资本和研发人员的报酬接近市场均衡水平。这避免了因研发要素需求与供给的时空不匹配引发的研发效率损失；同时，研发资本回报率与研发人员报酬的提高，有利于激发创新主体和创新人才的研发热情，创新活动主观能动性的提升有利于提升研发效率（白俊红和卞元超，2016）。数字经济发展提升研发效率的作用路径如图 6-1 所示。

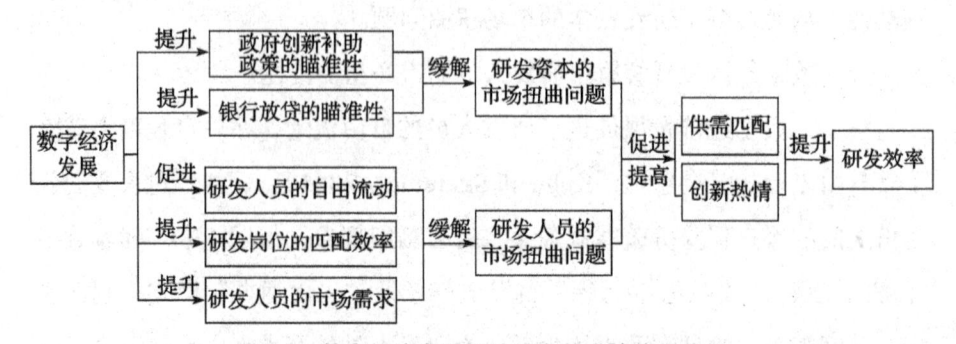

图 6-1　数字经济发展提升研发效率的作用路径

二、数字经济发展提升研发效率的机理解析

由前文分析可知,数字经济可以通过缓解研发要素的市场扭曲问题从而提升研发效率。因此,在 Hsieh 和 Klenow(2009)、戴魁早和刘友金(2016)的研究基础上,本书将数字经济发展纳入包含研发要素扭曲的竞争均衡模型中,以明晰数字经济发展对研发效率提升的作用机理。

(一) 模型假设与设定

(1) 研发生产部门。借鉴 Hsieh 和 Klenow(2009)的研究,假设研发生产部门属于垄断竞争市场。设定生产函数如式(6-1)所示。

$$Y_i = A_i K_i^\alpha L_i^\beta \tag{6-1}$$

其中,Y_i 为研发生产部门的产出;K_i 为研发资本投入;L_i 为研发人员投入;A_i 为研发全要素生产率,代表研发产出中除去研发资本投入与研发人员投入后其他因素的影响。α 和 β 分别为研发资本与研发人员对研发产出的贡献。一般认为,研发生产过程满足规模报酬不变的假定,因此,$\alpha + \beta = 1$。

借鉴 Hsieh 和 Klenow(2009)的做法,用收益生产率代表研发效率 TE_i,如式(6-2)所示。

$$TE_i = TFPQ_i = P_i A_i = P_i Y_i / (K_i^\alpha L_i^\beta) \tag{6-2}$$

其中,P_i 为研发部门最终产品的市场价格。由于我国研发要素市场扭曲的主要表现为研发要素的价格普遍被低估,省域之间竞争激烈,市场分割现象严重。因此,本书将研发要素市场相对于研发产品市场的扭曲指数设置为 τ。同时,为简化模型,本书认为 τ 对研发资本和研发人员的影响程度是对等的。因此,厂商研发生产利润的表达式如式(6-3)所示。

$$\pi_i = (1 + \tau_i) P_i Y_i - r_i K_i - \omega_i L_i \tag{6-3}$$

其中，r_i 为达到均衡时研发资本的单位价格，即利率；ω_i 为研发人员的工资。由于本书着重于刻画研发要素价格被低估的情况，因此，$\tau \geq 0$。当 $\tau > 0$ 时，可理解为由于研发要素市场相对于研发产品市场的扭曲，使研发厂商获取了额外利润 $\tau_i P_i Y_i$。τ_i 越大，研发要素扭曲程度越高。当 $\tau = 0$ 时，则认为研发要素不存在市场扭曲问题，研发要素价格等于竞争性均衡价格。为了刻画数字经济对研发效率的影响，本书将数字经济与扭曲指数相联系。事实上，如前文所述，一方面，数字经济的迅猛发展破除了研发要素流动的时空壁垒，借助于强大的数字化网络与实时响应系统，研发要素自由流动的可能性增大，这有利于达到市场均衡。另一方面，随着地区数字经济发展水平的提升，地区对研发要素的需求也急剧提升，研发要素市场化竞争激烈。在数字经济发展过程中，良性的市场竞争环境有利于缓解研发要素市场扭曲问题，达到市场均衡价格，厂商的超额利润也由此减少。因此，本书认为，数字经济发展与研发要素市场扭曲系数之间呈显著的负相关关系。针对二者关系，本书做出如式（6-4）所示的设定。

$$\tau_i = f(dige_i), \quad \frac{\partial \tau_i}{\partial dige_i} < 0 \qquad (6-4)$$

因此，式（6-3）可改写为式（6-5）。

$$\pi_i = [1 + f(dige_i)] P_i Y_i - r_i K_i - \omega_i L_i \qquad (6-5)$$

（2）消费者效用。假定市场出清时，消费者购买单一研发部门的最终产品所获得的效用函数满足式（6-6）。

$$U(Y_i) = \left[\int_0^n Y_i^{\sigma-1/\sigma} di \right]^{\sigma/\sigma-1}, \quad \sigma > 1 \qquad (6-6)$$

消费者效用最大化的表达式如式（6-7）所示。

$$\max U(Y_i) = \max \left[\int_0^n Y_i^{\sigma-1/\sigma} di \right]^{\sigma/\sigma-1}, \quad s.t. \int_0^n P_i Y_i di \leq E \qquad (6-7)$$

其中，E 为消费者对所有研发部门的最终产品所支付的总费用。通过对式（6-7）构建拉格朗日函数，再分别对不同厂商 i 和 j 的研发产出求偏导，可得到两厂商产出之比与两厂商产品市场价格的关系，如式（6-8）所示。

$$Y_i / Y_j = (P_i / P_j)^{-\sigma} \qquad (6\text{-}8)$$

再结合式（6-7）与式（6-8），借鉴 Hsieh 和 Klenow（2009）的研究，定义加总价格为 $P = \left(\int_0^n P_i^{1-\sigma} di\right)^{1/(1-\sigma)}$，可得到如式（6-9）所示的产出表达式。

$$Y_i = EP_i^{-\sigma} / P^{1-\sigma} \qquad (6\text{-}9)$$

（二）模型均衡分析

为简化模型，借鉴戴魁早和刘友金（2016）的研究，假设研发厂商没有固定成本，仅有边际成本 MC。根据前文分析，可得到研发厂商 i 在研发生产中利润的最大化表达式，如式（6-10）所示。

$$\max(\pi_i) = \max\{[(1 + f(\text{dige}_i)]P_i Y_i - MC_i Y_i\}, \quad s.t. Y_i = EP_i^{-\sigma} / P^{1-\sigma} \qquad (6\text{-}10)$$

对式（6-10）构建拉格朗日函数，并通过一阶条件，可以得到式（6-11）。

$$P_i = \{\sigma / [(\sigma - 1)(1 + f(\text{dige}_i))]\} MC_i \qquad (6\text{-}11)$$

接下来，为得到 P_i，需要对 MC_i 进行显性化。通过运用成本最小化函数，可以求得研发资本和研发人员的投入量，从而得到总成本函数，运用 $MC_i = \partial TC_i / \partial Y_i$，即可得到 MC_i 关于研发要素价格的表达式，从而得到产品价格关于研发要素价格的表达式。

研发厂商成本最小化问题的拉格朗日函数如式（6-12）所示。

$$\varphi = r_i K_i + \omega_i L_i - \lambda (A_i K_i^\alpha L_i^\beta - Y_0) \qquad (6\text{-}12)$$

根据以上思路，可以求得研发厂商的边际成本 MC_i 和 P_i 关于研发要素价格的表达式，如式（6-13）和式（6-14）所示。

$$MC_i = [(\alpha/\beta)^\beta + (\alpha/\beta)^{-\alpha}]\omega_i^\beta r_i^\alpha (1/A_i) \quad (6\text{-}13)$$

$$P_i = \left[(\alpha/\beta)^\beta + (\alpha/\beta)^{-\alpha}\right](\sigma/\sigma-1)/[1+f(dige_i)]\omega_i^\beta r_i^\alpha (1/A_i) \quad (6\text{-}14)$$

因此，可以得到，研发效率均衡时的表达式如（6-15）式所示。

$$Te = P_i A_i = \left[(\alpha/\beta)^\beta + (\alpha/\beta)^{-\alpha}\right](\sigma/\sigma-1)/[1+f(dige_i)]\omega_i^\beta r_i^\alpha \quad (6\text{-}15)$$

为明晰数字经济发展与研发效率之间的关系，首先对式（6-15）关于 τ_i 求导，可得到式（6-16）。

$$\frac{\partial Te_i}{\partial \tau_i} = -[(\alpha/\beta)^\beta + (\alpha/\beta)^{-\alpha}](\sigma/\sigma-1)/[1+f(dige_i)]^2 \omega_i^\beta r_i^\alpha \quad (6\text{-}16)$$

由于 $\sigma >1$，$\alpha >0$，$\beta >0$，因此，$\frac{\partial Te_i}{\partial \tau_i}<0$。又由于前文所述，$\frac{\partial \tau_i}{\partial dige_i}<0$，因此，$\frac{\partial Te_i}{\partial dige_i}>0$。这表明，随着数字经济发展水平的提升，研发效率也随之得到改善。考虑到我国研发要素市场扭曲的现实情况，本节设定研发要素扭曲系数，该扭曲系数越大，意味着厂商通过研发要素市场扭曲获取的超额利润越高，从而影响企业研发效率。在包含研发要素市场扭曲的竞争均衡模型的框架中，本节依据前文分析，认为随着地区数字经济发展水平的提升，一方面，大幅降低了研发要素自由流动的阻碍，缓解了地区之间的市场分割问题，从而推动研发要素价格向市场均衡价格靠近；另一方面，由于数字经济的加速发展是以地区研发要素的配置为基础和保障的，因此，数字经济发展极大地提高了地区对研发要素的需求，加剧了研发要素的市场化竞争，从而提升了研发要素价格，缓解了研发要素市场扭曲问题，大幅降低了厂商由于研发要素扭曲所获取的超额利润。根据以上分析，本节设定数字经济发展与扭曲系数之间呈显著的负相关关系，以此将数字经济发展、研发要素市场扭曲及研发效率纳入同一竞争均衡模型中，经过均衡求解得到数字经济发展对研发效率提升呈显著的正向影响。

基于此，本书认为，数字经济发展显著提升研发效率。

三、数字经济发展对研发效率的门槛效应

前文分析了数字经济发展对研发效率提升的作用路径与作用机理,但需要注意的是,二者之间的促进效应可能受到地区其他经济变量的影响。也就是说,本书认为,数字经济发展对研发效率的提升可能具有一定的条件约束。由于产业结构高级化支撑工业企业的研发创新具有一定的适宜区间,经济发展水平对工业企业的研发效率也可能受到"极化效应"的影响,因此,有必要深入探究随着产业结构高级化程度与经济发展水平的提升,数字经济发展的研发效率改善作用是否具有非线性特征。

(一)产业结构高级化

产业结构高级化程度的提升意味着地区服务业的发展规模相对于工业的发展规模取得了更大程度的扩张。根据以往研究,一方面,服务业发展与工业发展之间可能呈现相互促进的螺旋式演进关系(Kelle,2013),服务业为工业企业的高质量发展提供了支撑。这是由于服务业的快速发展能够为工业化生产提供高质量的中间品,产业间分工的深化有利于缓解研发要素市场扭曲问题,从而强化数字经济发展对工业企业研发效率的提升作用。另一方面,由于服务业与工业的发展存在着一定的竞争关系,在要素资源既定的情况下,服务业的过度发展可能挤占工业企业的研发要素投入,造成研发要素的市场扭曲(毕学成等,2019),从而削弱数字经济发展对研发效率的提升作用。因此,本书认为,随着产业结构高级化的变化,数字经济发展提升研发效率可能具有门槛效应。

当产业结构高级化程度相对较低时,产业间分工深化程度仍有待加强。如前文所述,数字经济发展通过缓解研发要素市场扭曲问题从而提升工业企业研发效率。服务业的发展正向调节了数字经济对专业化分工的促进作用,而专业化分工水平的提升有利于工业企业将资源和能力集中在

优势环节，提升工业企业对研发人员和研发资本的需求（唐荣和顾乃华，2018），缓解了研发要素市场扭曲问题，从而提升工业企业的研发效率。此外，服务业的快速发展有利于其与地区工业企业形成经济圈，从而带来规模经济效应，加速地区内研发人员的流动，吸引研发资本投入，进一步强化数字经济发展的创新要素配置效应，缓解研发要素市场扭曲问题，从而提高工业企业研发效率。

当产业结构高级化程度跨越门槛值后，服务业过度扩张有可能挤占工业企业的研发要素（贾洪文等，2021）。从研发要素供给的角度分析，由于资源是有限的，服务业规模的过度扩张势必挤出地区第二产业的研发要素投入。具体而言，服务业的发展将吸纳大量的人力、资本和技术创新要素，而原本容纳这些创新要素的工业企业在面临人才、资本和技术的流失时，不可避免地将调整企业的投资和内部管理决策，面临较大的调整成本和沉没成本，进一步挤占了企业用于研发活动的资金。研发人员与研发资本的投入难以得到保障，难以发挥数字经济的创新激励效应，从而降低工业企业的研发效率。从创新要素需求的角度分析，服务业规模的盲目扩张可能导致经济的过度服务化，大量研发要素涌入服务行业，但我国服务业内部不平衡和不充分的发展特征仍然存在，我国高端服务业占比仍有待提升，我国大部分地区的生产性服务业尤其是高端生产性服务业仍亟待发展。这意味着我国目前的产业结构高级化过程并未充分实现生产要素从生产率和技术含量相对较低的产业向生产率和技术含量相对较高的产业转移。服务业内部的失衡可能导致研发要素在服务业部门出现供大于求的情况。这进一步加深了市场中的研发要素扭曲，弱化了数字经济发展对提升研发效率的作用。

基于此，本书认为，随着地区产业结构高级化程度的变化，数字经济发展对研发效率具有门槛效应。当产业结构高级化跨越门槛值后，数字经济发展对提升研发效率的作用减弱。

（二）经济发展水平的提升

有关经济发展水平的"极化效应"理论指出：当地区的经济发展水平较低时，其不仅对研发人员和研发资本的吸引力有限，而且对技术的吸收和转化能力不足，这致使地区在原本不丰富的要素禀赋的基础上，进一步陷入研发要素流失的困境；当地区的经济发展水平达到一定阶段时，地区对研发要素的吸引力提升，从而使地区研发要素存量水平得到提升。本书认为，在数字经济飞速发展的时代背景下，经济发展水平的"极化效应"依然存在。这主要是由于地区经济发展水平的落后使地方政府对数字经济发展的生态环境构建和对企业的研发创新激励能够提供的资金支持有限，削弱了数字经济发展对提升研发效率的作用，但随着经济发展水平的提高，数字经济生态系统的建立能够得到政府的资金支持和保障，从而放大数字经济发展对提升研发效率的作用。因此，本书认为，随着地方经济发展水平的变化，数字经济发展对提升研发效率具有门槛效应。

当地区经济发展水平未超过门槛值时，根据"极化效应"理论，企业对技术的吸收和转化能力受到经济发展的限制，此时数字经济发展由于缺乏研发要素的支撑和保障，难以对提升研发效率产生作用。若地区经济发展水平较低，该地区对企业进行研发创新活动的正外部性的补偿效应有限。一方面，地方政府的政策激励和补偿强度有限；另一方面，经济发展水平较为落后往往意味着地方政府对打造良好的创新环境并给予政策支持的意识不强。此时，企业进行创新的正外部性得不到有效补偿，这将导致企业产生创新惰性，不利于企业之间的知识交流，弱化了数字经济发展提升研发效率的作用。此外，当地区的经济发展水平较低时，保障研发人员进行创意生产的文化、医疗及交通等公共服务机制也相应落后，致使该地区对研发要素的吸引力不足。虽然在经济发展水平较为落后的地区，工作和生活的压力可能低于经济发达地区，但对于研发人员来说，由于其风险偏好特性，往往更注重工作中的知识交流强度和自身成长速度。因此，经济发展水平较低的地区难以吸引到充足的研发人员。由于资源是有限的，经济发达地区对研发要素的虹吸效应势必挤占经济落后地区的研发要素。当地区的数字经济发展未能匹配相适宜的研发要素和创新环境时，将拉大地区的数字鸿沟，引发研发要素市场扭曲，抑制研发效率的提升。

当地区经济发展水平达到一定阶段并跨越门槛值后，地方政府具有较为充裕的资金和较强的意识对企业创新的正外部性效应进行补偿。由于数字经济发展具有共享性特征，市场中往往不可避免地存在"搭便车"行为。即部分未进行创新活动的企业，依靠数字化平台的共享性，能够分享其他创新型企业的研发成果，但不支付任何成本或成本低廉（王永龙等，2020）。当地区经济发展水平较高时，地方政府能够通过经济政策等手段抵消或缓解"搭便车"行为的负面经济影响。例如，地方政府在推进数字经济发展时，往往会通过出台一系列激励型政策，其中就包括对数字化转型企业进行创新补偿。通过地方政府的经济支持能够有效补偿数字化转型企业的正外部性对企业本身造成的损失。此外，经济发展水平较高的地区对研发要素具有较强的吸引力。数字经济要发挥其对研发效率的提升作用，必须依靠研发要素来实现。而一个地区研发要素的存量和质量与地区经济发展水平息息相关。当地区经济较为发达时，能够为研发人员配套更完善和更高质量的交通、医疗及文化等公共服务，大幅度提升研发人员的满足感和幸福感，吸引研发人员的流入。同时，对于经济较为发达的地区而言，研发人员的集聚能够形成规模效应和竞争效应，有利于研发人员之间进行知识交流，通过吸收互补性知识，进一步提高其自身的创新能力。良好的竞争氛围和进步空间，对于寻求突破自身能力的研发人员具有一定的吸引力。因此，当地区经济发展水平达到一定阶段并跨越门槛值后，能够强化数字经济发展对提升研发效率的作用。

基于此，本书认为，随着地区经济发展水平的变化，数字经济发展对研发效率具有门槛效应。当地区经济发展水平跨越门槛值后，数字经济发展对提升研发效率的作用更显著。

四、数字经济发展对研发效率的空间溢出效应

上文中详细分析了数字经济发展对研发效率的直接影响效应和门槛效应,但未讨论其空间溢出效应。诸多研究表明,无论是数字经济发展还是研发效率,均表现出明显的空间关联(Wang 和 Cen,2022;Qin 等,2019)。因此,有必要就数字经济发展对研发效率的空间溢出效应展开详细分析。根据白俊红等(2017)的研究,空间溢出效应反映了自变量对邻域被解释变量的平均影响效应,在本书中则代表数字经济发展对邻域研发效率的平均影响效应。本书认为,数字经济发展可分别通过知识溢出效应和虹吸效应对邻域的研发效率产生正向和负向的空间溢出影响。

数字经济发展对研发效率提升具有正向空间溢出效应。数字经济发展能够加速知识共享的进程,提升知识共享的频次,从而产生知识溢出效应。同时,数字经济通过构筑强大的现代信息网络,破除了我国研发创新活动在地理空间上的分割性和封闭性。因此,数字经济发展能够通过形成扩散效应促进邻域研发效率的提升。具体而言,数字经济发展能够加快知识在不同区域内的流动。与劳动力、资本及土地等传统生产要素不同,数据要素作为数字经济发展的核心生产要素,具有非竞争性、非排他性及低成本复制的技术—经济特征(蔡跃洲和马文君,2021)。通过数据要素的高效和快速流转,研发人员对新知识的发现概率大幅提升,知识和技术发生更迭的周期也大幅缩短。数字化网络和平台使高密度的知识在不同区域内的流动速度得到提升,加速了邻域对创意、技术及管理经验的吸收,从而产生正向的溢出效应,促进邻域研发效率的提升。

数字经济发展对研发效率提升具有负向空间溢出效应。诸多学者认为,数字经济发展具有虹吸效应(徐维祥,2022),他们指出数字经济在其发展过程中需要集聚各类研发要素,正因为如此,数字经济发展可能挤

出邻域内的研发要素,阻碍相邻区域内研发效率的提升,表现为负向的空间溢出效应。

第一,数字经济发展水平的提高也相应地提高了地区对研发要素的需求水平,同时,研发要素也具有向边际回报率较高地区转移的倾向,而数字经济发展能够降低交易成本、信息搜寻成本及沟通成本,因此,数字经济发展水平较高的地区通过供需匹配挤出了邻域内的研发要素,致使邻域的研发创新能力大幅下降,抑制邻域研发效率的提高。

第二,由于数字经济发展具有规模效应,数字经济发展水平的提高使当地企业能够更精确和快速地捕捉市场需求,通过定制化和多样化产品的供给快速挤占市场份额。一方面,市场份额的扩大有利于产生品牌效应,增强消费黏性;另一方面,随着企业掌握的消费者数据量的增多,企业对消费需求的预测精度得到进一步提升,将挤出邻域内生产同类产品的企业市场份额,逐步形成"赢者通吃"的局面。

基于此,本书认为,数字经济发展对研发效率具有空间溢出效应,空间溢出效应的方向与大小取决于正向溢出效应与负向溢出效应的相对大小。

第二节 实证分析

一、模型设定与变量定义

(一)模型设定

为了实证检验数字经济发展对研发效率的影响,本书建立如式(6-17)所示的基准回归模型。

$$Te_{pt} = \beta_0 + \beta_1 dige_{pt} + \beta_2 controls_{pt} + \mu_t + \mu_p + \varepsilon_{pt} \tag{6-17}$$

其中，p 为省份，t 为年份，Te_{pt} 为研发效率。核心解释变量 $dige_{pt}$ 为各省份数字经济发展水平。$Controls_{pt}$ 为各省份层面控制变量的集合，μ_t 和 μ_p 分别为年份和省份固定效应，以避免相关不可观测因素对实证结果的干扰。ε 为随机扰动项。

（二）变量定义

（1）被解释变量。本书的被解释变量为工业企业的研发效率。借鉴白俊红和蒋伏心（2015）对研发投入和研发产出变量的定义，再运用随机前沿分析（SFA）方法测算得到中国各省份规模以上工业企业的研发效率。具体的变量定义和测算过程见下文。

（2）核心解释变量。本书的核心解释变量为数字经济发展水平，与第四章中数字经济发展指标体系一致，具体见本书第四章中的表 4-1。

（3）控制变量。由于本章的样本数据为省级面板数据，因此本章的控制变量主要包含省层面的经济变量。借鉴韩先锋等（2019）的研究，选取以下控制变量：第一，经济发展水平（Realpergap），以 2012 年为基期的实际人均 GDP 表征。地区经济发展水平的高低能够影响地区对技术的吸收能力和转化能力，从而影响研发效率。第二，外贸依存度（Ex），用进出口总额与 GDP 的比值衡量。进出口总额能够反映地区的外贸水平，是一个地区研发创新的核心驱动因素。第三，政府干预程度（Fisc），用地方公共财政支出与 GDP 的比值衡量。第四，教育水平（Rl），用地区普通高等学校在校生占比衡量。一般情况下，占比越高，意味着该地区的教育水平越高。第五，市场化水平（Market），用非国有企业从业人员占比衡量。第六，外商直接投资水平（Fdi），用外商直接投资金额占 GDP 的比值衡量。第七，知识产权保护度（Ipp），用当年累计专利纠纷结案数与当年累计立案数的比值衡量。

（三）数据来源与样本选择

与前面章节相同，受限于数据可得性，本书选取 2013 年为样本初始年份，样本区间为2013—2018年，构建省份层面规模以上工业企业的面板数据。数据主要来源于《中国统计年鉴》《中国科技统计年鉴》《中国电子信息产业统计年鉴》、各省统计年鉴、国家统计局网站、国际机器人联合会（IFR）、Wind数据库、国泰安数据库、中经网数据库、北大法宝网站、国家邮政局官网、中国互联网协会、工业和信息化部及国家知识产权局。之所以本章选取各省份规模以上工业企业作为样本，一方面，受限于测算研发效率这一变量的数据的可得性；另一方面，由于工业是国民经济中最重要的物质生产部门，它决定着国民经济现代化的速度、规模和水平，在当代世界各国的经济发展中起着主导作用，并且规模以上工业企业是一个重要的经济主体，发生研发创新活动的概率较大，探讨工业企业研发效率的改善机制，对于培育创新动能具有重要的意义。

二、研发效率的测算

学术界现有的测度研发效率的方法可分为参数方法和非参数方法。非参数方法包括DEA及其多种拓展形式。但由于DEA方法的本质在于对样本数据的数学规划，因此无法对目标单元的研发效率值进行统计学的显著性检验。因此，本书选择非参数方法即随机前沿分析方法（SFA）测度规模以上工业企业的研发效率。

（一）随机前沿分析方法的理论基础

随机前沿分析方法的提出和发展是在生产最优化的研究基础上进行的。传统的经济学理论认为，生产主体寻求最优指的是：在一定的因素限制下使产出最大化，或在一定的价格和因素的限制下，使成本最低，或在已有的要素投入和产出的价格限制下，获得最大的利润。任何偏离最优目标或最优状态的行为，在传统计量经济学实证框架中均被视为随机统计噪声。然而，在实际生产中，由于受各种因素的影响，企业的生产效率常常达不到最优。于是，经济学中出现了新的假设，即经济主体仍有最优化的动力，却容许最优化的失效。由此，随机前沿分析方法得以发展。首先，界定生产前沿为：在给定生产中技术水平的情况下，不同投入成本所对应的最大产出量或者不同产出水平所对应的最小投入成本所形成的边界曲线。其次，界定处于生产前沿曲线上的决策单元是技术有效的，未处于生产前沿曲线上的决策单元是技术无效的。以上假定的计量经济学含义在于：传统计量经济学中的误差项是均值为 0 的对称分布，但随机前沿分析理论认为，误差项不再满足均值为 0 的对称分布，而是围绕复合误差项展开。

随机前沿分析方法的基本模型如式（6-18）所示。

$$y = f(x,\beta)\exp(v - u) \quad (6-18)$$

其中，y 为产出变量，x 为投入变量，β 为技术参数。误差项 v 为传统对称误差项，服从均值为 0、方差为 σ_v^2 的正态分布，表示各种随机环境因素的干扰。$y = f(x,\beta)\exp(v)$ 表示生产前沿的标准线。误差项 u 为单边误差项，可衡量技术非有效性，可将其表示为：$u \geqslant 0$。若决策单元的效率值位于前沿面，则 $u = 0$；若决策单元的效率值低于前沿面，则 $u > 0$。误差项 u 的分布存在多种可能，常用的分布形式主要是半正态分布和截断正态分布。虽然误差项 u 的分布选择不同，SFA 方法估计得到的技术效率的数值也不同，但技术效率值的排序一般是稳健的。

（二）研发效率测算的变量定义及模型选择

在对我国各省份规模以上工业企业的研发效率进行测算之前，首先应确定研发投入与研发产出变量。借鉴白俊红和蒋伏心（2015）的研究，选取我国各省份规模以上工业企业的 R&D 人员全时当量和 R&D 经费内部支出存量为研发投入变量，选取发明专利申请数量为研发产出变量。选取发明专利申请数目而不是授权数目的原因见本书第 5 章的变量定义部分。简单概括而言，由于专利从申请到授权存在一定时滞，并且存在其他不可控因素的干扰。规模以上工业企业在专利申请过程中可能已经将该项技术用于实际生产中且产生了经济效益。研发效率测度的变量定义如表 6-1 所示。

表 6-1 研发效率测度的变量定义

变量	变量定义
投入变量	R&D 人员全时当量
	R&D 经费内部支出存量
产出变量	发明专利申请数量

由于 R&D 资本在实际生产过程中往往存在存量效应，因此，本章以 2012 年为基期，借鉴陶长琪和徐茉（2021）的研究，采用 BEA 方法对 R&D 资本进行存量调整，如式（6-19）和式（6-20）所示。

$$K_t = (1-\delta)K_{t-1} + \left(1-\frac{1}{2}\delta\right)E_t \quad (6\text{-}19)$$

$$K_0 = \frac{E_1(1-\delta/2)}{g_k + \delta} \quad (6\text{-}20)$$

其中，E_t 为第 t 年的投资额，K_0 为基期的投资额，t 为年份变量。折旧率 $\delta=0.206$，g_k 为在对指标进行价格调整后得到的平均增长率。

随机前沿分析方法作为一种参数分析方法，需要提前设定生产函数的形式。常用的生产函数主要有：柯布—道格拉斯生产函数和超越对数生产函数。借鉴韩先锋等（2019）和李勃昕等（2013）的研究，本书首先采用超越对数生产函数，在控制固定效应的情况下，对研发效率进行随机前沿分析，如式（6-21）和式（6-22）所示。

$$Lny = \beta_0 + \beta_1 \ln K + \beta_2 \ln L + \frac{1}{2}\beta_3(\ln K)^2 + \frac{1}{2}\beta_4(\ln L)^2 + \beta_5 \ln K \times \ln L + v - u$$

$$(6\text{-}21)$$

$$Te = \exp(-u) \quad (6\text{-}22)$$

根据广义似然比检验模型的适宜性，基于超越对数生产函数的估计如表 6-2 所示。

表 6-2 基于超越对数生产函数的估计

变量	系数估计	标准差	Z 检验值	95% 置信区间
β_0	4.5560**	2.2822	1.9963	[0.6380, 9.5922]
β_1	−2.1041**	0.8606	−2.4449	[−3.7910, −0.4173]
β_2	1.4512*	0.8405	1.7265	[−0.1963, 3.0986]
β_3	−0.1169	0.2021	−0.5787	[−0.5130, 0.2791]
β_4	−0.2753	0.1850	−1.4884	[−0.6379, 0.0872]
β_5	0.3057	0.1889	1.6183	[−0.0646, 0.6760]
σ^2	0.1676**	0.0523	—	[0.0910, 0.3089]
γ	0.8719**	0.0445	—	[0.7573, 0.9369]
对数似然估计值 LL_{RR}	30.5188	—	—	—

注：*、** 分别表示在 10%、5% 的水平下显著。

从表 6-2 给出的结果可知，σ^2 值为 0.1676 且至少在 5% 的水平下显著，说明随机前沿分析模型的无效率项显著存在。γ 值为 0.8719 且至少在 5% 的水平下显著，说明混合误差中有 87.19% 来自技术无效率，仅有 12.81% 来自随机误差。对数似然估计值为 30.5188，说明似然函数拟合结果较好。此外，表 6-2 还给出了式（6-21）中的回归参数估计值。其中，$\ln K$ 和 $\ln L$ 的回归估计系数分别为 −2.1041 和 1.4512，分别通过了 5% 和 10% 的显著性水平检验，说明 R&D 内部经费支出存量对发明专利申请量具有显著的抑制效应；R&D 人员全时当量对发明专利申请量具有促进效应。平方项的回归系数估计显示，R&D 内部经费支出存量、R&D 人员全时当量与发明专利申请量之间存在倒"U"形曲线关系，但不显著。$\ln K \times \ln L$ 交互项的回归系数估计值为正，但不显著。以上结果说明，无论是 R&D 资本还是 R&D 人员投入，对 R&D 产出的影响都存在一个最优投入区间，当投入要素投入量过多时，其对产出反而容易呈现抑制效应。这可能是由于研发要素存在一定的拥挤效应。回归结果显示，目前我国各省份的 R&D 资本投入对 R&D 产出的影响正处于倒"U"形曲线的下降阶段，R&D 人员投入对 R&D 产出的影响则处于倒"U"形曲线的上升阶段。

借鉴以往研究思路，本章还对柯布—道格拉斯生产函数进行随机前沿估计。柯布—道格拉斯生产函数及技术效率的计算公式见式（6-23）和式（6-24）。

$$Lny = \beta_0 + \beta_1 \ln K + \beta_2 \ln L + v - u \quad (6-23)$$

$$Te = \exp(-u) \quad (6-24)$$

运用随机前沿分析方法得到回归估计结果，如表 6-3 所示。

表 6-3 基于柯布—道格拉斯生产函数的估计

变量	系数估计	标准差	Z 检验值	95% 置信区间
β_0	1.3627	0.8921	1.5275	[0.6380,9.5922]
β_1	0.2833**	0.1297	2.1840	[−3.7910, −0.4173]
β_2	0.5918***	0.1004	5.8968	[−0.1963, 3.0986]
σ^2	0.1585**	0.0424	—	[0.0910,0.3089]
γ	0.8321**	0.0497	—	[0.7573,0.9369]
对数似然估计值 LL_R	15.2721	—	—	—

注：*、**、*** 分别表示在 10%、5%、1% 的水平下显著。

从表 6-3 的回归估计结果可以发现，σ^2 值为 0.1585 且在 5% 的水平下显著，说明随机前沿分析模型的无效率项显著存在。γ 值为 0.8321 且在 5% 的水平下显著，说明混合误差中有 83.21% 来自技术无效率，仅有 16.79% 来自随机误差。对数似然估计值 15.2721，说明似然函数拟合结果较好。

通过比较式（6-21）和式（6-23），可以发现柯布—道格拉斯生产函数模型中不具有交互项，仅以 R&D 资本和 R&D 人员作为模型的核心解释变量。这相当于对式（6-21）施加 $\beta_3 = \beta_4 = \beta_5 = 0$ 的约束，为比较两种函数形式哪种更适宜于本章样本的研究，本章还采用广义的似然比检验，检验结果如表 6-4 所示。

表 6-4 广义似然比检验结果

原假设 H_0 及其含义	对数似然估计值	χ^2	自由度	临界值 /1%	检验结果
$\beta_3 = \beta_4 = \beta_5 = 0$	15.2721	30.4934	7	18.48	拒绝原假设

表 6-3 展示了式（6-23）中的回归参数估计值。其中，$\ln K$ 和 $\ln L$ 的回归估计系数分别为 0.2833 和 0.5918，分别通过了 5% 和 1% 的显著性水平检验，说明 R&D 内部经费支出存量和 R&D 人员全时当量对发明专利申请量均具有显著的促进效应。与表 6-2 中的回归估计结果不同，由于模型中未纳入交互项，$\ln K$ 的回归系数估计值变为正值，这或许是由于未考虑 R&D 资本投入可能存在的非线性影响及其与 R&D 人员投入的交互影响而导致的。

通过对比表 6-2 和表 6-3 中对数似然估计值可以发现，表 6-2 中的对数似然估计值显著大于表 6-3 中的对数似然估计值。这说明超越对数生产函数形式的随机前沿估计可能相较于柯布—道格拉斯生产函数形式的估计拟合效果更好。为进一步证实以上猜想，表 6-4 给出了广义似然比检验的结果。

广义似然比检验的原假设为：$\beta_3 = \beta_4 = \beta_5 = 0$。从表 6-4 可以发现，广义似然比检验的结果为：拒绝原假设，对于本章的研究样本而言，超越对数生产函数形式的选择是相对更为适宜的。这是由于：通过查阅卡方分布显著性检验的统计表可知，当模型自由度为 7 时，1% 显著性水平的卡方统计量的临界值为 18.48，由于通过计算卡方统计量 $\chi^2 = -2 \times (LL_R - LL_{RR})$，得到 $\chi^2 = 30.4934$，显著大于临界值 18.48，因此得到了拒绝原假设的结论。本章的后续分析均采用以超越对数生产函数形式进行随机前沿估计的研发效率值。

（三）研发效率的测算结果

表 6-5 展示了我国各省份 2013—2018 年规模以上工业企业的研发效率值。从表 6-5 的结果可知，首先，从全国整体范围来看，2013—2018 年，我国规模以上工业企业的平均研发效率呈逐年增长的趋势，从 2013 年的 0.2819 增长至 2018 年的 0.3699，几何平均增长率达 6.7466%。其次，将我国各省份按照三大经济带划分为东部地区、中部地区和西部地区。比较三大地区的均值可以发现，东部地区的研发效率均值为 0.3376，中部地区的研发效率均值为 0.3357，西部地区的研发效率均值为 0.3062。其中，东部地区和中部地区的研发效率的均值较为接近，西部地区与中部

地区的研发效率均值差距较大。中国东部地区与中部地区的研发效率差距小于中部地区与西部地区的研发效率差距，这意味着西部地区的研发效率还具有较大的提升空间。从增长率情况来看，东部、中部和西部地区的几何平均增长率分别为5.5241%、5.0409%及6.0862%。这表明中国西部地区的规模以上工业企业的研发效率的几何平均增长率处于全国领先水平，其次是东部地区，增长最为缓慢的是中部地区。这意味着虽然当前西部地区的研发效率较低，但其具有较大的增长潜力，并正在逐步缩小与中部地区的差距。此外，东部地区的几何平均增长率显著高于中部地区，意味着东部与中部地区的差距日益增大。最后，观察我国各个省份的研发效率变化。从均值来看，研发效率较高的省、区、市有安徽省（0.8760）、北京市（0.6632）、四川省（0.5712）、广东省（0.4828）及上海市（0.4361）。研发效率较低的省、区、市分别为青海省（0.1400）、海南省（0.1534）、内蒙古自治区（0.1648）及山西省（0.1706）等。这基本与直觉相符。青海省等省、区、市由于地理位置的约束及制度环境的相对落后，导致其难以吸引研发创新要素集聚，难以激发R&D人员的创新动力，因此往往具有较低的研发效率。从几何平均增长率情况来看，青海省（11.1030%）、海南省（10.5567%）、内蒙古自治区（10.1305%）和山西省（9.9251%）的平均增长率相对较高，表明以上地区在未来具有较大的研发效率提升潜能。

表 6-5 研发效率值

省份	2013年	2014年	2015年	2016年	2017年	2018年	均值	增长率/%
北京市	0.6264	0.6417	0.6566	0.6710	0.6850	0.6985	0.6632	2.2018
天津市	0.2799	0.2989	0.3182	0.3376	0.3571	0.3767	0.3281	6.1234
河北省	0.1825	0.1993	0.2167	0.2345	0.2528	0.2715	0.2262	8.2651
辽宁省	0.1859	0.2028	0.2203	0.2382	0.2566	0.2753	0.2298	8.1725
上海市	0.3879	0.4073	0.4267	0.4459	0.4649	0.4837	0.4361	4.5172
江苏省	0.2837	0.3028	0.3221	0.3415	0.3611	0.3806	0.3320	6.0563
浙江省	0.2351	0.2534	0.2721	0.2911	0.3103	0.3297	0.2819	6.9903
福建省	0.2696	0.2885	0.3076	0.3270	0.3465	0.3660	0.3175	6.3097

续表

省份	2013年	2014年	2015年	2016年	2017年	2018年	均值	增长率/%
山东省	0.2164	0.2343	0.2526	0.2712	0.2902	0.3094	0.2623	7.4058
广东省	0.4358	0.4549	0.4738	0.4925	0.5109	0.5289	0.4828	3.9494
海南省	0.1166	0.1303	0.1448	0.1600	0.1760	0.1925	0.1534	10.5567
东部地区	0.2927	0.3104	0.3283	0.3464	0.3647	0.3830	0.3376	5.5241
山西省	0.1318	0.1464	0.1617	0.1777	0.1943	0.2115	0.1706	9.9251
吉林省	0.1387	0.1537	0.1693	0.1856	0.2025	0.2200	0.1783	9.6617
黑龙江省	0.1642	0.1803	0.1970	0.2143	0.2321	0.2503	0.2064	8.8011
安徽省	0.8604	0.8670	0.8734	0.8794	0.8853	0.8908	0.8760	0.6978
江西省	0.2608	0.2796	0.2986	0.3179	0.3374	0.3569	0.3085	6.4739
河南省	0.1868	0.2038	0.2213	0.2392	0.2576	0.2764	0.2309	8.1465
湖北省	0.3085	0.3279	0.3474	0.3669	0.3865	0.4059	0.3572	5.6406
湖南省	0.3093	0.3286	0.3481	0.3677	0.3872	0.4067	0.3579	5.6289
中部地区	0.2951	0.3109	0.3271	0.3436	0.3604	0.3773	0.3357	5.0409
广西壮族自治区	0.3143	0.3337	0.3532	0.3727	0.3922	0.4117	0.3630	5.5500
内蒙古自治区	0.1266	0.1409	0.1560	0.1717	0.1881	0.2051	0.1648	10.1305
重庆市	0.3509	0.3704	0.3899	0.4094	0.4288	0.4480	0.3995	5.0080
四川省	0.5281	0.5458	0.5632	0.5802	0.5967	0.6129	0.5712	3.0200
贵州省	0.3540	0.3735	0.3930	0.4125	0.4318	0.4510	0.4027	4.9644
云南省	0.2597	0.2785	0.2976	0.3168	0.3362	0.3558	0.3074	6.4942
陕西省	0.2639	0.2828	0.3019	0.3212	0.3406	0.3602	0.3118	6.4143
甘肃省	0.1566	0.1724	0.1888	0.2058	0.2234	0.2414	0.1980	9.0430
青海省	0.1049	0.1179	0.1317	0.1463	0.1616	0.1776	0.1400	11.1030
宁夏回族自治区	0.2116	0.2293	0.2475	0.2661	0.2849	0.3041	0.2573	7.5185
新疆维吾尔自治区	0.2070	0.2246	0.2427	0.2611	0.2799	0.2990	0.2524	7.6285
西部地区	0.2616	0.2791	0.2969	0.3149	0.3331	0.3515	0.3062	6.0862
全国	0.2819	0.2990	0.3165	0.3341	0.3519	0.3699	0.3256	6.7466

为了更为清晰地展现全国及中国三大地区研发创新效率在样本区间内的分布状态和动态演进趋势，本书通过运用核密度估计方法对其进行分析。研发创新效率的核密度分布如图6-2所示。

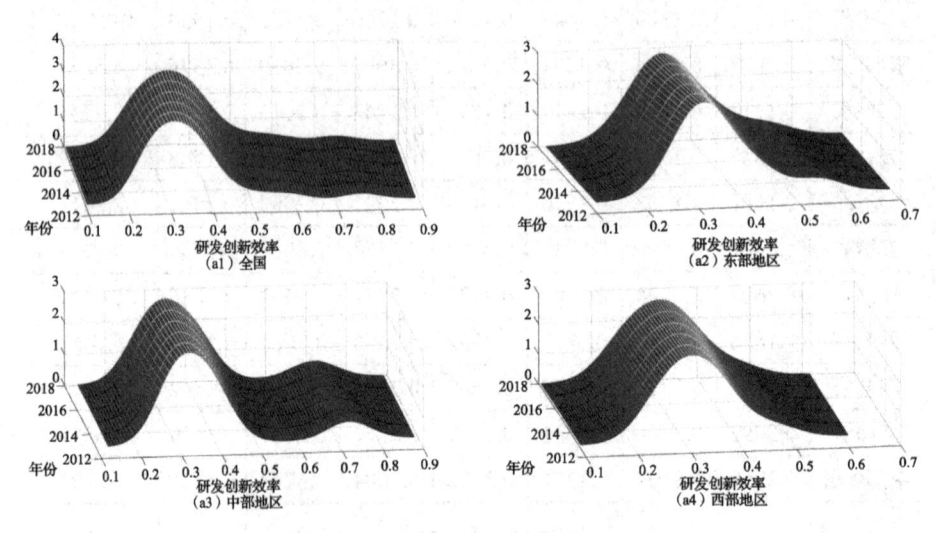

图6-2　研发创新效率的核密度分布

图6-2（a1）刻画了全国范围内的研发效率的核密度分布。从图6-2（a1）可以发现，2013—2018年，核密度曲线的波峰呈逐年右移的趋势，表明全国整体的研发效率呈逐年上升趋势。核密度曲线具有较长的拖尾，表明分布具有较高的延展性，全国范围内处于高研发效率水平的地区较少，大部分地区的研发效率集中于0.35左右。波峰的宽度在样本区间内的变化不明显，表明全国范围内的研发效率分布差距无明显变化。图6-2（a2）刻画了东部地区的研发效率的核密度分布。从图（a2）可以发现，2013—2018年，核密度曲线的波峰呈逐年右移的趋势，表明东部地区的研发效率呈逐年上升趋势。核密度曲线存在明显的双波峰，表明东部地区的研发效率存在明显的不均衡发展现象。波峰的宽度在样本区间内的变化不明显，表明东部地区的研发效率分布差距无明显变化。图6-2（a3）刻画了中部地区的研发效率的核密度分布。从图6-2（a3）可以发现，2013—

2018年，核密度曲线的波峰呈逐年右移的趋势，表明中部地区的研发效率呈逐年上升趋势。核密度曲线的延展性较全国范围的延展性缩窄，但存在两个波峰，表明中部地区的研发效率存在一定的不均衡发展现象。波峰的宽度在样本区间内的变化不明显，表明中部地区的研发效率分布差距无明显变化。图6-2（a4）刻画了西部地区的研发效率的核密度分布。从图6-2（a4）可以发现，2013—2018年，核密度曲线的波峰呈逐年右移的趋势，表明西部地区的研发效率呈逐年上升趋势。核密度曲线无明显拖尾，也不具有多波峰，表明西部地区的研发效率分布较为均衡，大部分地区集中分布于0.3左右，波峰的宽度在样本区间内的变化不明显，表明西部地区的研发效率分布差距无明显变化。

综合以上分析，可以认为中部地区的研发效率存在一定程度的极化现象，东部地区发展不均衡，但极化程度低于中部地区，西部地区的发展较为均衡。因此，地方政府应着力推动东部地区和中部地区各省、区、市研发效率的平衡发展，提升西部地区的平均研发效率水平，从而推动全国整体范围内的研发效率提升。

三、基准回归结果分析

（一）特征性事实

在开始实证分析前，本书首先对核心解释变量与被解释变量之间的相关性进行刻画。图6-3中横轴表示数字经济发展水平，纵轴表示测算得到的研发效率，散点代表的是我国各省、区、市在样本区间内对应的坐标，通过散点的位置和方向，可拟合得到一条向右上方倾斜的直线。这意味着随着地区数字经济发展水平的提升，研发效率也具有提升的趋势，二者呈正相关关系。这一特征性事实在一定程度上对本书的基准回归问题进行了简单验证，但为严谨和准确起见，本书接下来基于这一特征性事实，建立基准回归模型，并对二者的因果作用关系进行检验。

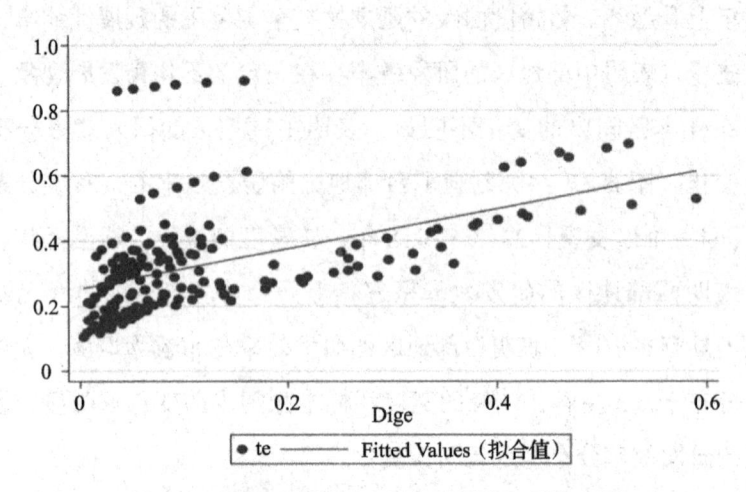

图 6-3 数字经济发展水平与研发效率的散点图

（二）基准回归

为详细探讨数字经济发展对研发效率提升的影响，排除多重共线性等问题的干扰，本书采取逐步回归法进行基准回归检验。基准回归结果如表 6-6 所示。表 6-6 的第（1）列为未控制任何控制变量和固定效应的回归估计结果。数字经济发展水平 Dige 的回归系数估计值为 0.6126，在 1%（t=10.0764）的水平下显著。第（2）列在第（1）列的基础上纳入控制变量，Dige 的回归系数估计值为 1.0052，在 1%（t=7.9390）的水平上显著。第（3）列在第（2）列的基础上纳入时间固定效应，Dige 的回归系数估计值为 0.6261，在 1%（t=4.9641）的水平下显著。第（4）列是控制条件最为严格的一列，其在第（3）列的基础上纳入省份固定效应，回归结果显示，数字经济发展水平 Dige 依然在 1% 的水平下提升研发效率。

从控制变量的回归结果来看，人均 GDP（Realpergdp）对研发效率的提升效应显著。这也与直觉相符。地区经济越发达，其对技术的吸收和转化等能力越强，越有助于研发效率的提升。外商直接投资（Fdi）对研发效率具有显著的抑制效应。这可能是由于外商直接投资的知识溢出效应有限，未能抵消其可能对工业企业研发效率产生的负向影响。随着外商直接投资的增多，一方面可能致使我国本土工业企业产生创新惰性，一味地依靠外资提升企业经营绩效；另一方面外商直接投资可能存在技术垄断或市场势力，阻碍了本土企业研发效率的提升。

表 6-6 基准回归结果

变量	(1) Te	(2) Te	(3) Te	(4) Te
Dige	0.6126***	1.0052***	0.6261***	0.0331***
	(10.0764)	(7.9390)	(4.9641)	(2.7037)
Realpergdp	—	-0.2487***	-0.2772***	0.0482***
		(-5.9792)	(-6.6036)	(2.9201)
Ex	—	-0.0521	0.1184*	0.0016
		(-0.7969)	(1.8360)	(0.1918)
Fisc	—	-0.0212	-0.1962*	0.0529
		(-0.2038)	(-1.7229)	(1.4752)
Rl	—	5.1014*	1.8253	1.0557
		(1.8999)	(0.6301)	(1.2835)
Market	—	-0.8788	-1.0791*	0.0092
		(-1.4166)	(-1.6806)	(0.1426)
Fdi	—	2.5843**	3.2134***	-0.1871***
		(2.1466)	(2.6324)	(-3.0264)
Ipp	—	0.2785**	0.1626	0.0008
		(2.1086)	(1.2619)	(0.0725)
常数项	0.2535***	3.3995***	4.0241***	-0.2108
	(18.6340)	(4.0519)	(4.5593)	(-1.0203)
观测值	180	180	180	180
R^2	0.2327	0.3884	0.4242	0.9993
年份固定效应	未控制	未控制	控制	控制
省份固定效应	未控制	未控制	未控制	控制

注：*、**、*** 分别表示在 10%、5% 和 1% 的水平下显著，使用稳健标准误，括号内为 t 值。

(三) 稳健性检验

为增加以上基准回归结论的可信度，本书采用多种方式对其进行稳健性检验。具体做法如下：①在基准回归模型中纳入更多控制变量，以缓解遗漏变量问题给基准回归结果造成的干扰。回归结果如表6-7中的第（1）列所示。由于政府对科技活动的支持力度及技术市场环境均对研发效率具有较大影响。因此，表6-7第（1）列中增加的控制变量包括如下内容：政府支持（Cz），用科技支出占财政收入的比重衡量；技术市场成熟度（Trans），用技术市场成交额占GDP的比重衡量。从回归估计结果来看，数字经济发展的系数估计值为0.0316，在5%（t=2.4618）的水平下显著。这表明，在控制更多可能的影响因素的情况下，数字经济发展依然能够显著地提升研发效率。②考察数字经济发展对工业企业研发效率的滞后影响。回归结果如表6-7第（2）列所示。从回归结果可发现，滞后一期的数字经济发展水平 $Dige_{-1}$ 的回归系数估计值为0.0276，在5%（t=2.0697）的水平下显著。这表明，数字经济发展对研发效率的提升不仅具有当期的促进效应，还具有滞后一期的正向影响。③替换被解释变量。基准回归模型采用控制固定效应的随机前沿分析方法测算得到规模以上工业企业的研发效率Te，为稳健起见，本书采用未控制固定效应的随机前沿分析方法重新测算样本企业的研发效率Te2，替换被解释变量后重新进行回归估计。实证结果见表6-7第（3）列。第（3）列的结果依然支持基准回归结论。以上稳健性检验结果表明，数字经济发展对规模以上工业企业的研发效率的提升作用具有一定的可信度和稳健性。

表6-7　稳健性检验

变量	（1）Te	（2）Te	（3）Te2
Dige	0.0316**	—	0.0313***
	(2.4618)		(2.6782)
$Dige_{-1}$	—	0.0276**	—
		(2.0697)	

续表

变量	(1) Te	(2) Te	(3) Te2
Realpergdp	0.0398**	0.0194	0.0446***
	(2.3296)	(0.9517)	(2.8597)
Ex	−0.0010	0.0024	0.0026
	(−0.1177)	(0.2252)	(0.3307)
Fisc	0.0673*	0.0217	0.0530
	(1.6880)	(0.8078)	(1.5603)
Rl	1.1492	1.2565	1.0103
	(1.2709)	(1.4294)	(1.2954)
Market	0.0035	−0.0861	0.0107
	(0.0515)	(−1.5745)	(0.1791)
Fdi	−0.1605**	−0.1183**	−0.1789***
	(−2.4960)	(−2.5454)	(−3.0457)
Ipp	−0.0020	−0.0003	0.0012
	(−0.1836)	(−0.0222)	(0.1172)
Cz	0.0544*	—	—
	(1.7325)		
Trans	0.0049	—	—
	(0.0290)		
常数项	−0.1188	0.2245	−0.1622
	(−0.5459)	(0.9013)	(−0.8336)
观测值	180	150	180
R^2	0.9993	0.9995	0.9994
省份、年份固定效应	控制	控制	控制

注：*、**、*** 分别表示在10%、5%和1%的水平下显著，使用稳健标准误，括号内为t值。

（四）内生性探讨

（1）工具变量法。上文虽然对基准回归结论的稳健性进行了必要的检验，但仍然无法排除模型可能存在的内生性问题的干扰。本书采用工具变量法与反向因果检验方法排除基准回归中可能存在的内生性问题。表 6-8 中给出了工具变量法的回归估计结果。

表 6-8 工具变量法的回归估计结果

变量	（1）Te	（2）Te
Dige	0.0316** （2.3759）	0.0323** （2.4853）
Realpergdp	0.0202 （1.1677）	0.0201 （1.1653）
Ex	0.0025 （0.2726）	0.0025 （0.2806）
Fisc	0.0223 （0.9813）	0.0223 （0.9865）
Rl	1.2437* （1.6604）	1.2483* （1.6723）
Market	−0.0898* （−1.8644）	−0.0897* （−1.8615）
Fdi	−0.1281*** （−3.2415）	−0.1283*** （−3.2477）
Ipp	−0.0012 （−0.0938）	−0.0013 （−0.0995）
Hansen J	—	0.236 （0.6272）
Wald F	276.2080	137.9610
常数项	0.2181 （1.0292）	0.2185 （1.0321）
观测值	150	150
R^2	0.9995	0.9995
省份、年份固定效应	控制	控制

注：*、**、*** 分别表示在 10%、5% 和 1% 的水平下显著，使用稳健标准误，括号内为 t 值。

表 6-8 第（1）列是以滞后一期的数字经济发展水平（$Dige_{-1}$）作为工具变量，运用两阶段最小二乘方法得到的回归估计结果。Wald F 统计量为 276.2080，远远超过 10，说明工具变量不是弱工具变量。Dige 的系数

估计值为 0.0316，在 5%（t=2.3759）的水平下显著。此外，本书借鉴黄群慧等（2019）的研究，采用历史上的固定电话数量与上年的全国互联网投资额的乘积（Inttele）作为工具变量。第（2）列展示了 $Dige_{-1}$ 和 Inttele 同时作为工具变量的回归估计结果。Wald F 统计量为 137.9610，Hansen J 的 p 值为 0.6272，大于 0.05，表明工具变量是外生有效的。Dige 的系数估计值为 0.0323，在 5%（t=2.4853）的水平下显著。这表明，在一定程度上缓解内生性问题干扰后，基准回归结果依然成立。

（2）反向回归法。虽然工具变量法在一定程度上缓解了内生性问题的干扰，但其实证结果受到工具变量选取的影响。好的工具变量往往难以寻找。因此，为进一步对可能存在的反向因果问题进行排除，本书设定以下回归模型，见式（6-25）。

$$Dige\_change = \beta_0 + \beta_1 Te_{-1} + control_{-1} + \mu_t + \mu_p + \varepsilon \quad (6-25)$$

其中，$Dige\_change$ 为数字经济发展水平的变化，Te_{-1} 为上一期的研发效率。式（6-25）的检验逻辑是：若 β_1 通过了显著性水平检验，则表明研发效率对数字经济发展水平的变化具有显著的影响。这也就意味着基准回归模型中存在显著的反向因果问题。反之，若 β_1 未通过显著性水平检验，则表明研发效率对数字经济发展水平的变化不具有显著影响。这也意味着基准回归模型中解释变量与被解释变量出现反向因果问题的可能性较低，基准回归结果是可信的。表 6-9 第（1）列给出了仅以滞后一期的研发效率作为解释变量的回归估计结果。回归估计结果显示，滞后一期的研发效率 Te_{-1} 的回归系数估计值为 -0.0919，t 值为 -0.5894，未通过显著性检验。第（2）列展示了以滞后一期的研发效率作为核心解释变量，并且控制变量均滞后一期的回归结果。Te_{-1} 的回归系数估计值为 -0.1458，t 值为 -0.9453，未通过显著性检验。这表明，在控制更多控制变量的情况下，研发效率对数字经济发展水平的变化依然没有解释力。因此，本书认为数字经济发展与研发效率之间没有显著的反向因果关系，再次提高了基准回归结果的可信度。

表 6-9　反向因果内生性检验

变量	（1）Dige_change	（2）Dige_change
Te_{-1}	−0.0919 （−0.5894）	−0.1458 （−0.9453）
$Realpergdp_{-1}$	—	−0.0374 （−1.0053）
Ex_{-1}	—	0.0097 （0.3859）
$Fisc_{-1}$	—	0.0212 （0.4141）
Rl_{-1}	—	3.3797* （1.8019）
$Market_{-1}$	—	0.0775 （0.7333）
Fdi_{-1}	—	0.0024 （0.0244）
Ipp_{-1}	—	0.0253 （1.6539）
常数项	0.0622 （1.0130）	0.3329 （0.7381）
观测值	150	150
R^2	0.6094	0.6327
省份、年份固定效应	控制	控制

注：*、**、*** 分别表示在 10%、5% 和 1% 的水平下显著，使用稳健标准误，括号内为 t 值。

第三节　门槛效应分析

一、模型设定

面板门槛模型由 Hansen（1999）提出，其设定的单一门槛形式的模型如式（6-26）所示。

$$y_{it} = \beta_0 + \beta_1 x_{it} I(q_{it} \leq \gamma) + \beta_2 x_{it} I(q_{it} > \gamma) + \text{control}_{it} + \mu_i + \varepsilon_{it} \quad (6\text{-}26)$$

其中，$I(\cdot)$ 为示性函数，q_{it} 为门槛变量，γ 为门槛值，x_{it} 为门槛依赖变量，control_{it} 为控制变量，μ_i 为个体固定效应，ε_{it} 为随机误差项。

面板门槛计量模型的实质是利用门槛变量的门槛值将样本划分为多个区间，探究模型中的门槛依赖变量是否存在结构突变点。若门槛依赖变量的系数估计值在各个区间内存在显著差异，则认为门槛依赖变量对被解释变量的影响具有门槛特征。面板门槛模型的优点主要体现在以下方面：第一，不需要设定模型的非线性拐点，面板门槛模型的门槛值及门槛个数皆由样本数据内生给定；第二，面板门槛模型能够运用 Bootstrap 方法检验模型中门槛值的统计显著性，为模型中可能存在的突变特征提供统计证据。因此，本书借鉴 Hansen（1999）的面板门槛模型，分别以产业结构高级化（Is）和经济发展水平（Realpergdp）作为门槛变量，数字经济发展水平作为门槛依赖变量，探究其在受到产业结构高级化或经济发展水平的影响下，对研发效率是否存在门槛效应。本书设定如式（6-27）和式（6-28）的面板门槛模型。

$$\begin{aligned}\text{Te}_{it} = &\beta_0 + \beta_1 \text{Dige}_{it} I(\text{Is}_{it} \leq \gamma) + \beta_2 \text{Dige}_{it} I(\text{Is}_{it} > \gamma) + \text{Realpergdp}_{it} + \\ &\text{Ex}_{it} + \text{Fisc}_{it} + \text{Rl}_{it} + \text{Market}_{it} + \text{Fdi}_{it} + \text{Ipp}_{it} + \mu_i + \mu_t + \varepsilon_{it}\end{aligned} \quad (6\text{-}27)$$

$$\begin{aligned}\text{Te}_{it} = &\beta_0 + \beta_1 \text{Dige}_{it} I(\text{Realpergdp}_{it} \leq \gamma) + \beta_2 \text{Dige}_{it} I(\text{Realpergdp}_{it} > \gamma) + \\ &\text{Ex}_{it} + \text{Fisc}_{it} + \text{Rl}_{it} + \text{Market}_{it} + \text{Fdi}_{it} + \text{Ipp}_{it} + \mu_i + \mu_t + \varepsilon_{it}\end{aligned} \quad (6\text{-}28)$$

以上计量模型在 Hansen（1999）提出的面板门槛模型的基础上纳入时间固定效应 μ_t，其他控制变量均与基准回归模型一致。

二、门槛效应检验

（一）产业结构高级化

由于工业企业对技术的转化能力与地区产业结构高级化的程度息息相

关。因此，有必要详细分析当地区产业结构向高级化升级过程中，数字经济发展对研发效率的提升效应如何变化。本书采用第三产业与第二产业的产值之比作为产业结构高级化的衡量指标。在运用面板门槛模型估计变量系数之前，需要验证模型中是否存在门槛效应。表6-10给出了模型的门槛效应检验结果。

先分析被解释变量为基准回归中研发效率的衡量指标Te时，产业结构高级化的门槛效应检验结果。当设定模型为单一门槛时，产业结构高级化Is的F值为44.7700，在5%水平下的临界值为42.5068，表明模型中对产业结构高级化单一门槛的检验在5%的水平下显著。当设定模型为双重门槛时，产业结构高级化Is的F值为8.0600，在5%水平下的临界值为31.2904，表明模型中对产业结构高级化双重门槛的设定未通过显著性检验。综合以上分析，产业结构高级化具有单一门槛特征。为保证门槛模型的稳健性，本书还采用Te2替换被解释变量Te，门槛效应检验结果依然不变。

表6-10 门槛效应是否存在的检验：产业结构高级化

门槛变量	门槛类型	Te		Te2	
		F值	5%临界值	F值	5%临界值
Is	单一门槛	44.7700**	42.5068	44.3200**	40.9106
	双重门槛	8.0600	31.2904	7.9800	35.7368

注：**表示在5%的水平下显著。

根据以上产业结构高级化的门槛效应检验结果，本书设定单一门槛模型进行实证分析。模型估计结果如表6-11所示。从表6-11中第（1）列的估计结果可知，当产业结构高级化Is小于门槛值0.6769时，数字经济发展水平对工业企业研发效率的估计系数为0.3824，在5%（t=2.1838）的水平上显著；当产业结构高级化Is大于门槛值0.6769时，数字经济发展水平对工业企业研发效率的估计系数为0.0342，在5%（t=2.2440）的水平下显著。这表明，随着产业结构高级化程度的提升，数字经济发展水平对研发效率的提升作用减弱。表6-11第（2）列的回归结果也支持以上结论。这可能是由于：随着地区产业结构向高级化转型，服务业在快速发展过程中聚集了大量研发要素，对地区工业企业的研发要素投入产生挤出效应，从而弱化数字经济发展对工业企业研发效率的提升效用。

表 6-11　门槛回归检验：产业结构高级化

变量	（1）Te	（2）Te2
Dige_1（Is<0.6769）	0.3824** （2.1838）	0.3622** （2.1740）
Dige_2（Is>0.6769）	0.0342** （2.2440）	0.0324** （2.2174）
Realpergdp	0.0428** （2.2999）	0.0394** （2.2877）
Ex	0.0095 （1.1162）	0.0101 （1.2530）
Fisc	0.0343 （0.8296）	0.0354 （0.9045）
Rl	1.0528 （0.8543）	1.0075 （0.8621）
Market	0.0025 （0.0780）	0.0044 （0.1524）
Fdi	−0.1371*** （−2.7789）	−0.1316*** （−2.7866）
Ipp	0.0157 （1.4374）	0.0154 （1.4646）
常数项	−0.1546 （−0.8102）	−0.1195 （−0.6806）
观测值	180	180
R^2	0.9839	0.9832
省份、年份固定效应	控制	控制

注：**、*** 分别表示在5%和1%的水平下显著，括号内为t值。

（二）经济发展水平

本书还以经济发展水平（Realpergdp）作为模型的门槛变量，探究随着经济发展水平的变化，数字经济对研发效率的提升效应如何变化。需要对经济发展水平的门槛效应进行检验，检验结果如表 6-12 所示。

表 6-12　门槛效应是否存在的检验：经济发展水平

门槛变量	门槛类型	Te 的临界值 F 值	Te 的临界值 5%	Te2 的临界值 F 值	Te2 的临界值 5%
Realpergdp	单一门槛	56.5200**	48.7395	56.8500**	43.3833
	双重门槛	26.5000	36.2958	26.7100	38.6710

注：** 表示在 5% 的水平下显著。

表 6-12 的结果显示，将经济发展水平作为门槛变量，并设定模型中经济发展水平为单一门槛时，检验结果发现，F 统计量的值为 56.5200，在 5% 的水平下临界值为 48.7395，说明将经济发展水平设定为单一门槛形式时，统计检验通过。当设定模型中经济发展水平为双重门槛时发现，F 统计量的值为 26.5000，未通过统计学的显著性水平检验。这表明，双重门槛的设定对本书的模型来说是不合适的。为稳健起见，本书将被解释变量替换为 Te2，以上结论依然成立。

根据以上经济发展水平的门槛效应检验结果，本书对其设定单一门槛模型进行实证分析。模型估计结果如表 6-13 所示。从表 6-13 中第（1）列的结果可以发现，当 Realpergdp 小于门槛值 10.8692 时，数字经济发展对提高研发效率呈负向抑制作用，但不显著；当 Realpergdp 大于门槛值 10.8692 时，数字经济发展对提高研发效率具有显著的作用。替换被解释变量进行稳健性检验后，以上回归结果依然成立。本书认为这可能是由于：当地区经济发展水平较为落后时，地区研发人员和研发资本的存量也相对较低，因此，经济发展的落后将显著影响企业对技术的引进、吸收和转化能力。同时，经济发展较为落后的地区往往对构建良好的数字化生态环境的意识和顶层设计存在滞后。数字经济发展由于其共享性特征，需要地方政府采取措施对创新的正外部性进行补偿，但经济发展较为落后的地区往往难以支撑对经济主体进行大规模的激励性补偿。因此，当经济发展较为落后时，在数字经济发展过程中，企业存在"搭便车"行为，但地方经济难以提供有效的政策支持，从而不利于发挥数字经济提高研发效率的改善作用。当经济发展水平较高时，地区对技术的吸收和转化能力增强，对创新企业的正外部性能够给予充足补偿，从而强化了数字经济发展提高研发效率的作用。

表 6-13 门槛回归检验：经济发展水平

变量	（1）Te	（2）Te2
Dige_1（Realpergdp<10.8692）	−0.0845（−1.1169）	−0.0806（−1.1271）
Dige_2（Realpergdp>10.8692）	0.0461***（2.9358）	0.0436***（2.9425）
Ex	0.0053（0.6189）	0.0061（0.7592）
Fisc	0.0428（0.7104）	0.0444（0.7785）
Rl	3.0200*（1.7280）	2.8686*（1.7350）
Market	−0.0271（−0.6712）	−0.0231（−0.6377）
Fdi	−0.1278（−1.6920）	−0.1241*（−1.7246）
Ipp	0.0049（0.3290）	0.0050（0.3542）
常数项	0.3174***（5.1046）	0.3150***（5.4662）
观测值	180	180
R^2	0.9845	0.9839
省份、年份固定效应	控制	控制

注：*、*** 分别表示在 10%、1% 的水平下显著，括号内为 t 值。

第四节 空间溢出效应分析

一、模型与权重矩阵设定

各省份间的数字经济发展具有广泛的联系，研发效率也往往存在空间关联。若忽视数字经济发展水平对研发效率的空间溢出效应，可能高估或低估数字经济发展对研发效率的影响效应。因此，本部分通过建立空间计量模型分析二者之间可能存在的空间溢出效应。

（一）模型设定

空间杜宾模型（Spatial Durbin Model，SDM）是相对于空间滞后模型与空间误差模型更为一般化的一种空间计量模型。它同时考虑了被解释变量 Te 和解释变量 Dige 的空间滞后项对被解释变量 Te 的影响（Lesage，2008）。本书选择空间杜宾模型对基准回归模型可能存在的空间溢出效应进行估计。在下文中也将对空间计量模型的选择进行检验。空间杜宾模型的一般形式如式（6-29）所示。

$$Y_{it} = c + \rho \sum_{i \neq j} w_{ij} Y_{it} + \beta X_{it} + \theta \sum_{i \neq j} w_{ij} X_{it} + \varepsilon_{it} \qquad (6\text{-}29)$$

其中，Y 为被解释变量，X 为解释变量（包括控制变量），w 为空间权重矩阵，ρ 为空间回归系数，β 和 θ 为待估计的回归参数向量。对空间杜宾模型设定约束条件可将空间杜宾模型简化成空间滞后模型或空间自回归模型。若估计结果显示 $\theta = 0$ 且 $\rho \neq 0$，则该模型可退化为空间自回归模型（SAR）；若 $\theta = -\beta\rho$，则该模型为空间误差模型（SEM）。

根据前文的理论分析，数字经济发展不仅能够提升研发效率，而且数字经济发展对研发效率具有空间溢出作用，研发效率也会对相邻地区产生溢出作用。因此，结合式（6-29）中 SDM 模型的一般形式，本书最终设定实证模型如式（6-30）所示。

$$\begin{aligned}Te_{it} = & c + \rho \sum_{j} w_{ij} Te_{it} + \beta_1 Dige_{it} + \theta_1 \sum_{j} w_{ij} Dige_{it} + \sum_{k} \beta_k X_{kit} + \\ & \sum_{k'} \beta_{k'} \sum_{j} w_{ij} X_{kit} + \mu_i + \mu_t + \varepsilon_{it}\end{aligned} \qquad (6\text{-}30)$$

其中，解释变量 $Dige_{it}$、被解释变量 Te_{it} 及控制变量 X_{kit} 均与基准回归模型一致。i 为省份，t 为时间，w_{ij} 为空间权重矩阵，具体衡量方式见下文。μ_i 为个体固定效应，μ_t 为时间固定效应，ε_{it} 为误差项。

(二)空间权重矩阵设定

从现有文献来看,目前最常使用的空间权重矩阵是地理邻接矩阵和地理距离矩阵。但两者都存在不足之处。地理邻接矩阵仅考虑空间中的个体是否相邻,无法反映位置相近但不相邻的地区之间的空间影响。地理距离矩阵则忽视了在交通基础设施日渐完善的环境下省份间交通距离的影响。基于此,借鉴陶长琪和徐茉(2021)的研究,将邻域定义为两省份共边或省会城市之间的距离小于全国两个省会间的平均距离。由此,定义邻接空间权重矩阵和公路抵达时间的空间权重矩阵,见式(6-31)和式(6-32)。本章未使用铁路抵达时间衡量交通距离的原因在于:尚无较为完整和权威的各省会之间铁路抵达时间的数据,手工整理也存在较大偏误,因此采用公路抵达时间衡量交通距离。

$$w_{ij}^1 = \begin{cases} 1, & 如果i和j是邻域 \\ 0, & 如果i和j非邻域 \end{cases} \quad (6-31)$$

$$w_{ij}^2 = \begin{cases} 1/TT_{ij}, & 如果i和j是邻域 \\ 0, & 如果i和j非邻域 \end{cases} \quad (6-32)$$

其中,TT_{ij}为两个省会间的公路最短通行时间。

二、空间计量模型的检验

(一)空间相关性检验

基于构建的邻接空间权重矩阵和公路抵达时间的空间权重矩阵,本书分别对研发效率Te_{it}和数字经济发展$Dige_{it}$进行空间相关性检验,通过Moran's I这一统计量来说明被解释变量Te_{it}与核心解释变量$Dige_{it}$的空间自相关性。若被解释变量Te_{it}和核心解释变量$Dige_{it}$均存在空间自相关性,则说明经验数据与理论分析的结论相符,设立空间计量模型对理论分析所得结论进行检验是合适的。表 6-14 和表 6-15 给出了 2013—2018 年的 Moran's I 统计量。

表 6-14 空间自相关性检验：基于邻接空间权重矩阵

被解释变量（研发效率）			核心解释变量（数字经济发展）		
年份	Moran's I	Z 值	年份	Moran's I	Z 值
2013	0.039*	1.532	2013	0.054**	1.836
2014	0.041*	1.577	2014	0.067**	2.078
2015	0.044*	1.621	2015	0.070**	2.137
2016	0.046**	1.662	2016	0.099***	2.681
2017	0.049**	1.701	2017	0.113***	2.940
2018	0.051**	1.738	2018	0.115***	2.979

注：*、**、*** 分别表示在 10%、5%、1% 的水平下显著。

表 6-15 空间自相关性检验：基于公路抵达时间的空间权重矩阵

被解释变量（研发效率）			核心解释变量（数字经济发展）		
年份	Moran's I	Z 值	年份	Moran's I	Z 值
2013	0.058*	1.555	2013	0.062*	1.612
2014	0.062*	1.624	2014	0.080**	1.893
2015	0.067**	1.689	2015	0.085**	1.972
2016	0.071*	1.751	2016	0.128***	2.616
2017	0.075**	1.810	2017	0.141***	2.808
2018	0.079**	1.865	2018	0.143***	2.847

注：*、**、*** 分别表示在 10%、5%、1% 的水平下显著。

从表 6-14 和表 6-15 中的结果可以看出，无论是基于何种空间权重矩阵，被解释变量 Te_{it} 和核心解释变量 $Dige_{it}$ 的莫兰指数在样本期内各年份均至少通过 10% 的显著性水平检验，说明各个年份的研发效率 Te_{it} 与数字经济发展 $Dige_{it}$ 均存在空间自相关性，应该采用空间计量经济学模型进行估计。

（二）LM 检验

在前文中，本书基于经济学的理论分析，设定空间计量模型为空间杜宾形式。但为稳健起见，在实证计量分析开始前，采用 LM 检验方法，对空间计量模型的设定进行检验。LM 检验结果如表 6-16 所示。

表 6-16　LM 检验结果

邻接空间权重矩阵				公路抵达时间的空间权重矩阵			
模型选择	Test	统计值	P 值	模型选择	Test	统计值	P 值
SEM	LM	22.487***	0.000	SEM	LM	94.493***	0.000
SAR	LM	19.642***	0.000	SAR	LM	80.779***	0.000

注：*、**、*** 分别表示在 10%、5%、1% 的水平下显著。

通过表 6-16 的结果可知，无论是用邻接空间权重矩阵还是基于公路抵达时间的空间权重矩阵，空间误差模型和空间自回归模型的 LM 检验统计值均在 1% 的水平下显著。这表明，无论是选择 SEM 还是 SAR 模型，LM 检验都拒绝了原假设，说明本书的研究样本应首先考虑空间杜宾模型。

（三）Hausman 检验

在经过 LM 检验后，本书选择空间杜宾模型对数字经济发展与研发效率之间的空间关系进行分析。进一步需要确定的是，空间杜宾模型应该采用固定效应还是随机效应进行估计。因此，本书采用 Hausman 检验的结果作为判断依据。检验结果发现，当选择邻接矩阵作为空间权重矩阵时，Hausman 检验的 p 值为 0，通过了 1% 的显著性水平检验，表明拒绝随机效应的原假设，应选择控制了双向固定效应的空间杜宾模型进行估计。当选择基于公路抵达时间的空间权重矩阵时，Hausman 检验的 p 值为 0，依然在 1% 的显著性水平下拒绝原假设。因此，本书采用控制双向固定效应的空间杜宾模型进行实证分析。

（四）LR 和 Wald 检验

为进一步检验空间杜宾模型（SDM）能否退化为空间自回归模型（SAR）和空间误差模型（SEM），本书建立控制双向固定效应的空间杜宾模型，对其采用 LR 检验和 Wald 检验进行判断。检验结果如表 6-17 所示。观察表 6-17 的回归结果可知，无论是选择邻接空间权重矩阵还是基于公路抵达时间的空间权重矩阵，LR 检验和 Wald 检验的 p 值均为 0，拒绝

SDM 可退化为 SAR 或 SEM 的原假设。以上检验结果说明，本书应选择 SDM 模型进行回归估计分析。

表 6-17　LR 检验和 Wald 检验结果

W_{ij}^1	原假设	p 值	W_{ij}^2	原假设	p 值
LR 检验	SDM 可简化成 SAR	0.000	LR 检验	SDM 可简化成 SAR	0.000
	SDM 可简化为 SEM	0.000		SDM 可简化为 SEM	0.000
Wald 检验	SDM 可简化成 SAR	0.000	Wald 检验	SDM 可简化成 SAR	0.000
	SDM 可简化为 SEM	0.000		SDM 可简化为 SEM	0.000

三、空间溢出效应检验

（一）空间杜宾模型的回归估计结果

基于前文中的一系列空间计量模型检验，分别采用邻接空间权重矩阵和基于公路抵达时间的空间权重矩阵进行双向固定效应的 SDM 回归估计，结果如表 6-18 所示。

表 6-18　SDM 回归结果

变量	邻接空间权重矩阵	公路抵达时间的空间权重矩阵
Dige	0.0435** （2.4074）	0.0317* （1.7263）
Realpergdp	0.0366* （1.8139）	0.0631*** （3.0700）
Ex	0.0051 （0.7507）	0.0015 （0.2219）
Fisc	0.0498 （1.5925）	0.0683** （2.2600）
Rl	2.8374*** （4.4435）	1.9739*** （3.1156）
Market	0.0697 （1.0576）	0.0369 （0.5753）

续表

变量	邻接空间权重矩阵	公路抵达时间的空间权重矩阵
Fdi	−0.0743 (−1.2694)	−0.1519*** (−2.7005)
Ipp	−0.0086 (−0.9543)	0.0119 (1.2618)
W×Dige	−0.4644*** (−3.4437)	−0.1506* (−1.6971)
W×Realpergdp	0.5327*** (4.0694)	0.4609*** (5.0255)
W×Ex	0.0034 (0.0854)	−0.0019 (−0.2798)
W×Fisc	0.2504 (1.2861)	0.3619** (2.5195)
W×Rl	3.6263 (1.4437)	2.7399 (0.9933)
W×Market	0.9696** (2.4462)	0.2241 (0.6231)
W×Fdi	−0.0743 (−1.2694)	−0.2928* (−1.7684)
W×Ipp	−0.0086 (−0.9543)	0.0543 (1.0643)
ρ	−0.8287*** (−2.7159)	−0.8054*** (−3.2670)
观测值	180	180
LogL	743.9288	744.9016
R^2	0.9660	0.9750

注：*、**、***分别表示在10%、5%、1%的水平下显著，括号内为Z值。

表6-18的估计结果显示，在两种空间权重矩阵下，数字经济发展分别在5%和10%的水平下显著为正，空间权重矩阵与数字经济发展的交互项分别在5%和10%的水平下显著为负，ρ的回归系数估计值均在1%的水平下显著。这表明，中国各省份之间的研发效率提升和数字经济发展不是相互独立的，皆具有一定的空间相关性，这与上文中研发效率与数字经济发展的Moran's I的结果具有一致性。区域内的研发效率不仅受到本

地区数字经济发展的影响，还受到相邻地区的数字经济发展与研发效率的影响。

(二) 空间溢出效应

由于上文中空间杜宾模型的回归估计结果并不能表示数字经济发展水平的空间溢出效应（间接影响效应），因此，本书基于双向固定效应的 SDM 模型，借鉴 Lesage 和 Pace（2008）的方法，将数字经济发展对研发效率的空间效应分解，得到间接效应。空间溢出效应结果如表 6-19 所示。

表 6-19　空间溢出效应结果

变量	邻接空间权重矩阵	公路抵达时间的空间权重矩阵
Dige	−0.3032*** （−3.0812）	−0.1060* （−1.9397）
Realpergdp	0.3108*** （3.7113）	0.2600*** （4.2148）
Ex	−0.0011 （−0.0480）	−0.0067 （−0.3413）
Fisc	0.1385 （1.1605）	0.2002** （2.0095）
Rl	0.8387 （0.4922）	0.7293 （0.4334）
Market	0.5783** （2.2546）	0.1385 （0.6176）
Fdi	0.1997 （1.1304）	−0.1180 （−1.1368）
Ipp	−0.0913** （−2.1131）	0.0274 （0.9345）

注：*、**、*** 分别表示在 10%、5%、1% 的水平下显著，括号内为 Z 值。

表 6-19 的结果显示，无论是采用邻接空间权重矩阵还是基于公路抵达时间的空间权重矩阵进行估计，数字经济发展对研发效率的间接影响均呈现显著的抑制效应。这表明，数字经济发展的空间溢出效应为负。这可能是由于数字经济发展的虹吸效应所致。具体来说，数字经济水平的快速

提升，吸引研发要素向地区内部集聚，从而挤出邻域的研发要素投入。邻域研发要素的匮乏使其难以形成研发要素集聚，不利于研发要素高质量积累和研发效率的提升。

从控制变量的结果来看，经济发展水平（Realpergdp）的估计系数在两种权重矩阵下均显著为正，表明经济发展水平对研发效率提升具有正向的空间溢出效应。政府干预（Fisc）的估计系数在基于公路抵达时间构造的空间权重矩阵中通过了5%的显著性水平检验，这表明，以公路抵达时间作为权重时，政府干预力度的提升对研发效率提升具有正向的空间溢出影响。市场化水平（Market）的估计系数在采用邻接矩阵进行估计时，空间溢出效应在5%的水平下显著为正。在采用邻接空间权重矩阵估计时，知识产权保护度（Ipp）的空间溢出效应的大小为 -0.0913，在5%的水平下显著；当采用公路抵达时间的空间权重矩阵进行估计时，知识产权保护度（Ipp）的空间溢出效应未通过显著性水平检验。这表明，当以邻接空间权重矩阵作为权重时，知识产权保护度（Ipp）的提升将抑制邻域的研发效率提升，具有显著的负向空间溢出效应。

第五节 本章小结

本章详细、系统地分析了数字经济发展提升研发效率的作用路径，并将数字经济发展纳入包含研发要素市场扭曲的竞争均衡模型，以刻画数字经济发展通过缓解研发要素市场扭曲状态从而改善研发效率的作用机理。此外，本章还关注了数字经济发展与研发效率提升之间的门槛效应及空间溢出效应，对其展开详细的理论分析。在此基础上，本章运用实证分析方法对理论分析所得结论进行验证。具体的实证分析的步骤如下：首先，运用SFA方法测算得到我国各省份的规模以上工业企业的研发效率，并简要分析其分布特征；其次，通过设立基准回归模型，检验数字经济发展对研发效率的提升作用，并对基准回归结论进行一系列稳健性检验和内生性探讨；再次，运用面板门槛模型，将产业结构高级化和经济发展水平分别作为门槛变量，将数字经济发展作为门槛依赖变量，探究数字经济发展对研发效率提升存在的门槛效应；最后，采用空间杜宾模型，对数字经济发展影响研发效率的空间溢出效应进行回归分析。

研究结论如下。

（1）全国范围内的研发效率具有逐年递增的态势，三大经济带在样本期内的研发效率均值从高到低是东部地区 > 中部地区 > 西部地区，几何平均增长率从高到低是西部地区 > 东部地区 > 中部地区。

（2）数字经济发展显著提升了地区规模以上工业企业的研发效率，在经过一系列稳健性检验和内生性探讨后，这一基本结论依然成立。

（3）随着产业结构高级化与经济发展水平的变化，地区数字经济发展对研发效率的影响具有门槛效应。当产业结构高级化程度小于门槛值时，数字经济发展对研发效率提升的促进效应显著；随着产业结构高级化程度跨越门槛值，数字经济发展对研发效率提升的促进效应减弱。这可能是由于服务业的过度发展挤占了工业企业的研发要素投入，弱化了数字经济发展的研发效率提升作用。当经济发展水平低于门槛值时，数字经济发展对研发效率提升表现出抑制作用，但不显著；当经济发展水平高于门槛值时，数字经济发展对研发效率具有显著的促进效应。这可能是由于经济发展水平过低意味着地方政府在一定程度上对构建数字生态环境缺乏经济条件的保障，无法对企业数字化转型和研发生产的正外部性进行有效经济补偿，从而降低了地区竞争力，不利于数字经济对工业企业研发效率提升作用的发挥。当经济发展水平超过门槛值时，地方政府有能力利用经济激励型政策构建有利于数字经济发展和创新驱动的生态环境，保护数字化转型企业的创新成果，同时经济水平的提升也有助于企业对技术的吸收和转化，从而强化了数字经济发展的研发效率提升作用。

（4）在经过一系列针对空间计量模型的检验后，运用控制双向固定效应的 SDM 模型分析发现，数字经济发展对研发效率具有显著的负向空间溢出效应。这表明，数字经济发展水平的提升对邻域的研发效率提升具有抑制作用。这可能是由于数字经济发展具有虹吸效应和挤出效应，数字经济发展水平的提升会对邻域的研发要素产生吸引力和集聚力，导致邻域的研发要素严重流失，从而抑制邻域研发效率的提升。

第七章

数字经济优化创新要素配置的政策机制设计

第一节 推动数字经济与创新要素配置耦合协调发展的政策机制设计

一、推动数字经济与创新要素配置同步提升

推动数字经济与创新要素配置耦合协调发展的前提是二者均位于较高的水平上。因此，地方政府应加快推动数字经济发展并着力优化创新要素配置，以推动数字经济与创新要素配置同步提升。

（1）加快推动数字经济发展。

第一，对传统的数字化基础设施进行改造，建设新的数字化基础设施。各地要进一步推进"宽带中国"战略，深化 IPv6 技术改造，加速更新和完善 IPv6 主干网间互联体系，推进区域互联网骨干网络直连点扩容升级，加快促进骨干网络实现互联互通。建设智能敏捷且安全可控的一体化数字基础架构。积极推动 5G 商用的部署与应用，拓展 5G 网络的应用范围。与此同时，加强 6G 技术的研究和开发，积极推动 6G 国际标准化工作。提高物联网在我国农业生产、工业制造、金融服务、医疗教育等公共服务及安全管理等方面的覆盖深度，增强固移融合、宽窄结合的物联接入能力。

第二，建设和完善数字化信息网络支撑平台。推进以"互联网+"、大数据、物联网及云计算等数字化技术作为支撑的服务平台的建设。按照"层层递进，多维并举"的方式，从发达区域与行业龙头等维度推进区域级、企业级互联网平台建设，同时吸纳多方力量，为满足企业数字化和智能化发展提供多种解决方案。加快打造数字化技术公共开发与公共应用的

技术服务推广平台，积极促进知识在数字化信息平台的互通共享，以实现各创新主体对互补性知识的吸收与改造，突破知识可能性边界，为实现突破性技术创新提供保障。政府应积极牵头并推进各平台之间的互联互通，但也要制定并出台相应的规章制度，界定各平台的责任，加强对产业互联网平台及消费互联网平台服务商的安全性监管，推进异构系统工业数据与消费数据的汇聚。

第三，推动数字化融合建设，加快"城市大脑"发展。数字经济的发展为城市的教育、医疗、城市精准治理及城市生活便利性等多方面都带来了诸多利好，但数字经济方兴未艾，物联网、5G及"互联网+"等多方面的综合集成应用仍有待拓宽其应用场景。各级政府要大力推动"一网通办"，实现"一网统管"的城市行政管理。各级政府部门应加快推动医疗、教育、养老、文化、旅游及体育等重点领域的智能服务普惠应用，推进卫生信息互联互通互认，促进医疗服务精准化，探索医保支付方式创新，提升养老助残托幼等信息化服务能力。

（2）着力优化创新要素配置。我国创新要素配置面临的问题主要源于我国各省份间的市场分割及户籍制度等体制机制障碍对创新要素自由流动的阻碍，从而造成我国各省份间创新要素错配程度日益加深。因此，针对本书第三章的研究结论，本书认为优化创新要素配置的途径主要有以下两点。

第一，破除创新要素自由流动的体制机制障碍。各地方政府应结合现实情况，尽快改革限制劳动力自由流动的各种政策。例如，我国的户籍制度不仅限制了劳动力的自由流动，而且对研发人员的就业选择产生阻碍作用。此外，政府部门应加快对高技能人才供需匹配机制的建设。推动政府服务信息公开化和透明化，为创新要素营造良好的制度环境。从我国整体情况来看，政府应以空间优化为重点，着力推动区域一体化发展。加快交通、医疗、教育及文化等资源的共享，鼓励各地区发展自己的比较优势产业，实现要素资源多圈层和跨区域的高效流动。

第二，提升创新要素配置水平。第三章的研究结论显示，我国创新要素配置水平虽呈逐年增长的趋势，但近年来，创新要素配置具有落后于数字经济发展的态势。这表明，与发展迅猛的数字经济相比较，我国创新要素配置水平提升的速度有待加强，否则难以支撑数字经济持续和高速发展。提升创新要素配置的存量水平，就要重视对人力创新要素、资本创新要素及技术创新要素的培育、引进和吸收。这就要求政府部门和企业积极促进传统要素向创新要素升级转化、加强对新型创新要素的培育并改善创新要素配置的效率。地方政府应积极营造适合创新要素发展和升级的营商环境，以良好的产业生态吸引创新要素流入，并激发人才的创新热情。

综上所述，针对本书第三章的研究，对推动数字经济与创新要素配置同步提升提出相应的政策建议，具体措施包括：推动数字经济基础设施、数字化平台及数字化融合建设；破除创新要素流动的体制机制障碍及提升创新要素配置水平。

二、强化数字经济与创新要素配置协同建设

本书第三章研究发现，数字经济与创新要素配置耦合协调发展程度在我国三大地区之间存在显著差异，并且三大地区内部差异日益扩大，二者耦合协调发展在短期内存在路径依赖和增长惯性。因此，政府应高度重视我国各地区之间数字经济与创新要素配置的协同建设。只有强化区域协同发展，才能够最大限度地盘活区域内的创新资源，激发数字化转型的积极性。

推动数字经济与创新要素配置在地区间的协同建设，首先，政府应进一步强化区域协同发展意识，探寻并建立地区间和地区内部的有效合作机制。政府部门应积极牵头，探索区域间可能存在的合作项目。加强我国东中西三大板块间的联动发展，将中西部地区的低成本和资源优势与东部地区的技术、市场及创新要素集聚的优势结合起来，推动优势互补和协同发

展的机制形成。其次，充分发挥南部沿海和东部沿海等高水平地区的示范带动作用。南部沿海地区和东部沿海地区应着力提升强势发展地区的正向辐射功能，减弱其可能产生的拥挤效应和虹吸效应，同时加大对弱势地区的政策倾向和资源倾斜，巩固并提升数字经济与创新要素配置耦合协调发展水平。最后，中部地区应重视对弱势发展地区的扶持力度，西部地区则应该充分激发强势发展地区的正向辐射和带动作用，鼓励各地区突破地区间的行政和制度壁垒，减弱西部地区存在的极化现象，实现西部均衡发展。中部、西部地区应警惕数字经济与创新要素配置发展陷入"双低"发展模式。

综上所述，强化数字经济与创新要素配置协同建设不仅要求各经济主体树立协同发展意识，提高合作强度与质量，而且强调我国三大地区需要充分发挥各自在资源禀赋、市场环境和政策支持中的比较优势，实现耦合协调强势发展的地区正向辐射弱势发展地区，而不是使弱势发展的地区沦为"输血"工具，以此降低数字经济与创新要素配置耦合协调发展的极化程度。

三、关注数字经济与创新要素配置耦合协调发展的近邻效应

Markov链分析结果表明，区域发展背景对本地数字经济与创新要素配置耦合协调发展具有较大影响。因此，在推动数字经济与创新要素配置耦合协调发展时，应对区域的近邻效应给予充分关注。

各地方政府在制定发展规划或战略时，应考虑区域间的内生互动机制，不可忽视地区间近邻效应对本地未来发展的影响。当数字经济与创新要素配置耦合协调发展度在本地与邻域均较低时，地方政府及区域内企业应积极与邻域构建协同发展的合作机制，避免低质量聚集效应引发的产业趋同和恶性竞争。当与高度耦合协调发展地区为邻时，本地地方政府应正视自身发展需求，积极塑造自身竞争优势，并充分吸收邻域的正向辐射，

建立数据资源统筹调配机制，减弱地区间可能存在的拥挤效应和虹吸效应。当与中低度或中高度协调发展地区为邻时，处于低度协调发展和中低度协调发展的本地政府应抓住可能实现跨越式增长的良机，为实现数字经济与创新要素配置高度耦合协调发展提供要素积累和环境支持。

综上所述，推动数字经济与创新要素配置耦合协调发展仅专注于自身发展是远远不够的，由于地区之间不可割裂的空间关联，邻域的耦合协调发展程度是本地耦合协调发展趋势的重要影响因素。因此，积极与邻域探寻共赢的良性合作机制，避免为争夺创新要素而衍生的恶性竞争是激发正向近邻效应的有效途径。

第二节 数字经济提升研发投入水平的政策机制设计

一、加快现代化企业制度建立

第四章异质性分析部分的结论表明，在非国有企业样本组中，数字经济发展对研发投入水平的提升效应更显著。一般而言，非国有企业具有相对更高的创新动力，这得益于在非国有企业中现代化企业制度的不断发展和完善。因此，现代化企业制度的建立有利于推动企业形成研发创新的内生动力，从而有效放大地区数字经济发展对研发投入水平的提升效应。

为加快建立现代化企业制度，首先，政府应积极促进企业科研技术和成果的转化，深化创新产权所有制改革，完善企业科技创新管理体制，并建立高效合理的创新激励机制。在评价体制改革方面，政府要以技术创新能力为评价标准，在产权制度改革中，要考虑到技术因素的参与，在市场经济环境下，以利益为导向引导企业进行科技创新。其次，政府在对企业进行规范化的公司制改革时，应健全企业的法人治理结构，完善企业的组织架构，促进企业股权主体的多元化。通过员工持股及股票期权的股权激励方式，调动企业员工研发创新的积极性和热情。再次，政府应重点加强诚信体系建设，运用数字技术与管理手段，完善我国税务机关的信用评级，规范我国税务机关的建设。最后，加快建立现代企业体系，也需要政府妥善处理好政企关系，降低政府对公司的干预与控制，扩大公司的经营自主性，实现自主经营、自负盈亏、自我约束和自我发展。政府要发展和完善议事规则和制度机制，引导企业以现代科学理论加强绩效管理、员工管理和风险管理，创新和完善财务制度、用工制度及分配制度等以适应生产力发展的需要，加快建设现代企业管理体系。政府要鼓励和引导企业为内部控制系统的建立提供更好的组织保障，针对不同的岗位和职能部门，明确界定工作职责和权限，做到权有所属、利有所享和责有所归。

综上所述，政府可通过加快创新成果转化、完善公司治理结构、加强企业诚信建设及正确处理政企关系等方式加快现代化企业制度的建立，从而激发企业研发创新的内生驱动力，放大数字经济发展对研发投入水平的激励效应。

二、推动研发投入多元化体系建设

制造业企业对研发活动缺乏积极性，很大一个原因在于研发创新活动具有高风险、长周期及高投入的特点，这就导致部分抗风险能力较低的企业对研发创新活动的开展望而却步。第四章异质性分析部分结论显示，政府补助能够有效放大数字经济发展对研发投入水平的提升效应。这表明，通过推动研发投入多元化体系的建设，能够降低研发风险，提高研发成功的概率。

研发投入多元化体系的建设，要求政府财政资金充分发挥其在推动社会创新投入中的杠杆作用，政府应以财政补贴和税收优惠等方式，通过数字技术和数字化平台对研发创新企业和项目进行精准资助，并引领全社会资金能够以多渠道、多形式和多层次地进入研发活动中。首先，政府应积极调动全社会创新资金配置的能力，在全社会建立起以政府投入为引导、企业研发投入为主体、风险投资和金融信贷为支撑及社会资金多元化投入为补充的研发创新推动体系。在中央政府与地方政府的财政资金支持研发创新活动时，应建立中央与地方投入的联动机制，形成财政支持研发创新活动的巨大合力，保障全社会研发创新活动的重要资金来源稳定增长。其次，政府部门应引导和鼓励企业主体增加自身研发创新活动的投入资金，推动企业成为研发创新的主体。在推进研发投入多元化过程中，企业自身研发创新投入依然是其主体部分，只有提高企业对科技创新的重视程度、鼓励企业积极投身科技创新及向科技创新型企业转型升级，才能吸引外界资金流入企业并支持创新活动。再次，政府应加强对中小企业的技术创新投资和风险投融资，帮助企业通过贷款和贴息等多种渠道开展技术创新活动。最后，政府应积极搭建企业投融资平台，吸引企业和金融机构等。鼓励银行、证券及保险等金融机构加大对创新创业和创新项目的支持，积极发展中小微企业的信用担保和再担保机构，加强各地方的数字普惠金融建设，加快建立科技成果转化和高新技术风险投资机制，引导社会资金向创新活动倾斜。

综上所述，促进企业研发投入多元化不仅需要政府财政资金支持和企业自身研发投入力度的增强，同时也需要政府引导金融机构、风险投资及社会资金涌向创新型企业和项目。只有促进企业研发资金来源的多元化，才能最大限度降低企业研发风险，保障研发活动顺利进行，从而持续提升研发投入水平，强化数字经济发展的研发投入水平提升效应。

三、提升地区知识产权保护力度

健全的产权保护制度是企业进行研发投入的根本性保障。加强各地的知识产权保护力度，能够为创新型企业营造良好的社会环境，提高低密度创新企业的模仿成本，保障创新型企业的创新成果，从而激发创新型企业研发投入积极性，形成公平有序的知识创新环境。第四章异质性分析部分结论显示，在知识产权保护程度较高的地区，数字经济发展对研发投入水平的促进效应更显著。因此，地方政府通过提升知识产权保护度，能够有效放大数字经济发展对研发投入水平的提升效应。

提升地区知识产权保护力度，首先，各相关部门要健全和完善相关的法律及法规，不断提高其可操作性，合理、适度和渐进地保护知识产权。加强对知识产权的保护，必须从法律法规等方面对其加以规范，并加强对侵权行为的处罚。其次，要积极构建区域与部门间的联合执法机制，促进各地区之间及各部门之间对知识产权保护执法的协作，建立起数字化的平台体系，提高知识产权执法的精准度和高效性，着力运用数字化手段推动知识产权纠纷案件快速、高效及高质量地处理和解决，以降低知识产权纠纷对企业研发活动的消极影响。再次，除了加强立法与地方协作执法，地方政府还应逐步统一行政执法队伍，尤其是要彻底改正政出多门、政令不一和各行其是的执法现状，以切实提高知识产权保护的执行效率。最后，加强知识产权宣传和培训工作，提高全社会的知识产权保护意识，为知识产权保护创造良好的社会基础。此外，地方政府应加快推动政务服务公开化、透明化与数字化，鼓励公众对知识产权侵权行为进行监督。

综上所述，完善知识产权保护立法、提升知识产权保护执法力度、提高知识产权保护的执行效率及提升知识产权保护意识是提升地区知识产权保护力度的有效途径，而知识产权保护力度的提升一方面能够激发地区创新型企业的研发热情，补偿数字经济时代背景下企业创新的正外部性；另一方面能够提高低密度创新企业的模仿成本，促进企业资源向研发创新活动倾斜。因此，地方政府通过提升地区知识产权保护力度，能够在一定程度上强化数字经济的研发投入提升效应。

第三节 数字经济提升研发产出质量的政策机制设计

一、重视数字化人才培育

第五章的研究结论表明，数据要素与人力创新要素匹配有利于提高研发产出质量。而提高数字化人才的数据分析能力是数据要素化的前提，只有积极培育具备高技能的数字化人才，才能推动对数据要素市场的培育，从而推动数据要素的价值实现，提高研发产出质量。

首先，政府部门应运用数字化网络，推进高技能人才的知识互通互享，促进其对数字化技能的开发与掌握。完善人才在企业、高校及科研院所之间的流动机制，建立高校、科研院所与企业之间的信息交流平台，促进高校人才培养模式向以市场需求为导向转型，从而有效提高高技能人才的市场供给水平。其次，企业应借助数字化网络的实时分析、精准传输等特征，促进高技能人才柔性流动和柔性聘用，并运用数字化技术对数据进行实时采集和分析，准确评估员工绩效。企业内部可以构建实时交流和及时反馈的网络系统，便于不同部门的高技能人才对互补性知识的吸收，拓宽创新的可能性边界。再次，地方政府应因地制宜地为高技能人才提供良好的创新环境。根据第五章研究结论可知，我国中部地区在推进数字经济发展的同时，应积极推动人才引进的资金支持，以此吸引高技能人才的流入。通过积极培育与引进高技能的数字化人才，有望缩小其与东部地区经济发展的差距，实现区域协调发展。而经济发达的城市应认识到生活成本过高对创新的挤出效应，尤其应重视对住房保障制度、教育及医疗公平制度的推进。同时，科学规划交通基础设施建设，降低高技能人才之间进行面对面交流的阻碍，提升新知识通过隐性知识交流被发现和产生的概率。

综上所述，重视对数字化人才的培育是在数字经济时代背景下提高研发产出质量的要求与途径。地方政府可通过提升高校与企业之间人才匹配效率、促进企业内部高技能人才对互补性知识的交流与吸收、营造良好的创新环境等方式为数字化人才的培育与引进提供助力。

二、强化高质量数据要素供给

数据要素是数字经济的核心要素，但并非所有数据都具有经济价值，未经处理与分析的无序数据难以对研发产出质量的提升产生显著的影响。因此，强化数据要素的高质量供给是提高研发产出质量的重要途径。

强化高质量的数据要素供给，首先，政府应大力培育和壮大数据服务产业，推动数据服务产业的高质量发展。数据服务产业发展壮大的前提在于市场数据采集的合法合规，在此基础上，注重提升数据的标注、清洗及分析等能力。因此，政府应积极支持市场主体依法合规采集数据，将无序的大数据加以聚合、处理和分析，形成价值化的高质量数据。其次，政府要大力推进市场中的数据资源标准化，提高数据管理能力和数据质量。构建数据资源标准体系有利于国家统筹公共数据资源，并对其进行开发利用，有利于推动基础公共数据的安全有序开放。政府应积极搭建统一的国家级数据开放平台和开发端口，以此提高公共数据的开放水平。最后，政府应积极推动数据资源的分类分级管理，加强对数据资源的安全风险评估、监测预警和应急处置。对数据的分类分级管理有利于提高数据安全性，不同的安全评级有利于降低数据流转过程中面临的风险。

综上所述，政府可通过培育数据服务产业、构建数据资源标准体系及推动数据资源的分类分级管理以提高数据要素供给的质量。高质量的数据要素供给能够提高数据要素进入现实生产过程的速度，简化数据资源化、资本化和资产化的过程，从而提高研发产出质量。

三、加快数据要素市场化流通

加快数据要素市场化流通，意味着知识交流的速度得到提升，数据流带动资金流、人才流及技术流向高生产效率企业流动，能够充分激发市场的创新活力，提高研发成功的概率，从而提高研发产出质量。

加快数据要素市场化流通，首先，政府应建立有利于数据要素高效流通的市场规则，在制定并推行数字经济发展政策时，应加速明确数据所有权和使用权，科学界定数据资源边界，促进各部门充分运用大数据实现协同互赢。相关部门在制定大数据发展的相关政策时，应注重对激励型和规制型大数据政策的平衡，尽快构建包含激励措施、管理措施的大数据发展政策体系。在开展数据交易过程中，对数据垄断等行为进行监管和治理，培养有利于大数据发展的公平和健康的市场环境。由于在数据流通过程中发生数据交易不可避免，数据交易的推进程度和规范程度直接影响了数据要素的形成和应用。因此，政府应加速规范数据交易管理，健全对数据资产评估及争议仲裁等市场运营体系建设，提升数据交易效率。其次，政府应积极建设公共数据服务平台，为公共数据的流通提供安全高效的平台环境。数据的快速流通需要公开、透明的交易渠道，公共服务平台依托于政府部门，保证了数据在平台交易过程中的公开、公正和透明。最后，政府部门应鼓励各经济主体积极探索数据交易方式。数据交易的速度取决于数据交易的频率，而这与数据交易方式息息相关。因此，积极调动各方力量，寻找合适的数据交易方式是推动数据要素市场化流通的重要途径。

综上所述，通过建立数据要素市场规则、建立公共数据服务平台及探索多样化数据交易方式等途径能够有效推动数据要素市场化的流通和配置。数据作为数字经济发展过程中的关键生产要素，保证其市场化流通才能有效地以数据流带动资金流、人才流及技术流向高生产效率的产业、企业和部门聚集，提高制造业企业的研发产出质量。

第四节 数字经济提升研发效率的政策机制设计

一、加强科技创新精准化投入

研发效率的提升意味着研发投入得到了有效和充分的利用，这就对研发投入的精准化提出了要求。加强研发投入精准化能够避免重复性和无效的研发投入。因此，通过运用数字经济提升研发投入的精准度，能够节约研发要素投入成本，在不减少研发产出的情况下提升研发效率。

加强科技创新精准化投入，首先，政府和企业可以利用数字技术对创新项目的研发投入水平和结构进行实时分析、评估及预测，有效降低盲目性的研发投入，盘活市场中的研发要素，从而提升研发效率。其次，数字经济发展使企业信息在市场上更为透明化和公开化，投资者和金融机构对研发创新活动的选择性支持更为精准。政府应积极推动银行等金融机构的数字化改革，从而提升银行向实体经济尤其是科技创新型企业服务的效率及资金流向的精准性。为科技创新型企业提供资金支持、提升银行内部资金流转效率和审批效率，将更大限度地推进一般资本向研发资本的转化，从而精准流向高附加值的研发项目。在这个过程中，银行等金融机构应积极探索有利于数字科技创新应用和产品服务迭代创新的敏捷型、差异化的组织形式，从而加速数字化改革进程。最后，政府需要将研发项目进行分类，并对预算管理办法进行适度、合理的调整。鼓励行业搭建数字化平台并共建透明化的研发基金，以股权投资的形式与社会资本共同出资，从而为产业共性技术和关键技术提供支撑。

综上所述，数字经济通过对研发投入水平和结构的实时与精准评估、降低市场信息不对称程度从而提升金融机构对研发创新活动的精准性支持等方式加强研发创新活动的精准化投入。精准化的研发投入能够有效避免资金流入重复性的研发生产活动中，从而提升企业研发效率。

二、推动创新要素共享机制建设

创新要素共享机制建设，一方面有利于加速创新要素的流动，提高创新要素形成新生产组合的概率；另一方面有利于避免创新要素的重复投入，节约创新要素，从而提升研发效率。

推动创新要素共享机制建立，首先，政府部门应做好顶层设计工作。根据"整合、共享、完善、提高"的原则，借鉴国际相关标准和规范，在国家层面做好各类创新资源共享的顶层设计，制定创新资源的法律法规、管理制度和技术标准，健全创新资源共享的政策法规体系。其次，政府应加快推进信息共享平台的建设。政府部门应积极牵头，促进企业、高校及科研院所之间成立互联互通、高效便捷的信息共享平台，推进创新要素在不同部门、地方和单位间实现共享。通过加快推进联网运行和资源共享的综合性共享平台建设，实现各类创新要素相关信息的共享，能够打破目前创新要素市场存在的条状分割、重复分散及相互封闭的困局。最后，政府部门应积极推动多样化共享模式探索。要推动全社会创新资源的有效配置与整合，必须加强推动科技创新的制度创新和体制创新。

综上所述，推动创新要素共享机制建设，就要做好统筹规划和顶层设计工作。加强信息共享平台建设及多样化共享模式探索也是推动创新要素共享机制建设的重要渠道。只要政府与企业共同努力，发挥各经济主体的积极性，才能加快创新要素共享，从而提高研发效率。

三、促进创新要素配置结构优化

将创新要素配置结构按照经济主体划分，可分为企业之间及区域之间的创新要素配置结构。创新要素在企业之间的配置结构优化，意味着创新要素由低生产率企业向高生产率企业流动，这能够最大限度地盘活市场中的创新要素，激发创新潜能，从而提升市场创新效率。创新要素过度集聚将恶化其创新环境，不利于创新效率的提升，而创新要素的匮乏将导致创新活动难以有序开展。因此，缓解我国不同区域之间创新要素的供需不平衡现象能够有效提升创新效率。

第一，优化创新要素在不同企业之间的配置结构。政府应积极推动国有企业的数字化转型工作。这是由于我国国有企业的创新效率相对较低，却集聚了大量的创新要素，造成了创新要素在不同企业间的配置扭曲。国有企业要注重深化管理者和员工对数字化转型的艰巨性、长期性及系统性的认识，加强对国有企业的战略性统筹布局。国有企业应积极搭建数字化网络，借助实时响应的网络系统实现数据要素的驱动作用，建立企业内各部门之间的高效沟通渠道，增加知识的交流与吸收。通过数字化改革充分盘活国有企业拥有的创新要素，提高其创新效率。完善市场准入和退出机制，将创新要素从低生产率企业中解放出来，配置到高生产率企业中，也是优化创新要素在不同企业间配置的重要渠道。地方政府应着力推动市场准入规则和退出机制的建设，搭建互联互通的数字化信息平台，降低投资者与企业之间的信息不对称程度，从而引导民间资本向高、精、尖科技领域进军。

第二，优化创新要素在不同区域之间的配置结构。政府应根据各地区的比较优势产业，做好顶层设计工作，避免区域产业同构和经济发展模式趋同，导致创新要素难以同时满足区域内不同地区的创新发展需求。区域间比较优势的有效形成能够通过减少产业同质化竞争，从而优化创新要素在不同区域内的配置结构。地方政府应充分激发数据要素效能，运用数据流引领资本流、技术流和人才流向效率更高的地区流动，实现创新要素的有效使用和区域供需市场的动态均衡，优化区域间的创新要素配置结构。运用数字化网络和技术挖掘及整合国内需求，畅通国内大循环，推动各地区的协作创新和分工合作，从而优化创新要素在不同区域之间的配置结构，形成以协作创新为导向的创新型经济体，促进区域经济协调发展，推进国内价值链向中高端迈进。

综上所述，优化创新要素配置结构可通过加快企业数字化转型、完善市场准入和退出机制及搭建互联互通的数字化信息平台等方式实现不同企业之间的创新要素配置结构优化；通过发展比较优势产业、激发数据要素潜能及推动各区域协作与分工等方式推动创新要素在不同区域之间的配置结构优化。创新要素在企业之间与区域之间的配置结构优化有利于提升研发效率。

第五节　本章小结

本章基于前文的理论与实证分析，针对如何推动数字经济与创新要素配置耦合协调发展、如何运用数字经济提升研发投入水平、如何运用数字经济提升研发产出质量及如何运用数字经济提升研发效率等问题设计了相应的政策机制。本书认为，首先，推动数字经济与创新要素配置同步提升、强化数字经济与创新要素配置协同建设及关注数字经济与创新要素配置耦合协调发展的近邻效应能够有效推动二者耦合协调发展；其次，加快现代化企业制度建设、推动研发投入多元化体系建设及提升地区知识产权保护力度有利于放大数字经济对研发投入水平的提升效应；再次，重视数字化人才培育、强化高质量数据要素供给及加快数据要素市场化流通是强化数字经济提升研发产出质量的有效途径；最后，从加强科技创新精准化投入、推动创新要素共享机制建立及促进创新要素配置结构优化等角度提出了强化数字经济提升研发效率的政策建议。

第八章

研究的不足之处与展望

第一节　研究的不足之处

（1）受限于数据的可得性，本书构建的数字经济发展指标体系与创新要素配置指标体系不足以全面反映现实生活中的数字经济发展与创新要素配置的全貌。

（2）在探讨数字经济发展对提高研发投入水平的作用机制的过程中，尽管对提高数字经济发展促进研发投入水平的作用路径进行了详细的理论分析，但未能对形成二者之间促进作用的数字经济的规模效应、范围经济、匹配效应及网络效应进行实证检验。

（3）尝试从数据要素与人力创新要素匹配这一视角反映数据要素的价值实现过程，但实际上，数据要素价值化的过程还可通过与其他创新要素形成要素组合来实现。本书未能进一步探究数据要素与其他创新要素形成要素组合所刻画的数据要素的价值实现过程。

（4）在探究数字经济发展对提高研发效率的作用机制研究中，考虑到上市企业层面的数据披露不具有严格的连续性，难以评估企业研发资本存量，因此，本书选取宏观层面的地区数据进行了实证检验，可能导致支持数字经济发展对提高研发效率这一结论的微观证据不足，也难以厘清二者之间的微观作用路径。

第二节　研究展望

本书的研究目标是从定性分析和定量分析的角度深入探究数字经济对创新要素配置的内在机制。在对数字经济与创新要素配置耦合协调发展情况进行测度与分析的基础上，基于研发要素视角，本书从提升研发投入水平、研发产出质量和研发效率三个方面对创新要素配置的优化进行衡量，分别探究了数字经济对提升研发投入水平、研发产出质量及研发效率的作用机制。但在实际研究中，存在部分数据不可得和研究技术受限等问题，使上述各机制分析中对部分问题的探讨并不能更为深入地推进。随着知识结构和科研手段的进步，希望今后能就以下问题进行深入的研究。

（1）随着数据处理能力的进步及数字经济统计核算体系的健全，今后可依据数字经济与创新要素配置的内涵，从更为微观的角度构建全面、系统及科学的数字经济发展与创新要素配置的评价指标体系，对我国数字经济发展水平及创新要素配置水平的现状进行更准确的刻画。

（2）从更为广阔的研究视角，更深入系统地了解数字经济发展与提升研发投入水平之间的内在联系，对数字经济发展促进研发投入水平提升的作用路径进行实证检验，为二者之间促进作用的发挥提供路径保障。

（3）增加数据要素的价值实现过程的表现形式，还可关注数据要素、资本创新要素及技术创新要素的生产组合效应，为数据要素的价值实现提供理论支持和实证证据，完善数据要素的价值化这一数字经济内涵的表现形式。

（4）尝试从微观视角衡量制造业企业的研发效率，对数字经济发展促进微观企业研发效率提升的具体作用路径进行深入分析，并对其展开实证检验。

综上所述，本书旨在通过理论分析与计量研究相结合的方式，在对数字经济与创新要素配置的概念进行清晰界定、对数字经济的发展特征及我国创新要素配置存在的问题进行梳理与归纳的基础上，依据数字经济与创新要素配置的内涵，对数字经济发展与创新要素配置的指标体系进行较为全面、系统及科学的构建，并分析了我国数字经济与创新要素配置耦合协调发展的现状及动态演进规律。基于研发要素视角，依据数字经济提升研发投入水平、研发产出质量及研发效率这三条主线进行深入分析，以明晰数字经济对创新要素配置的内在作用机制，并根据研究结论提出针对性的政策建议。在实证研究过程中，笔者深刻认识到对实际问题的认识还有待提升，还需通过不断学习提升认识问题的能力，以丰富和充实今后的研究。

参考文献

［1］ 白俊红，卞元超. 要素市场扭曲与中国创新生产的效率损失 [J]. 中国工业经济，2016（11）：39-55.

［2］ 白俊红，蒋伏心. 协同创新、空间关联与区域创新绩效 [J]. 经济研究，2015，50（7）：174-187.

［3］ 白俊红，王钺，蒋伏心，等. 研发创新要素流动、空间知识溢出与经济增长 [J]. 经济研究，2017，52（7）：109-123.

［4］ 包耀东，李晏墅，邓洋阳. 创新投入对制造业转型升级的影响：基于中国省级面板数据的实证研究 [J]. 福建论坛（人文社会科学版），2021（4）：76-91.

［5］ 毕克新，付珊娜，杨朝均，等. 制造业产业升级与低碳技术突破性创新互动关系研究 [J]. 中国软科学，2017（12）：141-153.

［6］ 毕学成，谷人旭，曹贤忠. 服务业过度发展是否抑制了工业企业创新：基于省域面板数据的实证分析 [J]. 山西财经大学学报，2019，41（11）：40-54.

［7］ 蔡昉，王德文，都阳. 劳动力市场扭曲对区域差距的影响 [J]. 中国社会科学，2001（2）：4-14.

［8］ 蔡跃洲，马文君. 数据要素对高质量发展影响与数据流动制约 [J]. 数量经济技术经济研究，2021，38（3）：64-83.

［9］ 陈斌开，张川川. 人力资本和中国城市住房价格 [J]. 中国社会科学，2016（5）：43-64.

［10］ 陈飞，苏章杰. 城市规模的工资溢价：来源与经济机制 [J]. 管理世界，2021，37（1）：19-32.

［11］ 陈利，王天鹏，吴玉梅，等. 政府补助、数字普惠金融与企业创新：基于信息制造类上市公司的实证分析 [J]. 当代经济研究，2022（1）：107-117.

［12］ 陈诗一，陈登科. 雾霾污染、政府治理与经济高质量发展 [J]. 经济研究，2018，53（2）：20-34.

[13] 陈小辉, 张红伟. 数字经济如何影响企业风险承担水平 [J]. 经济管理, 2021, 43 (5): 93-108.

[14] 陈晓红, 李杨扬, 宋丽洁, 等. 数字经济理论体系与研究展望 [J]. 管理世界, 2022, 38 (2): 208-224.

[15] 戴魁早, 刘友金. 要素市场扭曲与创新效率: 对中国高技术产业发展的经验分析 [J]. 经济研究, 2016, 51 (7): 72-86.

[16] 邓荣荣, 张翱祥. 中国城市数字经济发展对环境污染的影响及机理研究 [J]. 南方经济, 2022 (2): 18-37.

[17] 翟淑萍, 韩贤, 毛文霞. 数字经济发展能提高企业劳动投资效率吗 [J]. 当代财经, 2022 (1): 78-89.

[18] 段军山, 庄旭东. 金融投资行为与企业技术创新: 动机分析与经验证据 [J]. 中国工业经济, 2021 (1): 155-173.

[19] 段文奇, 景光正. 贸易便利化、全球价值链嵌入与供应链效率: 基于出口企业库存的视角 [J]. 中国工业经济, 2021 (2): 117-135.

[20] 顾海峰, 卞雨晨. 内部控制、董事联结与企业创新: 基于中国创业板上市公司的证据 [J]. 管理学刊, 2020, 33 (6): 48-60.

[21] 郭峰, 王靖一, 王芳, 等. 测度中国数字普惠金融发展: 指数编制与空间特征 [J]. 经济学(季刊), 2020, 19 (4): 1401-1418.

[22] 海本禄, 常鹏宇, 张秀峰. 创新要素流动与黄河流域高质量发展: 基于地级市面板数据的空间计量研究 [J]. 河南师范大学学报(自然科学版), 2022, 50 (1): 36-47.

[23] 韩先锋, 宋文飞, 李勃昕. 互联网能成为中国区域创新效率提升的新动能吗 [J]. 中国工业经济, 2019 (7): 119-136.

[24] 韩永辉, 黄亮雄, 王贤彬. 产业政策推动地方产业结构升级了吗: 基于发展型地方政府的理论解释与实证检验 [J]. 经济研究, 2017, 52 (8): 33-48.

[25] 韩兆安, 赵景峰, 吴海珍. 中国省际数字经济规模测算、非均衡性与地区差异研究 [J]. 数量经济技术经济研究, 2021, 38 (8): 164-181.

[26] 何帆, 刘红霞. 数字经济视角下实体企业数字化变革的业绩提升效应评估 [J]. 改革, 2019 (4): 137-148.

[27] 贺炎林, 单志诚. 风险投资对企业研发投入的影响: 行业异质性视角 [J]. 科技进步与对策, 2019, 36 (21): 80-89.

[28] 侯睿婕, 陈钰芬. SNA 框架下中国省际 R&D 资本存量的估算 [J]. 统计研究, 2018, 35 (5): 19-28.

[29] 侯世英, 宋良荣. 数字经济、市场整合与企业创新绩效 [J]. 当代财经, 2021 (6): 78-88.

[30] 胡山, 余泳泽. 数字经济与企业创新: 突破性创新还是渐进性创新 [J]. 财经问题研究, 2022 (1): 42-51.

[31] 黄群慧, 余泳泽, 张松林. 互联网发展与制造业生产率提升: 内在机制与中国经验 [J]. 中国工业经济, 2019 (8): 5-23.

[32] 黄少安, 张华庆, 刘阳荷. 数据要素的价值实现与市场化配置 [J]. 东岳论丛, 2022, 43 (2): 115-121.

[33] 贾洪文, 张伍涛, 盘业哲. 科技创新、产业结构升级与经济高质量发展 [J]. 上海经济研究, 2021 (5): 50-60.

[34] 焦翠红, 陈钰芬. R&D 资源配置、空间关联与区域全要素生产率提升 [J]. 科学学研究, 2018, 36 (1): 81-92.

[35] 金芳, 齐志豪, 梁益琳. 大数据、金融集聚与绿色技术创新 [J]. 经济与管理评论, 2021, 37 (4): 97-112.

[36] 金培振, 殷德生, 金桩. 城市异质性、制度供给与创新质量 [J]. 世界经济, 2019, 42 (11): 99-123.

[37] 靳来群, 胡善成, 张伯超. 中国创新资源结构性错配程度研究 [J]. 科学学研究, 2019, 37 (3): 545-555.

[38] 康伟, 姜宝. 数字经济的内涵、挑战及对策分析 [J]. 电子科技大学学报 (社会科学版), 2018, 20 (5): 12-18.

[39] 黎文靖, 郑曼妮. 实质性创新还是策略性创新: 宏观产业政策对微观企业创新的影响 [J]. 经济研究, 2016, 51 (4): 60-73.

[40] 李勃昕, 韩先锋, 宋文飞. 环境规制是否影响了中国工业 R&D 创新效率 [J]. 科学学研究, 2013, 31 (7): 1032-1040.

[41] 李健旋, 杨浩昌. 制造业产品和工艺创新协同及其区域比较研究 [J]. 科研管理, 2018, 39 (4): 43-54.

[42] 李江. 创新要素市场化配置研究综述 [J]. 合作经济与科技, 2021 (1): 35-37.

[43] 李静, 楠玉, 刘霞辉. 中国研发投入的"索洛悖论": 解释及人力资本匹配含义 [J]. 经济学家, 2017 (1): 31-38.

[44] 李娟, 刘爱峰. 中国区域数字产业发展的平衡性分析 [J]. 统计与信息论坛, 2022, 37 (1): 3-12.

[45] 李磊, 刘常青, 徐长生. 劳动力技能提升对中国制造业升级的影响: 结构升级还是创新升级 [J]. 经济科学, 2019 (4): 57-68.

[46] 李斯嘉, 吴利华. 市场分割对区域创新资源配置效率的影响 [J]. 现代经济探讨, 2021 (1): 75-87.

[47] 李研. 中国数字经济产出效率的地区差异及动态演变 [J]. 数量经济技术经济研究, 2021, 38 (2): 60-77.

[48] 林洲钰, 林汉川. 政府质量与企业研发投资 [J]. 中国软科学, 2013 (2): 102-110.

[49] 刘超, 郑宁雨, 韩敏. 数字经济效率测度及分位异质性分析: 基于"一带一路"沿线国家研究 [J]. 亚太经济, 2021 (6): 20-30.

[50] 刘军, 杨渊鋆, 张三峰. 中国数字经济测度与驱动因素研究 [J]. 上海经济研究, 2020 (6): 81-96.

[51] 刘俊杰, 李超伟, 韩思敏, 等. 农村电商发展与农户数字信贷行为: 来自江苏"淘宝村"的微观证据 [J]. 中国农村经济, 2020 (11): 97-112.

[52] 刘启雷, 张媛, 雷雨嫣, 等. 数字化赋能企业创新的过程、逻辑及机制研究 [J]. 科学学研究, 2022, 40 (1): 150-159.

[53] 刘帅, 李琪, 徐晓瑜, 等. 中国创新要素集聚能力的时空格局与动态演化 [J]. 科技进步与对策, 2021, 38 (16): 11-20.

[54] 刘晓倩, 韩青. 中国农村居民信息消费影响因素的空间计量研究 [J]. 经济问题探索, 2018 (4): 37-44.

[55] 陆建芳, 戴炳鑫. 企业技术中心技术创新资源配置效率评价 [J]. 科研管理, 2012, 33 (1): 19-26.

[56] 逯进, 周惠民. 中国省域人力资本与经济增长耦合关系的实证分析 [J]. 数量经济技术经济研究, 2013, 30 (9): 3-19.

[57] 马琳. 数字经济对高技术产业创新效率的影响研究 [J]. 经济研究导刊, 2021 (32): 34-36.

[58] 马玥. 数字经济对消费市场的影响: 机制、表现、问题及对策 [J]. 宏观经济研究, 2021 (5): 81-91.

[59] 戚湧, 张洪瑜. 基于PSR模型的区域高技术产业创新要素供给评价 [J]. 科技

进步与对策, 2020, 37 (22): 55-64.

[60] 齐绍洲, 林屾, 崔静波. 环境权益交易市场能否诱发绿色创新: 基于我国上市公司绿色专利数据的证据 [J]. 经济研究, 2018, 53 (12): 129-143.

[61] 沈国兵, 袁征宇. 企业互联网化对中国企业创新及出口的影响 [J]. 经济研究, 2020, 55 (1): 33-48.

[62] 盛思思, 徐展. 区域数字经济发展与企业融资约束 [J]. 工业技术经济, 2022, 41 (1): 21-28.

[63] 宋马林, 金培振. 地方保护、资源错配与环境福利绩效 [J]. 经济研究, 2016, 51 (12): 47-61.

[64] 孙早, 侯玉琳. 工业智能化如何重塑劳动力就业结构 [J]. 中国工业经济, 2019 (5): 61-79.

[65] 孙早, 侯玉琳. 人工智能发展对产业全要素生产率的影响: 一个基于中国制造业的经验研究 [J]. 经济学家, 2021 (1): 32-42.

[66] 唐荣, 顾乃华. 上游生产性服务业价值链嵌入与制造业资源错配改善 [J]. 产业经济研究, 2018 (3): 13-26.

[67] 唐荣, 黄抒田. 产业政策、资源配置与制造业升级: 基于价值链的视角 [J]. 经济学家, 2021 (1): 63-72.

[68] 陶晓丽, 王海芸, 黄露, 等. 高端创新要素市场化配置模式研究 [J]. 中国科技论坛, 2017 (5): 5-11.

[69] 陶长琪, 徐茉. 经济高质量发展视阈下中国创新要素配置水平的测度 [J]. 数量经济技术经济研究, 2021, 38 (3): 3-22.

[70] 王煌, 黄先海, 陈航宇, 等. 人力资本匹配如何影响企业加成率: 理论机制与经验证据 [J]. 财贸经济, 2020, 41 (1): 110-128.

[71] 王建冬, 于施洋, 黄倩倩. 数据要素基础理论与制度体系总体设计探究 [J]. 电子政务, 2022 (2): 2-11.

[72] 王军, 朱杰, 罗茜. 中国数字经济发展水平及演变测度 [J]. 数量经济技术经济研究, 2021, 38 (7): 26-42.

[73] 王丽莉. 人才流入与企业生产率: 来自中国内部移民的证据 [J]. 经济学报, 2021, 8 (4): 181-206.

[74] 王欣亮, 刘飞. 创新要素空间配置促进产业结构升级路径研究 [J]. 经济体制改革, 2018 (6): 51-56.

[75] 王永龙, 余娜, 姚鸟儿. 数字经济赋能制造业质量变革机理与效应: 基于二元边际的理论与实证 [J]. 中国流通经济, 2020, 34 (12): 60-71.

[76] 魏下海, 张沛康, 杜宇洪. 机器人如何重塑城市劳动力市场: 移民工作任务的视角 [J]. 经济学动态, 2020 (10): 92-109.

[77] 魏志华, 曾爱民, 李博. 金融生态环境与企业融资约束: 基于中国上市公司的实证研究 [J]. 会计研究, 2014 (5): 73-80.

[78] 吴超鹏, 唐菂. 知识产权保护执法力度、技术创新与企业绩效: 来自中国上市公司的证据 [J]. 经济研究, 2016, 51 (11): 125-139.

[79] 吴飞美, 李美娟, 徐林明, 等. 基于理想解和灰关联度的动态评价方法及其应用研究 [J]. 中国管理科学, 2019, 27 (12): 136—142.

[80] 吴翌琳, 王天琪. 数字经济的统计界定和产业分类研究 [J]. 统计研究, 2021, 38 (6): 18-29.

[81] 解晋. 中国分省人力资本错配研究 [J]. 中国人口科学, 2019 (6): 84-96.

[82] 肖兴志, 徐信龙. 区域创新要素的配置和结构失衡: 研究进展、分析框架与优化策略 [J]. 科研管理, 2019, 40 (10): 1-13.

[83] 徐维祥, 杨沛舟, 黄明均, 等. 创新资源、门槛效应与城市增长: 以长三角为例 [J]. 科技管理研究, 2019, 39 (4): 1-7.

[84] 徐维祥, 周建平, 刘程军. 数字经济发展对城市碳排放影响的空间效应 [J]. 地理研究, 2022, 41 (1): 111-129.

[85] 徐翔, 赵墨非. 数据资本与经济增长路径 [J]. 经济研究, 2020, 55 (10): 38-54.

[86] 徐晔, 赵金凤. 中国创新要素配置与经济高质量耦合发展的测度 [J]. 数量经济技术经济研究, 2021, 38 (10): 46-64.

[87] 阳立高, 龚世豪, 王铂, 等. 人力资本、技术进步与制造业升级 [J]. 中国软科学, 2018 (1): 138-148.

[88] 杨慧梅, 江璐. 数字经济、空间效应与全要素生产率 [J]. 统计研究, 2021, 38 (4): 3-15.

[89] 杨振, 陈甬军. 中国制造业资源误置及福利损失测度 [J]. 经济研究, 2013, 48 (3): 43-55.

[90] 杨志才, 柏培文. 要素错配及其对产出损失和收入分配的影响研究 [J]. 数量经济技术经济研究, 2017, 34 (8): 21-37.

[91] 叶德珠,杨盈盈,叶显,等.银行—企业的结构匹配与经济增长[J].经济评论,2021(1):18-32.

[92] 叶胥,杜云晗,何文军.数字经济发展的就业结构效应[J].财贸研究,2021,32(4):1-13.

[93] 余海华.中国数字经济空间关联及其驱动因素研究[J].统计与信息论坛,2021,36(9):23-34.

[94] 余泳泽,刘大勇.创新要素集聚与科技创新的空间外溢效应[J].科研管理,2013,34(1):46-54.

[95] 俞伯阳,丛屹.数字经济、人力资本红利与产业结构高级化[J].财经理论与实践,2021,42(3):124-131.

[96] 张腾,蒋伏心,韦朕韬.数字经济能否成为促进我国经济高质量发展的新动能[J].经济问题探索,2021(1):25-39.

[97] 张伟,张东辉.中国创新要素配置的统计测度研究[J].经济体制改革,2021(6):26-33.

[98] 张艳萍,凌丹,刘慧岭.数字经济是否促进中国制造业全球价值链升级[J].科学学研究,2022,40(1):57-68.

[99] 朱婕,徐晔,陶长琪.优化创新要素配置推动经济高质量发展[N].中国社会科学报,2021-11-03(7).

[100] 庄子银.数据的经济价值及其合理参与分配的建议[J].国家治理,2020(16):41-45.

[101] 宗慧隽,李真.最低工资标准、劳动力市场分割与资源配置效率[J].产业经济研究,2020(4):74-89.

[102] Acemoglu D, Johnson S, Robinson J A. Reversal of Fortune: Geography and Institutions in the Making of the Modern World Income Distribution[J]. The Quarterly Journal of Economics, 2002, 117(4): 1231-1294.

[103] Acemoglu D, Restrepo P. Artificial Intelligence, Automation, and Work[M]. Chicago: University of Chicago Press, 2018.

[104] Aghion P, Jones B F, Jones C I. Artificial Intelligence and Economic Growth[M]. Chicago: University of Chicago Press, 2018.

[105] Agrawal A, McHale J, Oettl A. Finding Needles in Haystacks: Artificial intelligence and Recombinant Growth[M]. Chicago: University of Chicago

Press, 2018.

[106] Ahmad N, Ribarsky J. Towards a Framework for Measuring the Digital Economy[C]. 16th Conference of the International Association of Official Statisticians (IAOS) OECD Headquarters. Paris: IAOS, 2018.

[107] Almeida P, Kogut B. Localization of Knowledge and the Mobility of Engineers in Regional Networks[J]. Management Science, 1999, 45(7): 905-917.

[108] Bartelsman E, Haltiwanger J, Scarpetta S. Cross-country Differences in Productivity: The Role of Allocation and Selection[J]. American Economic Review, 2013, 103(1): 305-334.

[109] Bian Y, Song K, Bai J. Market Segmentation, Resource Misallocation and Environmental Pollution[J]. Journal of Cleaner Production, 2019(228): 376-387.

[110] Brandt L, Biesebroeck J V, Zhang Y. Creative Accounting or Creative Destruction? Firm-level Productivity Growth in Chinese Manufacturing[J]. Journal of Development Economics, 2012, 97(2): 339-351.

[111] Bukht R, Heeks R. Defining, Conceptualising and Measuring the Digital Economy[J]. Development Informatics Working Paper, 2018, (13)2: 143-172.

[112] Bustos P. Trade Liberalization, Exports, and Technology Upgrading: Evidence on the Impact of Mercosur on Argentinian Firms[J]. American Economic Review, 2011, 101(1): 304-340.

[113] Cao S, Feng F, Chen W, et al. Does Market Competition Promote Innovation Efficiency in China's High-tech Industries[J]. Technology Analysis & Strategic Management, 2020, 32(4): 429-442.

[114] Caputo A, Marzi G, Pellegrini M M. The Internet of Things in Manufacturing Innovation Processes: Development and Application of a Conceptual Framework[J]. Business Process Management Journal, 2016, 22(2): 383-402.

[115] Caputo F, Cillo V, Candelo E, et al. Innovating through Digital Revolution: The Role of Soft Skills and Big Data in Increasing Firm Performance[J]. Management Decision, 2019, 57(8):2032-2051.

[116] Carriere-Swallow M Y, Haksar M V. The Economics and Implications of Data: An Integrated Perspective[M]. Washington: International Monetary Fund, 2019.

[117] Catalini C. How Blockchain Technology will Impact the Digital Economy[J].

Blockchains Smart Contracts Internet Things, 2017 (4): 2292-2303.

[118] Chari V V, Kehoe P J, McGrattan E R. Accounting for the Great Depression[J]. American Economic Review, 2002, 92(2): 22-27.

[119] Choi T M, Wallace S W, Wang Y. Big Data Analytics in Operations Management[J]. Production and Operations Management, 2018, 27(10): 1868-1883.

[120] Corredoira R A, Mcdermott G A. Adaptation, Bridging and Firm Upgrading: How Non-market Institutions and MNCs Facilitate Knowledge Recombination in Emerging Markets[J]. Journal of International Business Studies, 2014, 45(6): 699-722.

[121] Crepon B, Duguet E, Mairessec J. Research, Innovation and Productivity: An Econometric Analysis at the Firm Level[J]. Economics of Innovation and New Technology, 1998, 7(2): 115-158.

[122] Dagum C. A New Approach to the Decomposition of the Gini Income Inequality Ratio[J]. Empirical Economics, 1997, 22(4): 515-531.

[123] Dixit A K, Stiglitz J E. Monopolistic Competition and Optimum Product Diversity[J]. The American Economic Review, 1977, 67(3): 297-308.

[124] Dou Q, Gao X. The Double-edged Role of the Digital Economy in Firm Green Innovation: Micro-evidence from Chinese Manufacturing Industry[J]. Environmental Science and Pollution Research, 2022(5): 1-19.

[125] Forman C, Zeebroeck N. From Wires to Partners: How the Internet has Fostered R&D Collaborations within Firms[J]. Management Science, 2012, 58(8): 1549-1568.

[126] Francois J F. Producer Services, Scale, and the Division of Labor[J]. Oxford Economic Papers, 1990, 42(4): 715-729.

[127] Ghasemaghaei M, Calic G. Assessing the Impact of Big Data on Firm Innovation Performance: Big Data is Not Always Better Data[J]. Journal of Business Research, 2020(108): 147-162.

[128] Ghosh A, Mayda A M, Ortega F. The Impact of Skilled Foreign Workers on Firms: An Investigation of Publicly Traded U.S. Firms[J]. CReAM Discussion Paper Series, 2014, 57(3):747-749.

[129] Goldfarb A, Tucker C. Digital Economics[J]. Journal of Economic Literature,

2019, 57(1): 3-43.

[130] Graetz G, Michaels G. Robots at Work[J]. Review of Economics and Statistics, 2018, 100(5): 753-768.

[131] Guan Y, Lv J, Wang X. Measurement of the Digital Level of Chinese Producer Services and its Development and Evolution Law[J]. Economics and Management, 2022, 3(2): 59-63.

[132] Haapanen M, Lenihan H, Mariani M. Government Policy Failure in Public Support for Research and Development[J]. Policy Studies, 2014, 35(6): 557-575.

[133] Hansen B E. Threshold Effects in Non-dynamic Panels: Estimation, Testing, and Inference[J]. Journal of Econometrics, 1999, 93(2): 345-368.

[134] Hornung E. Immigration and the Diffusion of Technology: The Huguenot Diaspora in Prussia[J]. American Economic Review, 2014, 104(1): 84-122.

[135] Hsieh C T, Klenow P J. Misallocation and Manufacturing TFP in China and India[J]. The Quarterly Journal of Economics, 2009, 124(4): 1403-1448.

[136] Inklaar R, Lashitew A A, Timmer M P. The Role of Resource Misallocation in Cross-country Differences in Manufacturing Productivity[J]. Macroeconomic Dynamics, 2017, 21(3): 733-756.

[137] Jiang L, Levine R, Lin C. Competition and Bank Opacity[J]. The Review of Financial Studies, 2016, 29(7): 1911-1942.

[138] Jones C I, Tonetti C. Nonrivalry and the Economics of Data[J]. American Economic Review, 2020, 110(9): 2819-2858.

[139] Jorgenson D W, Vu K M. The ICT Revolution, World Economic Growth, and Policy Issues[J]. Telecommunications Policy, 2016, 40(5): 383-397.

[140] Jovanovic B. Misallocation and Growth[J]. American Economic Review, 2014, 104(4): 1149-1171.

[141] Kelle M. Crossing Industry Borders: German Manufacturers as Services Exporters[J]. The World Economy, 2013, 36(12): 1494-1515.

[142] Krugman P. The Myth of Asia's Miracle[J]. Foreign Affairs, 1994, 73(6): 62-78.

[143] Kuhn P, Skuterud M. Internet Job Search and Unemployment Durations[J]. American Economic Review, 2004, 94(1): 218-232.

[144] Laeven L, Levine R, Michalopoulos S. Financial Innovation and Endogenous Growth[J]. Journal of Financial Intermediation, 2015, 24(1): 1-24.

[145] Lefever D W. Measuring Geographic Concentration by Means of the Standard Deviational Ellipse[J]. American Journal of Sociology, 1926, 32(1): 88-94.

[146] Leifer R, McDermott C M, O'connor G C, et al. Radical Innovation: How Mature Companies Can Outsmart Upstarts[M]. Boston: Harvard Business Press, 2000.

[147] Lenway S, Morck R, Yeung B. Rent Seeking, Protectionism and Innovation in the American Steel Industry[J]. The Economic Journal, 1996, 106(435): 410-421.

[148] Lesage J P, Pace R K. Spatial Econometric Modeling of Origin-destination[J]. Journal of Regional Science, 2008, 48(5):941-967.

[149] LeSage J P. An Introduction to Spatial Econometrics[J]. Revue Déconomie Industrielle, 2008, 123(3): 19-44.

[150] Li H C, Lee W C, Ko B T. What Determines Misallocation in Innovation? A Study of Regional Innovation in China[J]. Journal of Macroeconomics, 2017(52): 221-237.

[151] Li H, He H, Shan J, et al. Innovation Efficiency of Semiconductor Industry in China: A New Framework Based on Generalized Three-stage DEA Analysis[J]. Socio-economic Planning Sciences, 2019(66): 136-148.

[152] Li J, Chen L, Chen Y, et al. Digital Economy, Technological Innovation, and Green Economic Efficiency—empirical Evidence from 277 Cities in China[J]. Managerial and Decision Economics, 2021, 43(3):616-629.

[153] Lin S, Sun J, Wang S. Dynamic Evaluation of the Technological Innovation Efficiency of China's Industrial Enterprises[J]. Science and Public Policy, 2019, 46(2): 232-243.

[154] Litvinenko V S. Digital Economy as a Factor in the Technological Development of the Mineral Sector[J]. Natural Resources Research, 2020, 29(3): 1521-1541.

[155] Los B, Verspagen B. R&D Spillovers and Productivity: Evidence from US Manufacturing Microdata[J]. Empirical Economics, 2000, 25(1): 127-148.

[156] Ma D, Zhu Q. Innovation in Emerging Economies: Research on the Digital Economy Driving High-quality Green Development[J]. Journal of Business

Research, 2022(145): 801-813.

[157] Melitz M J. The Impact of Trade on Intra-industry Reallocations and Aggregate Industry Productivity[J]. Econometrica, 2003, 71(6): 1695-1725.

[158] Milošević N, Dobrota M, Rakočević S B. Digital Economy in Europe: Evaluation of Countries' Performances[J]. Zbornik Radova Ekonomski Fakultet u Rijeka, 2018, 36(2): 861-880.

[159] Mitaritonna C, Orefice G, Peri G. Immigrants and Firms' Outcomes: Evidence from France[J]. European Economic Review, 2017(96): 62-82.

[160] Moll B. Productivity Losses from Financial Frictions: Can Self-financing Undo Capital Misallocation[J]. American Economic Review, 2014, 104(10): 3186-3221.

[161] Mueller M, Grindal K. Data Flows and The Digital Economy: Information as a Mobile Factor of Production[J]. Digital Policy, Regulation and Governance, 2019, 21(1): 71-87.

[162] Negassi S, Hung T Y. The Nature of Market Competition and Innovation: Does Competition Improve Innovation Output[J]. Economics of Innovation and New Technology, 2014, 23(1): 63-91.

[163] Negroponte N. Being Digital[M]. New York: Random House, 1996.

[164] Nelson R R. National Innovation Systems: A Comparative Analysis[M]. Oxford: Oxford University Press, 1993.

[165] Nonaka I, Takeuchi H. The Knowledge-creating Company[J]. Harvard Business Review, 2007, 85(7): 162.

[166] Pan W, Xie T, Wang Z, et al. Digital Economy: An Innovation Driver for Total Factor Productivity[J]. Journal of Business Research, 2022(139): 303-311.

[167] Perez C. Microelectronics, Long Waves and World Structural Change: New Perspectives for Developing Countries[J]. World Development, 1985, 13(3): 441-463.

[168] Perez C. Technological Revolutions and Financial Capital[M]. Cheltenham: Edward Elgar Publishing, 2003.

[169] Peters M. Heterogeneous Mark-ups and Endogenous Misallocation[J].Society for Economic Dynamics, 2011(10): 38.

[170] Petty W.A Treatise of Taxes and Contributions[M]. London: Brooke, 1962.

[171] Popp D. Induced Innovation and Energy Prices[J]. American Economic Review, 2002, 92(1): 160-180.

[172] Popp D. International Innovation and Diffusion of Air Pollution Control Technologies: The Effects of NOX and SO2 Regulation in The US, Japan, and Germany[J]. Journal of Environmental Economics and Management, 2006, 51(1): 46-71.

[173] Porter M E. Clusters and the New Economics of Competition[M]. Boston: Harvard Business Review, 1998.

[174] Qin X, Du D, Kwan M P. Spatial Spillovers and Value Chain Spillovers: Evaluating Regional R&D Efficiency and its Spillover Effects in China[J]. Scientometrics, 2019, 119(2): 721-747.

[175] Qiu Z, Zhou Y. Development of Digital Economy and Regional Total Factor Productivity: An Analysis Based on National Big Data Comprehensive Pilot Zone[J]. Journal of Finance and Economics, 2021, 47(7): 4-17.

[176] Restuccia D, Rogerson R. Policy Distortions and Aggregate Productivity with Heterogeneous Establishments[J]. Review of Economic Dynamics, 2008, 11(4): 707-720.

[177] Rohlfs J. A Theory of Interdependent Demand for a Communications Service[J]. The Bell Journal of Economics and Management Science, 1974, 5(1): 16-37.

[178] Roller L H, Waverman L. Telecommunications Infrastructure and Economic Development: A Simultaneous Approach[J]. American Economic Review, 2001, 91(4): 909-923.

[179] Schumpeter J A. The Theory of Economic Development[M]. Cambridge: Harvard Economic Studies, 1912.

[180] Smith B L, Mann S O. Innovation and Intellectual Property Protection in the Software Industry: An Emerging Role for Patents[J]. The University of Chicago Law Review, 2004, 71(1): 241-264.

[181] Solow R M. A Contribution to The Theory of Economic Growth[J]. The Quarterly Journal of Economics, 1956, 70(1): 65-94.

[182] Song Z, Storesletten K, Zilibotti F. Growing Like China[J]. American Economic Review, 2011, 101(1): 196-233.

[183] Sturzenegger F, Tommasi M. The Distribution of Political Power, The Costs of Rent-seeking, and Economic Growth[J]. Economic Inquiry, 1994, 32(2): 236-248.

[184] Tapscott D. The Digital Economy: Promise and Peril in the Age of Networked Intelligence[M]. New York: Mc Graw-Hill, 1996.

[185] Van Ark B. The Productivity Paradox of the New Digital Economy[J]. International Productivity Monitor, 2016 (31): 3-18.

[186] Veldkamp L, Chung C. Data and The Aggregate Economy[J]. Journal of Economic Literature, 2019(1): 1-36.

[187] Wang P, Cen C. Does Digital Economy Development Promote Innovation Efficiency? A Spatial Econometric Approach for Chinese Regions[J]. Technology Analysis & Strategic Management, 2022(107): 1-15.

[188] Wang Y, Lei X, Yang F, et al. Financial Friction, Resource Misallocation and Total Factor Productivity: Theory and Evidence from China[J]. Journal of Applied Economics, 2021, 24(1): 393-408.

[189] Wang Y, Su X. Driving Factors of Digital Transformation for Manufacturing Enterprises: A Multi-case Study from China[J]. International Journal of Technology Management, 2021(87): 229-253.

[190] Wu G L. Capital Misallocation in China: Financial Frictions or Policy Distortions[J]. Journal of Development Economics, 2018(130): 203-223.

[191] Wu L, Hitt L, Lou B. Data Analytics, Innovation, and Firm Productivity[J]. Management Science, 2020, 66(5): 2017-2039.

[192] Yan N, Sun B, Zhang H, et al. A Partial Credit Guarantee Contract in A Capital-constrained Supply Chain: Financing Equilibrium and Coordinating Strategy[J]. International Journal of Production Economics, 2016(173): 122-133.

[193] Zamanian G R, Shahabinejad V, Yaghoubi M. Application of DEA and SFA on the Measurement of Agricultural Technical Efficiency in MENA Countries[J]. International Journal of Applied Operational Research, 2013, 3(2): 43-51.

[194] Zhang Y, Ma S, Yang H, et al. A Big Data Driven Analytical Framework for Energy-intensive Manufacturing Industries[J]. Journal of Cleaner Production, 2018(197): 57-72.

[195] Zhang Z, Wang Z, Liang S. The Effect of Government Intervention on the Resource Misallocation in Innovation: Ownership Differences[J]. Asia-pacific Journal of Accounting & Economics, 2021(1): 1-17.

[196] Zhong R I. Transparency and Firm Innovation[J]. Journal of Accounting and Economics, 2018, 66(1): 67-93.

[197] Zhong W, Yuan W, Li S X, et al. The Performance Evaluation of Regional R&D Investments in China: An Application of DEA Based on the First Official China Economic Census Data[J]. Omega, 2011, 39(4): 447-455.